YANXUE GUANGXI

研学广西

广西中小学研学旅行学会　编

广西科学技术出版社

·南宁·

图书在版编目（CIP）数据

研学广西 / 广西中小学研学旅行学会编. --南宁：
广西科学技术出版社，2024.1
ISBN 978-7-5551-2116-9

Ⅰ.①研… Ⅱ.①广… Ⅲ.①教育旅游—旅游资源—
介绍—广西 Ⅳ.①F592.767

中国国家版本馆CIP数据核字（2024）第012236号

YANXUE GUANGXI
研学广西

广西中小学研学旅行学会 编

策划编辑：饶　江　　　　责任编辑：韦贤东　　　　助理编辑：陆江南
责任校对：冯　靖　　　　装帧设计：韦宇星　　　　责任印制：韦文印

出　版　人：梁　志
社　　　址：广西南宁市东葛路66号　　　　出版发行：广西科学技术出版社
网　　　址：http://www.gxkjs.com　　　　邮政编码：530023
电　　　话：0771-5827281

印　　　刷：广西民族印刷包装集团有限公司

开　　　本：787 mm×1092 mm　1/16
字　　　数：446千字　　　　　　　　　　印　　　张：23
版　　　次：2024年1月第1版　　　　　　印　　　次：2024年1月第1次印刷
书　　　号：ISBN 978-7-5551-2116-9
定　　　价：128.00元

致　谢

感谢广西各级教育行政部门对本书编写的指导！

感谢广西各中小学生研学实践教育基地（营地）对本书编写提供的帮助！

《研学广西》编委会

前言

　　研学旅行，作为一种融合实践教育、体验式学习和全方位成长的教育方式，近年来受到社会各界的广泛关注，特别是受到了各级教育部门和学校的高度重视。广西壮族自治区教育厅自 2019 年以来，已先后评出 5 批 200 多家自治区级中小学生研学实践教育基地（营地），并指导各地利用各自的基地、课程资源优势和特色，打造一批研学精品课程和线路，搭建中小学校和基地之间的有效对接机制。这些努力的目的是推动学生的全面发展，培养他们的爱国主义情怀、增长见识和提高综合素质，促进学生德、智、体、美、劳全面发展。

　　在这样的背景下，《研学广西》一书的编写应运而生。本书详细介绍了广西各地国家级、自治区级研学实践教育基地（营地）的基本情况、研学课程、接待能力等内容，旨在为学校和研学承办机构提供准确、全面的基地资源信息，促进研学实践教育活动高质量开展。广西各中小学生研学实践教育基地的指导老师和其他工作人员也可以通过本书相互了解、相互学习，共同提高服务研学实践教育的水平，为学生提供更加丰富、深刻的学习体验。

　　我们希望《研学广西》一书能够成为广西研学实践教育的重要参考资料，激发学校、研学实践教育基地（营地）和研学承办机构的创新活力，促进广西研学实践教育的蓬勃发展。让我们共同努力，为广西中小学生的成长保驾护航，共同开创广西教育事业的美好未来！

广西中小学研学旅行学会

2024 年 1 月 19 日

研学基地
一网打尽，动态更新

研学政策
把握方向，规范出行

研学课程
互学互鉴，提升品质

研学路线
规划行程，研途明晰

扫码开启

云端研学策划

· 让我们与学生一起探秘壮美广西 ·

目录

优秀传统文化板块

1

梧州市

北海市

钦州市

革命传统教育板块

国情教育板块

南宁市

柳州市

梧州市

北海市

防城港市

钦州市

贵港市

玉林市

百色市

国防科工板块

自然生态板块

柳州市

桂林市

梧州市

北海市

防城港市

贵港市

玉林市

百色市

贺州市

河池市

来宾市

崇左市

优秀传统
文化板块

广西民族博物馆

广西民族博物馆位于邕江之畔，是一座民族文化专题博物馆，于 2008 年 12 月建成，2009 年 5 月 1 日起对公众免费开放，现为国家一级博物馆、全国文明单位、全国民族团结进步教育基地、全国爱国主义教育示范基地、全国中小学生研学实践教育基地和国家 AAAA 级旅游景区，每年接待观众逾 100 万人次。

博物馆现有铜鼓、民族纺织品、金银器、纸制品、石器、竹木器、陶瓷器、老物件八大类别藏品。常设"穿越时空的鼓声——铜鼓文化""五彩八桂——广西民族文化陈列""壮族文化展""多彩中华——中华民族文化展""缤纷世界——世界民族文化展览""昨日重现——百年老物件展"6 个固定陈列展览。

基地最多可同时接待学生 600 人。

课程一：穿越时空的鼓声（研学学段：小学、初中）

通过课程学习，学生将初步了解铜鼓的基本概况、类型特征、装饰艺术、发展过程等知识，进一步了解广西的铜鼓文化；听讲解、看视频，体验拓印、绘画、创作、展示等实践活动，了解铜鼓的纹饰，培养动手实践能力、观察能力、思维能力，培养对铜鼓文化的研究兴趣，传承和弘扬广西民族文化，激发民族自豪感，提升爱国情怀与文化自信。

课程二：传统民居文化——古朴而独特的干栏式民居（研学学段：小学、初中）

学生通过探访，了解广西山地民族村寨最主要的传统民居建筑——干栏式民居的类型、布局及结构特点，掌握识别干栏式民居的方法；以小组合作方式开展学习，通过设计干栏式民居，集思广益对设计进行改进，并以拼搭的形式将设计呈现出来，培养学生团队合作意识。

 基地地址：广西南宁市青秀区青环路 11 号。

广西壮族自治区博物馆

广西壮族自治区博物馆（以下简称"广西博物馆"）是一座自治区级历史、艺术类综合性博物馆，其前身为成立于1934年的广西省立博物馆，现馆舍建成于1978年。2019年1月，广西博物馆改扩建工程启动，改扩建后的广西博物馆延续"内外结合、动静相辅、有声有色、有滋有味"的办馆特色，集教育、收藏、保护、研究、展示于一体，更好地服务社会和大众。基地为广西首批自治区级中小学生研学实践教育基地。

广西博物馆现有藏品近10万件（套），是广西珍贵文物的收藏所。建馆90年来，广西博物馆积极履行公共文化服务职能，深入挖掘文物中的优秀传统文化内涵，把培育和践行社会主义核心价值观融入藏品研究、陈列展览、社会教育等各项工作全过程，充分发挥了博物馆文化春风化雨、润物无声的作用。

广西博物馆由具有十栏式建筑特点的陈列大楼和浓郁民族风情的文物苑组成。陈列大楼常设"广西古代文明史陈列""烽火南疆——广西近现代革命史陈列""合浦起航——广西汉代海上丝绸之路""釉彩斑斓——馆藏瓷器陈列""匠心器韵——馆藏工艺珍品陈列"等9个展览，从多个角度诠释广西在中华文明多元一体进程中的发展之道；同时不定期引进各类交流展、专题展、艺术展。陈列大楼内还设有儿童考古探秘馆、青少年活动中心、历史小剧场等互动体验区域以及学术报告厅、多功能厅等会议及授课场所，并有博物馆文创商店等购物场所。文物苑展示了广西壮族、苗族、侗族、毛南族等少数民族极富特色的民居建筑，还有广西非遗美食展示馆提供餐饮服务，其规划设计融合了广西历史文化、民族文化和山水文化，与陈列大楼相得益彰，形成室内外一体化游览空间。整个场馆能满足不同主题、不同年龄、不同人数的研学需求，最多可同时接待500名学生参与研学活动。

课程一：跟着博物馆游广西（研学学段：小学、初中）

"跟着博物馆游广西"是广西博物馆研发的以博物馆为主题的研学旅行项目。研学课程涵盖广西地区的历史文化、海洋文化、边关文化、山水文化与民族文化，并以广西为起点走向区外，探寻不同区域间的文化交流互融，带领青少年感受广西深厚的人文历史和山清水秀的自然风光，领悟多姿多彩的八桂文化。

本课程先后荣获全国博物馆"十佳研学线路""全国文化遗产旅游百强案例""港澳青少年内地游学潜力产品"等荣誉。

序号	精品线路名称
1	"寻找千年海丝印迹"海丝文化之旅
2	"寻找消失的南越国"粤桂文化之旅
3	"探秘茶马古道"滇桂文化之旅
4	"楚越文化寻踪"鄂桂文化之旅
5	"南北文化融合"穿越古今之旅

课程二：瓯骆学堂（研学学段：小学、初中）

　　瓯骆学堂通过让中小学生学习广西历史文化、红色文化、民族文化及中国传统节日文化等主题课程内容，进一步塑造广西特有的"瓯骆"文化符号，促进学生对广西本土特色文化和中华优秀传统文化的感知与认同。

　　本课程采用分龄化、一体化设计理念，致力于打造富有广西地域文化特色及文物内涵的博物馆课程，目前已推出"瓯骆人的智慧锦囊""物说广西历史文化""物说广西非遗文化""文物背后的红色故事""我们的节日"五大内容。本课程系统整合资源，充分挖掘博物馆中各种资源的教育教学价值，促进中小学生人文底蕴、科学精神、学习能力、健康生活意识、责任担当意识、实践创新思维等核心素养的全面提升。本课程先后荣获"广西志愿服务项目大赛金奖""全国博物馆十佳教育课程""全区博物馆十佳社会教育品牌"等荣誉。

　　其他课程：文化遗产周周学、博物馆职业体验营等。

 基地地址：广西南宁市青秀区民族大道 34 号。

南宁孔庙博物馆

　　南宁孔庙博物馆位于广西南宁市青秀区青环路，地处青秀山山麓，坐北朝南，左揽凤凰塔，右擎龙象塔，遥望笔架山，是广西首批自治区级中小学生研学实践教育基地。

　　南宁孔庙始建于北宋皇祐年间，原址在市内仓西门外沙市（今新华街水塔脚附近），南宋宝庆三年（1227年）迁至今南宁饭店处。南宁孔庙从始建到民国初期，历经数次迁建，清末以来逐渐倾圮，只剩大成殿。1982年，因南宁饭店扩建，旧孔庙被拆除，拆下来的建筑材料保存于广西展览馆。2007年5月，南宁孔庙迁建主体工程开始建设，2011年1月30日迁建落成。新落成的南宁孔庙，是现今广西乃至岭南地区规模最大的孔庙之一。

　　基地最多可同时接待学生5000人。

课程一：礼仪之邦（研学学段：小学、初中）

　　本课程依托《礼记》内容进行设计，让学生体验开笔礼、成人礼、感恩礼、敬老礼、拜师礼、舞勺礼，并加入时代元素，弘扬社会主义核心价值观，对青少年进行传统文化和礼仪教育。

课程二：知书识礼（研学学段：小学、初中）

　　本课程通过学习经典让学生初步了解古籍、古琴、汉服、礼仪等蕴含的传统文化，从而更好地弘扬中华优秀传统文化。

　　其他课程：孝道、南宁最美家庭、邓颖超家风、名人家风。

📍 **基地地址**：广西南宁市青秀区青环路9号。

南宁博物馆

南宁博物馆是以教育、收藏、研究、展示南宁历史文化遗产为主的地方综合性博物馆，是广西首批自治区级中小学生研学实践教育基地。南宁博物馆于 2016 年 1 月 29 日落成并免费对社会开放，总建筑面积 30800 平方米，其中展厅面积 12000 平方米。2018 年 9 月，南宁博物馆被评为国家二级博物馆。

基地最多可同时接待学生 500 人。

课程一：南宁历史文化（研学学段：小学、初中、高中）

本课程以南宁历史文化及邓颖超伟人事迹等内容为主题，分为多个项目，配合互动体验，让学生在课程中体验"知行合一"。

课程二："陶艺坊"手工制陶体验（研学学段：小学、初中、高中）

本课程以历史悠久的南宁红陶文化为主题，介绍了中国陶器的诞生、南宁红陶的发展脉络等，并让学生体验手工制陶。

其他课程：创艺教室手工体验课程、"博学堂"历史知识竞赛课程、舌尖上的博物馆、小小讲解员、指尖的时光机——文物修复体验、"历史与艺术"系列课程等。

基地地址：广西南宁市良庆区龙堤路 15 号。

广西巴弗罗投资集团有限公司

由广西巴弗罗投资集团有限公司（以下简称"巴弗罗投资集团"）投资建设及运营的古岳文化艺术村位于南宁市青秀区南阳镇施厚村，其先后获得了中国少数民族特色村寨、中国美丽休闲乡村、国家森林乡村、全国文明村镇、广西中小学劳动教育实践基地等荣誉称号，并获得"南宁市职工疗休养基地""南宁市文化产业示范基地""壮族歌圩非遗保护平台"等认证，是广西首批自治区级中小学生研学实践教育基地，还与广西各高校和机构共建文化传承、培训基地和平台，并与广西多家企事业单位共同建设文化馆、图书馆，拥有良好的文化艺术氛围。

巴弗罗投资集团依托项目区域内的传统民俗文化、非遗文化、自然风光、现代农业等资源，引进经验丰富的研学运营团队，秉承"立德树人，五育并举"的教育理念，创立了特色的"古岳讲'古'"课程体系和"百亩百校"劳动教育品牌。

整个古岳文化艺术村占地面积 133.4 万平方米，总投资预计超过 4 亿元；开发面积约 19 万平方米，其中包含村庄主体景区 6.67 万平方米、农事劳动基地 6.67 万平方米及研学基地 5.67 万平方米。基地主要承接旅游、餐饮、住宿、培训、大型文艺活动以及中小学生研学实践教育活动，现已建成室内研学场地 6 处（面积共 1202 平方米）、室外研学场地 5 处（面积共 15021 平方米）、民宿 3 栋（面积共 3012 平方米）、就餐区（面积 615 平方米）和农事劳动实践基地（面积 6.67 万平方米），能同时容纳 500 人的室内综合实践活动场所以及能够满足上千人同时参与的户外拓展及农事体验活动，可同时接待 1000 名学生参与研学活动及用餐。基地场馆和实践活动区域布局科学合理、安全可靠。

课程一：文化艺术课程系列——诚信古岳（研学学段：小学、初中、高中）

南阳有座诚信碑，古岳有面诚信墙。南阳镇上清朝嘉庆年间的"诚信碑"犹如一面旗帜，昭示着古岳文化艺术村的文化内涵、精神所在。本课程依托当地的中华传统美德故事，同时结合"诚信采摘"农事体验，让"立德树人"和社会主义核心价值观教育变得生动形象，可触摸、可体验、可感知。

课程二：文化艺术课程系列——古岳鼓乐（研学学段：小学、初中、高中）

本课程依托南阳大鼓非遗项目进行开发，独具南阳民俗文化特色，是巴弗罗投资集团最具地方文化艺术特色的课程。在南阳大鼓队队长和研学指导师的带领下，学生在穹顶式大鼓房里拿起鼓棒，敲响大鼓，鼓声便似春雷滚滚、万马奔腾，民族的气节和血脉就在这"古岳鼓乐"的课堂上激荡飞扬。

其他课程：美在古岳、勇往直前、点石成金、立秋成粟、古法捕鱼、勇攀高峰、化米成虫、五彩壮香、古法收稻等。

基地地址：广西南宁市青秀区南阳镇施厚村古岳坡 17 队 11 号。

壮族五色糯米饭制作技艺传承基地、壮族歌圩传承基地

壮族五色糯米饭制作技艺传承基地、壮族歌圩传承基地坐落在广西南宁市武鸣区伊岭工业集中区B-3号五彩壮乡文化产业园内，2021年被评为广西第三批自治区级中小学生研学实践教育基地。

在各级党委、政府的关怀支持下，经过多年打造，基地已经获得国家级非物质文化遗产代表性项目（壮族歌圩）传承基地、自治区级非物质文化遗产代表性项目（壮族五色糯米饭制作技艺）传承基地等荣誉。

基地占地面积25亩，设有研学接待中心、壮乡民俗非遗馆、党建示范园、民族团结文化长廊、壮文化传承人才小高地文化长廊、研学大讲堂、音乐舞蹈培训室、教室、会议室、研学体验长廊、户外活动广场、舞台、干栏建筑吊脚楼、五色糯米饭染料植物种植区、彩色包装区、五彩食府餐厅等多个功能区。

> **课程一：习得千年越人歌——壮族歌圩探源（研学学段：小学、初中、高中）**
>
> 壮族素以善唱山歌而闻名于世，壮族聚居的广西被誉为"民歌的海洋""山歌的故乡"。本课程通过引导学生探究壮族歌圩，让学生了解壮族歌圩的起源和形成、山歌的分布，使学生热爱歌圩，热爱山歌，热爱传统体育活动，热爱壮族美好生活。
>
> **课程二：那里饭香——壮族五色糯米饭制作技艺（研学学段：小学、初中、高中）**
>
> 壮族五色糯米饭是壮族人民祈求幸福、美好、和谐、吉祥、如意的象征，也是壮族人民过上了五谷丰登的火红日子的写照。本课程通过参观壮乡民俗非遗馆、视频授课、采摘染料植物、提取植物染料等方式，让学生了解五色糯米饭制作的流程，引导学生完成五色糯米饭的制作。
>
> 其他课程：壮语原乡——壮语语言口述历史、越人衣裳——壮族服饰、五彩缤纷——五色糯米饭植物染料的萃取、指尖艺术——神奇的五色糯米饭艺术创作、非遗传承——壮乡非遗探秘、武鸣灰水粽制作技艺、武鸣艾馍制作技艺、香包制作等。

基地地址：广西南宁市武鸣区伊岭工业集中区 B-3 号。

广西民族大学民族博物馆

广西民族大学民族博物馆（以下简称"民大博物馆"）是一座以中华民族优秀传统文化为核心，集民族文化、高校校园文化宣传，非遗体验以及爱国主义教育于一体的综合性研学实践教育基地。民大博物馆坐落于广西民族大学相思湖校区内，原有展厅面积700平方米，新馆建筑面积达1500平方米，专门开辟了文化体验专区。广西民族大学校园内的大礼堂、风雨桥、相思湖环湖"百年奋进路"等占地面积超过33万平方米，均是优质的露天研学场所和研学资源。

民大博物馆秉承"厚德博学，和而不同"的校训，以"民族性、区域性、国际性"的办学特色，把社会主义核心价值体系融入研学教育全过程，合理开发以民族文化为主题的研学课程，采用"话题·情景·体验式"的教学方式，铸魂育人，着力提高学生的学习能力、实践能力、创新能力，并促进德育、智育、体育、美育有机融合，提高学生综合素质，使广大学生厚植爱国主义情怀。

民大博物馆在2016年成为全国民族团结进步教育基地，目前也是广西社会科学普及基地、广西科普教育基地、广西第四批自治区级中小学生研学实践教育基地。

课程一：品味历史——瓦当拓印制作体验（研学学段：小学、初中、高中）

本课程通过馆内瓦当文史知识微课堂，向学生讲述瓦当的故事，并设置瓦当拓印制作体验环节，培养青少年对中国传统文化的感知。

课程二：那湖那景——校园历史文化之旅（研学学段：小学、初中、高中）

本课程通过校园历史文化现场导览，让学生参观学校大礼堂、侗族风雨桥等传统民族建筑，从中了解传统民族建筑知识。学生通过对木构建筑部件的拼搭，感受中国传统建筑的魅力。

其他课程：广西世居民族文化之旅、八桂飘香——壮族香囊历史文化与制作体验、和合之美——壮族渡河公文化与制作体验、泥之涅槃——坭兴陶历史文化与制作体验等。

基地地址：广西南宁市西乡塘区大学东路188号。

柳州市

柳州文庙

柳州文庙是广西首批自治区级中小学生研学实践教育基地。柳州文庙以"弘扬核心价值观,传播中华文明美德"为主题,常年开设"柳州文庙大讲堂"公益系列活动,包括"柳州市道德讲堂"活动、"国学名人堂"专题讲座、"天天学公益学习班"、"书香龙城"阅读分享活动等几个子项目;围绕中国传统文化节日举办"我们的传统节日"系列活动,树立文明过节的新风尚;开展"传统礼仪体验"活动,通过祭祀礼、开笔礼等活动,让群众感受中华传统礼仪之美,讲文明、知礼节、懂感恩。

基地占地面积约 6.67 万平方米,建筑面积约 10000 平方米,最多可同时接待学生 300 人。

课程:传统礼仪体验活动——开笔礼、启智礼(研学学段:小学)

本课程展现中华文化的精髓神韵,让学生体验中华传统礼仪文化,讲文明、知礼节、懂感恩。

 基地地址:广西柳州市鱼峰区夫子路 9 号。

三江程阳八寨景区

　　三江程阳八寨景区由广西旅发三江通达旅游投资发展有限公司投资运营。景区由马鞍、平寨、岩寨、平坦、懂寨、大寨、平铺、吉昌8个自然村寨组成，先后荣获首批中国景观村落、全国旅游名村名镇、中国十大最美乡村、中国最美乡村示范村、乡村振兴·优秀示范村、国家AAAAA级旅游景区、中国少数民族特色村寨等称号。基地为广西第三批自治区级中小学生研学实践教育基地。

　　基地最多可同时接待学生2000人。

> **课程一：指尖上的非遗（研学学段：初中、高中）**
>
> 　　本课程依托三江程阳八寨景区内独有的侗绣传统技艺进行开发，通过情景式教学、动手体验、可行性探究等方式，让学生能够体验古代先民们的智慧，并对侗族刺绣技艺相关的非物质文化遗产有较为深入的理解和认知，使学生提升民族自豪感，树立保护与传承传统技艺的观念。
>
> **课程二：非遗传承，侗画三江（研学学段：小学、初中）**
>
> 　　本课程通过组织学生参观景区内的中国侗画博物馆，让学生了解侗画这门艺术产生的历史背景、特色，对侗画及侗画的社会价值有初步的认识。
>
> 　　其他课程：千古音律——侗恋程阳、寻茶去——探究三江茶、追寻红色足迹、感受红色情怀、木构建筑营造技艺与力学的关系。

　　基地地址：广西柳州市三江侗族自治县林溪镇平岩村。

三江月也侗寨

　　三江月也侗寨为国家 AAAA 级旅游景区。侗寨集美食、住宿、购物、娱乐、休闲、养生等功能于一体，有哆协、飞梭、牛王、灵鹤、进堂、雁鹅等巷道，建有敬牛广场、月亮广场和月也鼓楼等活动场地，以及坐妹三江侗乡鸟巢、坐客三江盛宴堂、三江斗牛场等体验区。基地为广西第三批自治区级中小学生研学实践教育基地。

　　最多可同时接待学生 1000 人。

课程一：琵琶声声侗语情（研学学段：小学、初中）

　　琵琶是我国历史悠久的民族乐器，其因丰富的演奏方式与表现力，被誉为"弹拨乐之王"。本课程以《十面埋伏》《陈隋》《秦桑曲》等经典琵琶曲为例，从技能与乐曲两大方面对学生进行技能训练，提升学生的音乐素养。

课程二：农民簸箕画（研学学段：小学、初中）

　　簸箕画是用夸张、变形的手法，用画笔在簸箕上描绘出各种花鸟鱼虫、人物、风景、民间传说、神话故事、风土人情等画面。本课程通过体验与在纸上作画不一样的簸箕画绘制，让学生更加大胆地表现自己的创意，感受传统文化的魅力，传承传统技艺。

基地地址：广西柳州市三江侗族自治县侗乡大道 23 号。

柳州博物馆

柳州博物馆是广西第三批自治区级中小学生研学实践教育基地。柳州博物馆以"保护、传承、研究、展示、教育、分享"为己任，积极搭建与历史对话的桥梁，常设古生物化石馆、柳州历史文化馆、柳州民族风情馆、古代青铜艺术馆、古代扇面书画艺术馆、龙壁柳砚馆、古代碑刻艺术馆七大主题展厅，辖柳侯祠（全国重点文物保护单位）、东门城楼（自治区级文物保护单位）等，通过不同的布景方式和不同历史时期的文物实体，生动而翔实地再现柳州历史风貌。

柳州博物馆总占地面积 26013 平方米，建筑面积超过 16600 平方米，其中古生物化石馆面积 1800 平方米，柳州历史文化馆面积 1980 平方米，民族风情馆面积 2068 平方米，古代青铜艺术馆面积 460 平方米，古代扇面书画艺术馆面积 460 平方米，龙壁柳砚馆面积 400 平方米，古代碑刻艺术馆面积 350 平方米，另有多功能临时展厅、学术报告厅等。下辖的柳侯祠总面积 32000 平方米，包含室内展厅、碑廊、讲堂等部分；下辖的东门城楼占地面积 5700 平方米，设有室内展厅，同时辖 1760 平方米的正南门城墙遗址和 667 平方米的联华印刷厂旧址陈列馆。

柳州博物馆免费面向社会开放，展览设置各具特色，并配备研学指导师提供解说导览服务，可接待较大规模学生团体开展研学实践教育活动。

课程一：时空穿梭——探索生命之旅（研学学段：小学）

在浩瀚的宇宙中，地球这颗美丽的星球孕育了宇宙最高等的物质形式——生命。课程通过展厅实地游览、观察探究、"图文音像展示＋化石挖掘体验活动"等形式，让学生探索生命起源和演变的科学奥秘。

课程二：人类的起源与发展——石器时代的柳州（研学学段：初中）

柳州早在距今 100 多万年前就有与人类密切相关的巨猿生存。在 5 万年前，又出现了旧石器时代晚期智人代表——柳江人。柳江人及其后裔参与了人类的文明进程，均有着极为丰富的文化内涵，他们将 5 万年前到 4000 多年前这段漫长的史前发展史完整而充分地演绎在柳江流域。本课程旨在让学生一同翻开这一部"无字天书"，通过观察展厅中的人类骨骼化石以及各类石器，探究柳州的原始人类留下来的远古文明遗迹。

**基地地址**：广西柳州市城中区解放北路 37 号。

融水老君洞

　　融水老君洞是以优秀传统文化为核心，集革命传统教育、国情教育、历史文化、自然生态、运动健身于一体的综合性研学实践教育基地，也是广西第三批自治区级中小学生研学实践教育基地。

　　融水老君洞研学基地拥有 1000 多年的古城历史文化、丰厚的溶洞摩崖石刻文化、神秘的兵工厂文化、共存共生为理念的佛道文化，四种文化共存相融。老君洞设有 5 个研学区域，分别为劳动体验区、历史文化区、军工文化教育区、溶洞文化区、娱乐活动区。

　　融水老君洞研学基地核心区域总占地面积 13 万平方米，拥有多功能会议室 3 间（可接待 400 人），基地可同时接待 1000 名学生开展研学活动，餐厅可同时容纳 300 人就餐。此外，融水老君洞研学基地还拥有户外烧烤亭、演艺舞台、拓展设备道具、小型足球场、开放式户外草坪等丰富的硬件设施设备。

课程一：游霞客（研学学段：小学、初中）

　　学生通过阅读徐霞客在融水游历的绘画日记，了解有关徐霞客的基本知识，体会徐霞客的心境，对"游"的概念提出自己的想法。

课程二：研石刻（研学学段：小学、初中）

　　在专业导游、研学指导师的带领和指导下，学生通过欣赏老君洞内颇成规模的精美摩崖石刻，了解摩崖石刻历史等基本情况；通过聆听解说和动手实践的方式，掌握雕刻摩崖石刻的基本步骤。

课程三：访宋城（研学学段：小学、初中）

　　研学指导师讲解并结合教具展示，让学生了解老君洞蕴含的军工文化。

　　其他课程：探溶洞、体民俗、玩竞技、爱劳动等。

 基地地址：广西柳州市融水苗族自治县融水镇苗都大道。

侗天宫研学基地

侗天宫研学基地依托三江侗天宫建立。三江侗天宫的命名源自三江侗族自治县独有的珍贵的侗族远祖歌《嘎茫莽道时嘉》。它代表了悠久古老的侗族文化，蕴含了侗族的宇宙观、世界观、生命观，彰显了侗族文化的高度和广度，可与世界各民族的历史及文化比肩。基地为广西第三批自治区级中小学生研学实践教育基地。

侗天宫依托三江侗族建筑群，以侗族自然环境、人文环境、有形遗产、无形遗产为整体保护对象，以国际化的活态博物馆为标杆，展示中国侗族的工艺文化、装饰文化、饮食文化、节日文化、戏曲文化、歌舞文化、绘画文化、音乐文化、制作文化等。

侗天宫紧密结合三江侗族自治县"一轴两翼两带"旅游发展布局和"文旅融合，助推脱贫"的思路，创新并制作具备文化旅游市场吸引力和影响力的高品质侗族文化产品，创造出一个当代侗族文化生态博物馆的全新亮点。侗天宫将打破传统的歌舞演绎的模式，率先探索侗族文化与旅游、体验、研学、观赏的融合，构筑三江县旅游的经典文化景观，成为三江侗族自治县旅游和侗族当代文化形象的一张靓丽名片。

基地最多可同时接待学生 1000 人。

课程一：我要当小歌师（研学学段：小学）

本课程中，研学指导师向学生讲解侗族的歌师文化，学生观看有关歌师的视频影像，感受侗族的传统文化。

课程二：我是侗歌宣传大使（研学学段：初中）

侗歌是我国少数民族侗族一门古老的歌唱艺术。在研学指导师详细介绍侗歌后，学生扮演侗歌宣传大使，尝试向他人介绍侗歌的起源、特点、演唱方法等。

基地地址：广西柳州市三江侗族自治县古宜镇江峰街 15 号。

柳州城市职业学院桂北民族文化教育基地

柳州城市职业学院桂北民族文化教育基地内设有侗族木构建筑营造技艺博物馆、大师工作室、文化遗产数字化工作室、木作工作坊、众创空间等。基地经过不断建设，2016年，成为自治区级非遗传承基地；2017年，成为广西职业教育民族文化传承创新基地；2020年，被教育部职业院校文化素质教育指导委员会评为全国职业院校非遗教育传承示范基地；2021年，在原有基础上建设了桂北民族文化教育基地。目前，基地已成为柳州市内服务文化遗产研究、非遗传承、文化创新实践的多功能特色研学基地，是广西第三批自治区级中小学生研学实践教育基地。

基地最多可同时接待学生800人。

课程一：参观博物馆，认识侗族村落与建筑（研学学段：小学、初中）

本课程依托已经建成的侗族木构建筑营造技艺精品课程资源库及侗族木构建筑营造技艺博物馆（村落布局馆、建筑结构馆），以实物、视频、动画、图文、模型、沙盘等形式，对侗族村落的形成与布局进行展示，通过介绍典型的鼓楼、风雨桥、民居等建筑的营造过程、建筑样式结构，丰富学生对侗族建筑的认知。

课程二：上梁仪式建筑文化体验（研学学段：小学、初中）

本课程主要依托木构建筑——鼓楼广场，以角色扮演形式让学生体验鼓楼营造中的核心环节——上梁仪式。老师带领学生着民族服装扮演掌墨师、木匠等职业，体验上梁仪式的各个具体环节。本课程主要以"实体建筑环境＋角色扮演"的方式开展，学生可以参与其中，从互动中获得深刻的建筑文化体验。

基地地址：广西柳州市鱼峰区官塘大道文苑路1号。

广西灵渠圣地文化旅游投资发展有限公司中小学生研学实践教育基地

广西灵渠圣地文化旅游投资发展有限公司中小学生研学实践教育基地是以历史文化、水利工程建筑、人文景观和自然风光为一体的综合性研学实践教育基地，是广西首批自治区级中小学生研学实践教育基地。

灵渠，是世界上保存最完整的古代水利工程之一，是人类文明史上一项伟大的水利工程。灵渠与四川都江堰、陕西郑国渠并称"中国秦代三大水利工程"，是世界上最早采用弯道代闸技术的水利工程。

基地室内有沙盘讲解教室 3 间，可容纳 200 人；投影影视厅可容纳 100 人；户外活动区域面积 10000 多平方米。基地设置有综合保障安全组、食品保障安全组、应急工作小组、外联接待小组、现场救护小组、疏散引导小组和后勤保障小组。基地最多可同时接待学生 1500 人。

课程一：解密灵渠水系工程（研学学段：小学、初中）

本课程通过地图、沙盘讲解以及实地观察，让学生绘制出灵渠的水系图，使学生了解灵渠的引水原理、选址及开凿修建的巧妙之处，感受古人的智慧成果。

课程二：观四大贤祠，学祭祀文化（研学学段：小学、初中、高中）

本课程通过讲解四贤祠中的碑文的历史内容，让学生观察实物，了解灵渠，了解四贤名人，追溯四位贤人的丰功伟绩。通过研究祭祀文化让学生知道当时修筑灵渠时的艰难险阻，了解四位先贤如何在工具与技术匮乏的年代完成灵渠的开凿，从而激励学生努力学习现代科学文化知识，提高综合素质。

其他课程：传承历史的记忆——拓片、攻城利器——投石机、兵马俑的传奇历史、水质检测、饮水安全、筷子造桥等。

 基地地址：广西桂林市兴安县双灵路 1 号。

桂林市恭城瑶族自治县文武庙

桂林市恭城瑶族自治县文武庙位于恭城"三庙两馆"景区中。"三庙两馆"景区整体以古建筑群观光和传统文化展示为主，是恭城每年举行各类民间节庆活动和日常市民休闲的重要场所。文武庙是恭城的标志性景点，是展现国学文化、桂北历史的窗口，也是广西首批自治区级中小学生研学实践教育基地。

文庙又称孔庙，是纪念我国杰出教育家、思想家孔子的庙宇，总面积3600平方米，是广西保存最完整的孔庙，有"华南小曲阜"之称。武庙是纪念三国时期名将关羽的祠庙，又称关帝庙，始建于明万历三十一年（1603年），庙宇面积2130平方米，是广西现存规模最大、气势最宏伟的武庙。

基地最多可同时接待学生800人。

课程一：祭孔礼（研学学段：小学、初中）

本课程通过举行祭孔礼活动，培养学生行走、着装等基本的传统礼仪，使学生从优秀传统文化中汲取人文的力量，提升基本素养，培养高尚的人格，树立文化自信。

课程二：开笔礼（研学学段：小学）

本课程通过举行开笔礼，让学生领略中国传统文化的精髓，培养他们对知识及传统文化的热爱，使学生从小树立勤奋好学、知书达礼、尊敬师长等优良品德，一笔一画写好"人"字，堂堂正正做好人，让中华优秀传统家风一代一代传承下去。

课程三：成人礼（研学学段：初中）

本课程通过举行成人礼仪式，使学生传承中华优秀传统儒家礼教文化，宣扬谦谦君子的雅教礼仪。学生通过亲身体验成人礼，接受传统文化的熏陶，在启发心智、洗涤心灵的同时，培养心怀感恩、铭记历史、胸怀天下、勇于奉献、珍惜友谊的优秀品格，从而终身受益，并加深自己对中华优秀传统文化的认识和感悟。

 基地地址：广西桂林市恭城瑶族自治县拱辰西路4号。

桂林观阳文化旅游发展有限公司
（灌阳县唐景崧故居）

桂林观阳文化旅游发展有限公司是广西首批自治区级中小学生研学实践教育基地，其开发和经营的唐景崧故居位于灌阳县新街镇江口村，距灌阳县城 12 千米。江口村风景优美，历史悠久。在 1300 年的科举考试历史中，"一门三进士，同胞三翰林"就出自该村。

基地占地面积约 800 万平方米，第一期开发 266.8 万平方米，其中唐景崧故居始建于清康熙年间，占地面积 420 平方米。基地有研学大楼 1 座，总面积 400 平方米，最多可同时接待学生 500 人，可同时容纳 500 人就餐；有古戏楼 1 座，占地面积 400 平方米；有明清古街 1 条，长达 500 米；有博物馆 10 座，陈列有不同朝代的古代文物上千件；有滨临灌江的湿地公园 1 座（内含三翰林广场和大型停车场），占地面积 6.67 万平方米；有状元桥、龙门桥等 6 座古桥，3 座桥飞架南北，3 座桥横跨东西。

> **课程：参观唐景崧故居（研学学段：小学、初中、高中）**
>
> 本课程通过组织学生参观唐景崧故居，欣赏青砖碧瓦、飞檐画栋、马头翘首，感受古建筑的博大精深，体验 300 多年的历史文化风貌和深邃的文化内涵；让学生看故居展陈，听热血翰林、民族英雄唐景崧爱国故事，了解"一门三进士，同胞三翰林"的传奇。
>
> 其他课程：桂剧欣赏、明清古街及十大博物馆探秘。

基地地址：广西桂林市灌阳县新街镇江口村 221 号。

桂林市独秀峰王城研学实践教育基地

桂林市独秀峰王城研学实践教育基地位于桂林独秀峰·王城景区。桂林独秀峰·王城景区是历史文化类型的国家AAAAA级旅游景区，也是全国同时拥有高等院校、国家考古遗址公园、全国重点文物保护单位的AAAAA级旅游景区，是广西第三批自治区级中小学生研学实践教育基地。

基地拥有充足的活动场地，最多可供2000名学生同时参与研学实践教育活动。

课程一：我是读书郎（研学学段：小学）

本课程采用"教育＋旅游＋角色扮演"的全新设计模式，以一封"神秘人的信"开启任务驱动式教学，学生穿上古装扮演古代读书郎，通过博物馆知识寻宝、科举情景互动体验、古竞技拓展、非遗秘拓制作、探秘摩崖石刻等趣味教学活动，感受古代读书郎的游学生活，感悟中国优秀传统文化核心价值观。

课程二：阅尽王城知桂林（研学学段：初中、高中）

本课程引导学生探索桂林城的前世今生、独秀峰形成的地理原因及摩崖石刻的文学价值，通过参观靖江王府博物馆和体验实景科举考场、角色扮演等活动，打造移动式实景研学课堂，让生硬晦涩的人文历史和自然知识变得趣味生动。

其他课程：秀峰记忆——觉醒时代、靖江遗韵——我是文物保护者、王牌宣传员、王牌外交官等。

 基地地址：广西桂林市秀峰区王城路1号。

东漓古村研学实践教育基地

东漓古村地处桂林漓江东岸，村落依山傍水，北接湘桂古商道，南连广西四大古镇之一的大圩古镇，是桂北的一座传统农耕村落，也是古代楚越的交通要道。

东漓古村是全国乡村旅游重点村、广西第三批自治区级中小学生研学实践教育基地、广西中小学生劳动教育实践基地、广西文化产业示范基地。

基地最多可同时接待学生人数 1200 人。

课程一：桂北传统古建筑探究（研学学段：小学、初中、高中）

本课程以桂北传统古建筑集合地——东漓古村为天然建筑陈列馆，引导学生解密桂北传统古建筑"房倒屋不塌"的神奇现象；让学生通过查阅资料和现场调研，了解门窗的造型和发展历史、作用和等级区分，解读其中隐藏的文化内涵；学习中国建筑的精髓——榫卯结构，了解建筑力学，并亲自动手设计、搭建建筑模型。

课程二：漓江船家文化（研学学段：小学、初中、高中）

本课程主要内容包含探秘漓江水上人家的生活起居——"船上人家"，寻踪积淀百年历史的人文民俗景观——"漓江渔火"，体验最原始的捕鱼工具活化石——"搬罾""簪子"，学习徒手摸鱼；尝试收集记录漓江鱼类品种，建立小小漓江生态资料库。

其他课程：桂北传统农耕文化、东漓草木染、万年桂陶、家风家礼文化、门簪文化、桂北豆文化等。

📍 **基地地址**：广西桂林市灵川县大圩镇袁家村。

龙胜张家塘农业旅游开发有限公司

苗族人民具有吃苦耐劳的精神，他们在恶劣的自然环境中发挥聪明才智，把有限的自然资源转换为生存的根本。龙胜张家塘农业旅游开发有限公司结合张家塘的自然资源及张家塘传承千年的苗家文化，不断开发和深挖苗族文化的精髓。

该基地是广西第三批自治区级中小学生研学实践教育基地。基地所在的张家塘苗寨（张家村）位于桂林市龙胜各族自治县马堤乡北部，距马堤乡人民政府 12 千米，距龙胜县城 37 千米。张家村辖村民小组 13 个，现有 230 户 904 人。张家村先后被授予"自治区级生态村""桂林市二级党建示范点""桂林市第十批文明村镇"荣誉称号。基地最多可同时接待学生 100 人。

课程一：研磨精神——石磨中的美食（研学学段：小学、初中）

本课程可以让学生了解石磨的工作原理和使用方法，并让学生体验使用石磨研磨米浆，感受中国古代发明的智慧。

课程二：小禾才露尖尖头——不一样的插秧（研学学段：小学、初中）

本课程可以让学生了解水稻从育秧、插秧到收获的过程，感受劳动的光荣和幸福的来之不易。

其他课程：苗族美味探索——苗家糍粑制作、南水北调——探索原始引水工程。

 基地地址：广西桂林市龙胜各族自治县马堤乡张家村。

桂林北芬侗族旅游观光有限公司
（侗情水庄景区）

　　侗情水庄景区是国家 AAA 级旅游景区，是集娱、住、吃、购于一体的民俗文化景区，是广西第三批自治区级中小学生研学实践教育基地。景区共分为民族风情体验、民族文化展示、民族建筑展示、民族工艺博览、民族饮食体验、"法国留尼汪岛"风情展示、大型桂北民居特色建筑群、拦水坝、园内桥梁 9 个区域，注重挖掘侗族传统民俗及民间故事精髓。

　　基地最多可同时接待学生 5000 人。

> **课程一：我是侗族文化传播小天使（研学学段：小学、初中、高中）**
>
> 　　本课程主要向学生介绍侗族的服饰、银饰、建筑、音乐等知识，传播和弘扬侗族文化；讲解少数民族簧管乐器芦笙的知识。
>
> **课程二：我是非遗传承人（研学学段：小学、初中、高中）**
>
> 　　2009 年，侗族大歌被联合国教科文组织列入人类非物质文化遗产代表作名录。本课程主要让学生了解和学唱侗族大歌，以及学习侗语，帮助学生了解侗族文化。
>
> 　　其他课程：织布机上的小天地、吉祥小精灵、侗家小巧手、舌尖上的侗族味道、侗族工匠师、蓝色梦想家。

📍 **基地地址**：广西桂林市象山区象塘路 331 号。

阳朔天意木国

阳朔天意木国是珠海市日东集团有限公司在桂林打造的一个以木文化为主题的综合文旅项目。阳朔天意木国主要以奇根珍木为主体元素，以桂林特色山水为背景，打造木文化博物馆、世界珍稀名贵树种文化博览园、世界木屋民宿康养文化展示园、世界木文化研学游学旅行基地、世界国际艺术品拍卖展示中心、桂阳（桂林—阳朔）世界非物质文化遗产展示长廊、中国现代百位艺术大师创作展示园、国际旅游文创产品创作展示中心。基地为广西第四批自治区级中小学生研学实践教育基地。

基地占地面积47357平方米，园区面积42000平方米，展馆面积16000平方米，分为传统文化区、新时代区、木加工机械展示区、会议活动区、文创展示区、科普区、森林动物区、木手工作坊区8个展区，全年开放，每天最多可接待学生1000人。

课程一：木心小匠·根雕大观（研学学段：小学、初中、高中）

本课程中，学生将走进天意木国木文化博物馆，化身木心小匠，见证根雕大观。本课程以天意木国的艺术品为载体，以"木心小匠·根雕大观"为主题，通过参观、讨论、实践等方式，帮助学生开阔视野，增长见识，领略根雕艺术，了解根雕工艺的艺术特点与制作流程。课程通过提供雕刻体验，使学生感受工艺乐趣，领会工匠精神，从而培养和提高探索意识、创新思维和独立自主的能力。

课程二：匠心体验·榫卯的智慧——拼装红木板凳（研学学段：小学、初中）

本课程中，学生通过对红木板凳的拼装，体验榫卯结构的精妙。在拼装榫卯的过程中，培养学生的观察、思考、创造及动手能力，增强学生合作探究能力，让学生感悟精益求精的工匠精神。

其他课程：匠心传承·木艺先锋、木心小匠·初识鲁班、户外拓展课程——钻木取火等。

 基地地址： 广西桂林市阳朔县葡萄镇工业园入口80米处。

桂林漆器传承基地

桂林漆器传承基地是以非遗文化传承为核心的研学实践教育基地，是广西第四批自治区级中小学生研学实践教育基地。桂林漆器传统制作技艺历史悠久，是古代岭南工艺技术文化的优秀代表。范成大在《桂海虞衡志》中记录的南方漆器，以及屈大均在《广东新语》中记载的漆器、酒具、奇珍，都可以在桂林传统漆器中找到实例。桂林漆器是广西古代漆器品种中唯一恢复制作的珍贵文化遗产，其品种门类众多，最具有地方特色的是桂林人民从劳动生活中巧妙利用自然资源制作出的杰作——天然胎漆器。

基地全年开放，有专业的团队负责运营学生的研学活动，由市场运营部门、教练和导师团队、医务及安全保障团队、后勤部门团队等分工合作，确保基地内研学活动有序、安全地进行，每天最多可接待 500 人。基地面积约 6000 平方米。桂林园博园园区内有专用旅游观光车 3 辆，可将研学学生从园博园南门直接送到基地内开展研学活动。

课程一：柚器制作技艺（研学学段：小学、初中、高中）

本课程教学内容包括了解漆器的基本特性和柚罐制作流程，学习制作柚罐。学生可在参与中感受民间艺术，激发学习传统工艺的兴趣，树立传承非遗项目信心，提升民族文化自信。

课程二：漆器研习课（研学学段：小学、初中、高中）

本课程基于桂林漆器非遗技艺传承人的制漆器经验，以及研学指导师对漆器文化的研究，通过展示桂林天然胎漆器的发展历史、体验漆器作品制作等活动，激发学生学习民间传统工艺的兴趣，树立传承非遗项目的信心，提升民族文化自信，充分开发学生的动手能力和创造力。

其他课程：我是小小柚农、初识漆器制作技艺、大漆的特性和功能、漆层色彩搭配魅力、漆珠制作技艺等。

 基地地址：广西桂林市雁山区桂林园博园湿地馆内。

桂林广恒工艺品有限公司

　　桂林广恒工艺品有限公司是自治区级非物质文化遗产代表性项目"桂林团扇制作技艺"的保护单位，拥有多项发明专利，曾荣获联合国教科文组织颁发的杰出手工品徽章认证、中国旅游商品大赛银奖、中国工艺美术精品博览会"国艺杯"金奖等奖项，是广西第四批自治区级中小学生研学实践教育基地。

　　基地占地面积4000平方米，其中场地使用面积2500平方米，展区面积800平方米。基地设有车间、博物馆等6个参观场所，另有多媒体教室、普通教室、食堂等区域，其中大多媒体教室1间（可接待200人）、多媒体会议室2间（可接待50～120人）、普通教室1间（可接待150人）。基地全年开放，可同时接待300人开展研学实践教育活动。

> **课程一：探秘桂林团扇制作技艺——弘扬非遗文化，传承工匠精神（研学学段：小学、初中、高中）**
>
> 　　本课程向学生介绍中国扇的历史及桂林团扇的相关知识，通过大师教学、分组讨论、自我创意等方式，让学生制作一把属于自己的桂林团扇。
>
> **课程二：景泰蓝掐丝技艺与团扇的结合——文明因交流而多彩，文明因互鉴而丰富（研学学段：小学、初中、高中）**
>
> 　　本课程中，学生在专业老师的讲解下认识景泰蓝掐丝技艺，通过动手实践的方式，运用景泰蓝掐丝工艺在扇面上进行创作，完成一把具有景泰蓝掐丝技艺特征的桂林团扇。
>
> 　　其他课程：漓江石画课程、荔浦纸扎课程、泥塑课程、纸雕课程、壮锦纹绣课程等。

 基地地址：广西桂林荔浦市马岭镇福星街。

桂林博物馆

桂林博物馆现有馆藏文物 3 万余件，其中国家一级文物 22 件、二级文物 687 件、三级文物 2592 件，含历史革命文物 390 件。桂林博物馆现为国家一级博物馆、自治区爱国主义教育基地、广西青少年维权岗、广西第四批自治区级中小学生研学实践教育基地、桂林市五星级党建示范单位。

桂林博物馆建筑面积 3.4 万平方米，是目前广西馆舍面积较大的综合类博物馆之一，是桂林的城市文化客厅，设有 4 个基本陈列、2 个专题陈列、3 个临时展厅，各种配套设施功能齐全，布局科学合理。

课程：最炫梅瓶风（研学学段：小学、初中、高中）

馆藏明代梅瓶是历史文化名城桂林宝贵的文化遗产，因此桂林享有"梅瓶之乡"之美誉。本课程以梅瓶文化为切入点，把本土文化的传承教育与梅瓶文化课程结合起来，从梅瓶纹饰、梅瓶制作、梅瓶文物知识的识记和讲解等角度，构建了一系列具有桂林博物馆特色的课程内容。

1. 梅瓶双色套印版画体验（研学学段：小学）

学生在博物馆老师的带领下参观"靖江遗韵——桂林出土明代梅瓶陈列"，欣赏梅瓶之美，尝试学习双色套印版画方法并进行创作，传播梅瓶文化。

2. 童音讲梅瓶（研学学段：小学）

学生在博物馆老师的带领下参观"靖江遗韵——桂林出土明代梅瓶陈列"，初步了解梅瓶文化的基础知识，并在老师的引导下学习讲解技巧，锻炼语言表达能力。

3. 梅瓶创意剪纸手作（研学学段：初中）

学生在研学指导师的带领下欣赏梅瓶，学习运用剪纸这一中国传统艺术形式进行梅瓶手工创意活动，感受桂林梅瓶文化的独特风貌和神奇魅力。

4. 釉下彩陶瓷艺术体验（研学学段：高中）

学生在博物馆老师的带领下参观"靖江遗韵——桂林出土明代梅瓶陈列"，初步了解梅瓶的制作工艺，并运用彩泥在素胎梅瓶上进行纹饰堆塑、彩绘等，以手工制作的方式了解梅瓶文化，体验立体设计和制作的乐趣，感受梅瓶艺术之美。

其他课程：五彩缤纷民俗乐、寻找状元郎。

 基地地址：广西桂林市临桂区平桂西路一院两馆内。

桂海碑林博物馆

桂海碑林始建于 1963 年。1984 年，桂海碑林博物馆成立，是广西唯一一家石刻专题博物馆。桂海碑林博物馆依托全国重点文物保护单位桂林石刻最集中、最典型的龙隐岩及龙隐洞摩崖石刻群遗址而建，现为国家二级博物馆、自治区爱国主义教育基地、广西第四批自治区级中小学生研学实践教育基地。

桂海碑林博物馆是广西唯一同时拥有物质文化遗产和非物质文化遗产代表性项目、不可移动文物和可移动文物的国有博物馆。馆内现保存有唐代至民国时期的摩崖石刻 210 余品，并收藏和陈列有桂林历代石刻精品拓片及历代散碑、石雕、石作，全面展示了桂林石刻文化源远流长的发展过程和典雅蕴藉的艺术品质。

博物馆占地面积 12332 平方米，包含室外展厅、室内展厅、石刻长廊、桂城遗痕等，其中室内建筑面积达 1895 平方米，并设有拓印教室、小舞台等区域，拥有多功能大会议室 2 间（可同时接待 200 人）、多媒体教室 1 间（可接待 30～50 人）、文化广场（可容纳 200 人），可同时容纳 400 人开展研学实践教育活动。

课程一：博物馆之友"遇见拓片"（研学学段：小学、初中、高中）

本课程依托桂海碑林博物馆馆藏石刻拓片中的石刻榜书及刻像设计，引导学生将石刻本体、石刻拓片、拓片制作三方面相互对照，讨论在石刻文物保护中拓片所发挥的作用；学生在非遗传承人的指导协助下动手体验拓制石刻拓片，提高学生对传统石刻文化的认知，培养学生的集体意识和家国情怀。

课程二：彩拓花灯之"花灯衬彩拓，吉祥更团圆"（研学学段：小学、初中）

本课程将彩拓技艺与花灯工艺相结合，开设彩拓花灯之"花灯衬彩拓，吉祥更团圆"系列研学课程，把碑林拓片元素加入到花灯制作中，并加入彩绘、猜灯谜、做游戏等环节，寓教于乐。

课程三：跟着大师学传拓（研学学段：小学、初中、高中）

本课程结合桂海碑林博物馆龙隐岩、龙隐洞摩崖石刻群等相关文物，引导学生从多角度认识和了解传拓技艺，并在非遗传承人的指导下制作拓片，在实践中了解这项传统技艺，形成保护文化遗产的意识。

其他课程：手植心愿树、劳动最光荣、志愿童心之"小小讲解员职业体验"、曲水流觞体验之"惠风和畅 春暖戏水"、书法临碑之"会说话的摩崖真书"等。

 基地地址：广西桂林市七星区龙隐路 1 号。

龙胜广南水木侗寨生态化研学实践教育基地

　　龙胜广南水木侗寨生态化研学实践教育基地（以下简称"广南研学基地"）是集侗族各项非遗文化、传统古建文化、稻作文化及休闲农业于一体的综合性基地。基地秉承"树德育人"的教育理念，致力于培养德、智、体、美、劳全面发展的人才，做到培根、铸魂、启智、润心，推动研学实践教育事业发展，是广西第四批自治区级中小学生研学实践教育基地。

　　广南村有优美的田园风光，气候温和，雨量丰沛。基地内平等河与广甲河交汇，四周有连绵的丘壑和发达的水系，具有良好的生态环境。广南村还被列为民族文化联系村、首批"中国少数民族特色村寨"、第五批"中国传统村落"。广南研学基地接待设施功能基本完善，研学讲堂内部空间大，能一次性容纳 300 ～ 800 人，还拥有自治区非物质文化遗产代表性项目侗族草龙草狮制作技艺传承基地、鼓楼等研学场所。

课程一：编舞草龙，传承非遗（研学学段：小学）

　　本课程中，学生通过视觉、触觉等的沉浸式体验，学习手工艺和参与特色民俗活动，寓教于乐。教学内容包括让学生了解广南草龙的来历、构造、原材料及编织技巧，并体验舞龙的趣味。

课程二：农耕祈福——做春牛，闹春牛（研学学段：小学）

　　本课程中，学生通过视觉、触觉等的沉浸式体验，学习手工艺和参与特色民俗活动，寓教于乐，重在体验中了解民俗文化。

课程三：探访古侗寨，手绘古建筑（研学学段：小学）

　　本课程中，学生通过观看和了解侗寨传统建筑，对其产生印象，进而手绘所看到的特色建筑景观，感受侗族文化的魅力，从小增强民族自信和文化自信。

📍 **基地地址**：广西桂林市龙胜各族自治县平等镇广南村。

阳朔（印象刘三姐）基地

刘三姐文化是穿越千年仍历久弥新的文化现象，是中华优秀传统文化的组成部分，承载着美好的民族情怀。全国第一部大型山水实景演出就是《印象·刘三姐》。阳朔（印象刘三姐）基地始终致力于传播和弘扬以刘三姐文化为代表的广西少数民族文化，研究开发了以"一馆一经典，一竹一世界"为主题的研学课程。基地为广西第四批自治区级中小学生研学实践教育基地。

基地以优秀传统文化为核心，依托全国最全门类的刘三姐文化主题博物馆的深厚文化底蕴，以《印象·刘三姐》实景演出为基础，打造独特的研学课程，立足于传递优秀传统文化，讲好民族故事，展示丰富多彩、生动立体的少数民族文化现象，努力成为在全社会营造铸牢中华民族共同体意识良好氛围的重要载体。

基地常年对外开放，可容纳较大规模的研学实践教育活动，每天最多可接待学生人数1200人。基地以优秀传统文化为核心，加以独特化的研学资源、定制化的课程设置、人性化的教学安排、多元化的师资力量、标准化的服务质量，打造承载和传播民族文化的教育场所。基地拥有足够的场地供学生进行研学活动，同时配备执业医师驻场。园区安保人员具备应急救援资格证、消防证、旅游行业安全员等资格。

课程一：刘三姐文化印象博物馆研习（研学学段：小学、初中、高中）

本课程中，学生参观刘三姐文化印象博物馆，由专业讲解员、研学指导师为学生进行讲解，带领其学习相关知识。

课程二：初识刘三姐（研学学段：小学）

本课程中，学生通过参观博物馆里的资料和图片，了解刘三姐的历史故事，学会区分史料与传说，分析刘三姐的形象、特征，并学会创作刘三姐形象。

其他课程：跟刘三姐学唱山歌、手工制作非遗绣球、竹竿舞体验、纺织体验课——纺织小雨伞、藤编工艺——杯垫等。

 基地地址：广西桂林市阳朔县阳朔镇田园路1号。

刘三姐大观园景区研学实践教育基地

刘三姐大观园景区研学实践教育基地是一座展示刘三姐文化及广西少数民族经典文化的民族风情旅游景区。基地依托国家 AAAA 级旅游景区的多彩文化场景——壮族的歌、瑶族的舞、侗族的楼、苗族的节而建设，先后获得了国家 AAAA 级旅游景区、广西少数民族民俗文化示范点、民族团结进步示范单位、桂林市消费者协会诚信单位等称号，是广西第五批自治区级中小学生研学实践教育基地。

基地全年开放，有市场运营团队、教练和研学指导师团队、医务及安全保障团队、后勤团队等分工合作，确保基地内研学活动有序、安全地进行。

基地设有可容纳 700 人的多媒体教室 1 间，可容纳 50 人的研学小教室 18 间；户外场地可同时容纳 900 人。

课程一：多彩八桂，民族探索（研学学段：小学）

本课程中，学生通过探访刘三姐大观园，深入了解广西桂林多民族聚居现状，增加对少数民族的认知，提高对家乡、少数民族的了解，激发对家乡、少数民族文化的热爱。

课程二：探壮族瑰宝，承千年文化（研学学段：小学）

本课程中，学生通过探索刘三姐大观园，了解壮族起源与发展的相关知识，探究壮族文化标识"壮语""山歌""壮服"等，进一步了解壮族文化。学生结合生活中的所见及课本的所学，通过现场观摩、探究及山歌对唱，对壮族文化的发展形成初步的认识。

其他课程：非遗技艺绽放瑶绣、走进非遗——瑶族油茶、传非遗·识绣球、花样玩转民族运动会等。

 基地地址：广西桂林市秀峰区桃花江路 3 号。

桂林靖江王陵国家考古遗址公园

　　靖江王陵是明太祖朱元璋分封靖江王以藩桂林、镇守南疆、治理岭南、促进民族融合和文化交流的历史文化遗产，也是全国保存规模最大、序列最全、发现石像生和梅瓶数量最多的明代藩王墓群。

　　靖江王陵国家考古遗址公园是依托全国重点文物保护单位靖江王陵建设，具有科研、教育、游憩功能的国家大遗址保护展示园区，是广西第五批自治区级中小学生研学实践教育基地，2022年先后被广西壮族自治区文化和旅游厅、国家文物局公布为首批广西考古遗址公园、第四批国家考古遗址公园。

　　靖江王陵国家考古遗址公园全年开放，其中，王陵区每天开放时间是9：00至17：00，目前开放面积约102万平方米，包括悼僖王陵、庄简王陵、怀顺王陵、昭和王陵、安肃王陵、恭惠王陵、康僖王陵、温裕王陵、刘氏次妃墓、郑氏次妃墓、赵氏次妃墓、靖江王陵博物馆、研学基地，简称"八陵三墓一馆一基地"，每天最多可同时接待1000人。

课程一：小小考古人（研学学段：小学）

　　本课程从博物馆工作出发，在历史文化体验中融入职业规划教育，在考古发掘过程中开展劳动教育、职业体验，让学生感受文物工作者的艰辛与快乐。

课程二：古建工程师（研学学段：初中）

　　本课程将引导学生认识陵园建筑布局，熟悉古代建筑结构，初步了解营造技艺。学生动手制作建筑模型，加深进对建筑文化的认识，提高动手能力、探究能力和对建筑的鉴赏能力。

　　其他课程：志愿同心、文明的想象——描摹器象、文明的塑造——链接古今、文明的装饰——美美与共。

 基地地址：广西桂林市七星区靖江路1号。

灌阳县莲溪庐研学实践教育基地

灌阳县莲溪庐研学实践教育基地位于桂林市灌阳县文市镇大湾村。基地秉持保持乡村风貌、传承文化传统、完善配套设施的理念，是集游览观光、休闲度假、农业体验、运动拓展、教育研学、亲子娱乐等于一体的乡村旅游区，是广西第五批自治区级中小学生研学实践教育基地。

莲溪庐文旅度假区 2019 年建成，在 2020 年被评为自治区五星级乡村旅游区；2022 年被评为自治区四星级休闲农业示范区。

灌阳县莲溪庐研学实践教育基地可同时容纳 600 人集中学习、体验，拥有足球场、教室、会议室、室外课堂等场地，便于学生集中学习。

基地规划总面积 1333.4 万平方米，全年开放，瞬时最大承载量 1000 人，每日最大承载量 1 万人次。

课程一：弘扬优秀传统文化，传承千年工匠精神（研学学段：小学）

本课程中，学生通过学习、认真操作以及与小组成员积极沟通，完成鲁班锁的安装；通过学习鲁班锁的知识，运用鲁班锁的制作技巧，自己制作鲁班锁。

课程二：扬优秀传统文化，品灌阳文化底蕴（研学学段：小学）

本课程通过让学生了解灌阳油茶的制作过程，以及灌阳油茶与生活的密切关系，探究灌阳油茶的价值。

其他课程：走进田间地头 学习农耕文化、乡间手艺 传承民俗文化、游莲溪仙境 画百里漓江等。

基地地址：广西桂林市灌阳县文市镇大湾村 3 队 258-1 号。

灌阳县文市镇玉溪油茶屋
研学实践教育基地

　　灌阳县文市镇玉溪油茶屋研学实践教育基地位于灌阳县文市镇的玉溪村和月岭村，是广西第五批自治区级中小学生研学实践教育基地。玉溪村因村中一口汉白玉井水流入小溪而得名，这里有红军长征瑶苗民族政策制定旧址，红军长征中央革命军事委员会机关驻地旧址，是"桂林市文明村"、"民族团结进步示范村"。月岭村在2013年被评为第三批自治区级非物质文化遗产传承基地，同年被公布为第二批中国传统村落，2014年被列为第六批中国历史文化名村。月岭村古民居始建于明末清初，属典型的江南式民居，是目前广西区内保存较为完整的古民宅群落。月岭村还是桂剧的发源地和传承中心，具有极高的旅游价值、审美价值与考古研究价值。

　　基地可同时接待300人集中学习、体验，拥有游客休息室、篮球场、会议室、桂剧院等供学生进行集中学习的场地。

课程一：学习油茶技艺，传承民俗文化（研学学段：小学）

　　本课程主要内容为向学生介绍玉溪油茶屋的基本情况，组织学生参观油茶屋，现场学习制作灌阳油茶。研学指导师通过娴熟的表演和专业的讲授，让学生学习和了解打油茶技艺。

课程二：学习苦茶技艺，传承民俗文化（研学学段：小学、初中）

　　本课程主要内容为组织学生现场学习制作灌阳苦茶，让学生在学习苦茶制作的过程中体验传统饮食文化的魅力，为苦茶技艺传承接续力量；让学生通过品尝花样繁多的茶食和茶点，领略其中所蕴含的民俗文化内涵。

　　其他课程：传承红色基因 争做时代少年、体验农耕文化 学会珍惜粮食、探寻月岭古民居 研究古建筑文化、访桂剧之乡 感戏曲魅力等。

 基地地址：广西桂林市灌阳县文市镇玉溪村、月岭村。

梧州粤剧保护与传承基地

梧州粤剧保护与传承基地（原梧州粤剧团）位于梧州市万秀区南环路，面向公众开放，内设梧州粤剧历史陈列馆、粤剧大舞台、粤剧文化体验中心，可满足平时的教学培训和技艺传承、演出展示等活动需求，是广西第四批自治区级中小学生研学实践教育基地。自2014年梧州市开展"戏曲进校园"活动以来，梧州粤剧保护与传承基地承接全市大中小学"戏曲进校园"活动2000多场次，指导的学生戏曲节目多次获得国家级、自治区级奖项。

基地有人民艺术剧院1个，最多可以容纳560余名观众同时观看；排练厅1个（面积250平方米）；粤剧保护与传承基地3层，包括粤剧体验馆、粤剧演出和观赏小剧场、粤剧脸谱展示馆、粤剧历史陈列馆、粤剧多媒体教室2间（可接待50～80人）。基地全年开放，每天可接待300多人。

课程一：绘制脸谱解密码，探索戏剧人物性格（研学学段：小学、初中、高中）

本课程中，学生通过参观粤剧研学基地、博物馆、粤剧脸谱展示馆，初步了解粤剧艺术的简要发展史，感受粤剧的基本艺术特点、脸谱色彩和人物性格的联系，提升对粤剧艺术的基本欣赏能力；通过学习脸谱面具填色的基本方法和步骤，体会不同色彩搭配对角色性格的影响，锻炼动手能力，促进观察力和审美力的提升。

课程二：耍马鞭，舞水袖，创编课本剧（研学学段：小学、初中、高中）

本课程中，学生通过观摩粤剧基地相关教学区，初步了解粤剧艺术的历史及艺术特点；通过体验模仿唱、念、表等粤剧演员走向戏曲舞台的基本技能，在学习中了解传统戏曲艺术的魅力，在演员的喜怒哀乐中体会人生；通过分组合作试演课本剧的片段，提高对课文学习的兴趣。

其他课程：探究粤剧服饰美 巧制盔头创意手工、学四功 试五法 练出精气神儿、揭秘衣箱辨角色 体验粤剧行当扮相、着华服 过把瘾 体验名角范儿、学说行话赏戏文 感受粤韵文化乾坤。

📍 **基地地址**：广西梧州市万秀区南环路 12—19 号。

广西梧州茂圣茶业有限公司

广西梧州茂圣茶业有限公司（以下简称"茂圣公司"）成立于2004年12月，是广西茶行业首家农业产业化国家重点龙头企业、广西首批工业龙头企业，是集基地种植、生产加工、市场营销、茶文化研究于一体的高新技术企业，是首个六堡茶民营企业；经过多年的努力，现已成为全国文明单位、全国百强茶企、国家AAA级旅游景区，是广西第四批自治区级中小学生研学实践教育基地。

基地分为室内和室外两部分。室内部分主要由中国六堡茶文化馆、品饮厅和茶品厅等组成。中国六堡茶文化馆的展览以茶文化发展为主线，重点突出六堡茶历史文化、茶船古道等亮点，以点带面展示茶文化；品饮厅以六堡茶品饮为主，并辅以多媒体视听手段，增强观众互动功能；茶品厅主要展示六堡茶的历代茶具珍品，以精品陈列为展示理念，让精美的茶具"说话"。室外部分拥有茶园基地和其他与茶相关的植物，方便学生观赏、体验和延伸探究。

茂圣公司占地面积约6.67万平方米，拥有建筑面积达2万多平方米的现代化厂房，可同时接待300名学生开展研学。户外活动场地（操场、篮球场、茶园）可容纳1000人。

课程一：认识家乡特产——梧州六堡茶（研学学段：小学）

本课程通过实地参观加现场讲解的方式，向学生介绍梧州六堡茶的茶叶来源、特点、历史、制作方法、保健功效、"金花"等，帮助学生认识梧州六堡茶，感受博大精深的中国茶文化，激发民族自豪感。

课程二：传统茶艺体验（研学学段：初中、高中）

本课程通过让学生认识基础茶具，掌握茶叶的冲泡流程并自主完成冲泡，以此培养学生良好的生活习惯和热爱生活的积极态度，提升自主动手、思考和解决问题的综合能力。

其他课程：中国百强茶企——奋进中的广西梧州茂圣茶业有限公司、茶园游记及六堡茶采摘加工的户外实践、茶园游记——认识六堡茶品种。

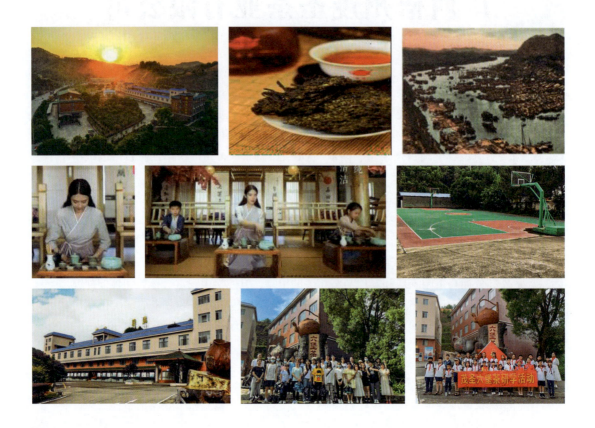

基地地址：广西梧州市万秀区舜帝大道中段 56 号。

合浦月饼小镇

2018年，"合浦大月饼"被批准为国家地理标志保护产品；同年，合浦月饼小镇成功入选广西第一批特色小镇培育名录，其"三生"融合培育建设特色产业、特色园区的建设模式，已被自治区发展改革委向国家发展改革委推荐为特色小镇国家案例。2019年，合浦县正式获批成为"中国大月饼美食之乡"。合浦月饼小镇于2020年被授予"中国焙烤之镇·合浦"称号，2021年获评国家AAAA级旅游景区和自治区级文化产业示范园区，也被自治区教育厅列为广西第三批自治区级中小学生研学实践教育基地。

合浦月饼小镇以建成中国最美乡月文化传承地、华南首座烘焙制作体验园、国际知名休闲食品产业城为目标，以休闲食品产业链为核心，以月饼文化创新链为特色，以商务休闲旅游链为补充，致力于打造融工业生产、科技研发、创意设计、产品展销、学习体验、文化休闲、旅游观光和品质居住于一体的工贸旅游休闲特色小镇。

基地最多可同时接待学生1500人。

课程一：苏东坡带你探秘月饼的前世今生（研学学段：小学）

本课程主要让学生了解中秋节与月饼的起源和发展，了解古法月饼的原料、做法及各地不同年代的月饼模具，探究中国月饼文化。

课程二：走进月饼小镇，感受烘焙乐趣（研学学段：小学、初中）

本课程主要让学生亲手制作月饼，在实践中了解月饼制作原理；通过理论与实践相结合，收获劳动成果，体会劳动意义。

课程三：穿越千年与苏东坡在廉州（研学学段：初中）

本课程主要让学生通过诗词导入和情景剧演绎，了解苏东坡在廉州的故事，从而了解廉州历史文化的渊源。

 基地地址：广西北海市合浦县工业园区经一路1号。

海丝首港·合浦始发港景区

　　海丝首港·合浦始发港景区位于北海市合浦县廉州镇烟楼村，是以汉代海上丝绸之路合浦始发港为建设核心，集海丝文化体验、全景交互式生活演艺、休闲旅游度假、生态旅游观光于一体的国家 AAAA 级旅游景区，为广西第四批自治区级中小学生研学实践教育基地。

　　海丝首港·合浦始发港景区以"港、海、岛"为依托，充分挖掘海丝文化、南珠文化、渔俗文化等历史文化，融合海丝历史、滨海风情、千年汉韵，打造了白天与夜间多线路、多元化、多特色的陆海研学活动。海丝首港·合浦始发港景区的每栋建筑、每处景观、每条街巷、每个牌坊、每艘船只都具有特别的含义，如建筑不是传统的汉风建筑，而是将东汉陶屋风貌与渔村生活功能融合到一起，既有观赏性，又有实用性。基地可同时接待 5000 名学生开展活动。

课程一：海丝历史课堂（研学学段：小学、初中、高中）

　　本课程主要让学生了解中国船舶的发展史，手动制作船只模型；学习了解中国古代食用红糖的发展史、药用价值，以及真假红糖的鉴别方法，并动手制作古法红糖。另外，组织学生开展趣味的拾贝活动，将收集好的贝壳、螺壳等带到研学教室，学习和认识海洋生物知识，并在文创导师的带领下，完成一件描绘大海和海洋生物的艺术作品。

课程二：海丝艺术课堂（研学学段：小学、初中、高中）

　　本课程以我国民间传统而独特的纯手工染色工艺——扎染为主要内容，让学生使用纱、线、绳等工具，对织物进行扎、缝、缚、缀、夹等多种形式组合后染色。

 基地地址：广西北海市合浦县廉州镇进港大道 1 号。

坭兴陶文化创意产业园

坭兴陶文化创意产业园坐落于钦州市钦南区，是一座集坭兴陶科普、非遗传承、劳动实践教育为一体的综合性基地，是了解钦州制陶的起源、坭兴辉煌、坭兴人文故事、坭兴艺术特征等的主要窗口，是集坭兴陶文化展示、坭兴陶研学体验、文化艺术品展览、地方特色商品展销等功能于一体的展销体验服务产业园，还是全国中小学生研学实践教育基地。产业园内有一座总建筑面积近 3000 平方米的坭兴陶体验中心。

基地设施设备完善，由多名工艺大师、陶艺师、研学指导师、人文讲师参与课程开发及授课。课程涵盖坭兴陶诗赋、茶陶义化、仪式礼仪、知识科普、陶器鉴赏、劳动实操、趣味互动等主题，兼具专业性与趣味性。

整个产业园总投资 85 亿元，总规划用地面积达 3 平方千米。基地最多可同时接待学生 290 人。

课程一：坭兴文化传承（研学学段：小学、初中、高中）

本课程主要让学生了解坭兴陶的发展历程和辉煌历史，认识钦州古时陶器制作工具和坭兴陶古法六艺，学习坭兴人文故事与精神；参观距今 600 多年的活态钦江古龙窑，了解钦州坭兴陶史前烧制技艺及龙窑构造，按照古法炼泥的流程自制泥料，在劳动中领悟古人的智慧。

课程二：坭兴技艺传承（研学学段：小学、初中、高中）

本课程主要让学生学习如何采用手工拉坯成型、手拍成型、泥塑成型 3 种成型方式造器；采用线刻和浅浮雕的方法对坭兴陶进行雕刻装饰，学习将书画艺术融入器物；认识窑体结构，了解坭兴陶烧制的参数和产生窑变的基本原因，并实践烧制坭兴陶。

 基地地址：广西钦州市钦南区进港大道。

钦州市博物馆

　　钦州市博物馆管理的刘永福、冯子材旧居建筑群，是钦州市现存最雄伟、最完整的清代建筑群，为广西首批自治区级中小学生研学实践教育基地。

　　刘永福故居于 1996 年被定为全国中小学爱国主义教育基地，2001 年被国务院公布为全国重点文物保护单位，2006 年被评为国家 AAAA 级旅游景区，2009 年被定为全国爱国主义教育示范基地，2012 年被命名为国家国防教育示范基地。

　　冯子材故居始建于清光绪元年（1875 年）。因冯子材抗击侵略者有功，光绪皇帝授予其太子少保，后加封兵部尚书，故又称冯子材故居为"宫保府"。冯子材故居于 1996 年被定为全国中小学爱国主义教育基地，2001 年被国务院公布为全国重点文物保护单位，2010 年被定为广西壮族自治区爱国主义教育基地，2019 年 9 月被评为全国爱国主义教育示范基地。

　　刘永福故居占地面积 22700 多平方米，建筑面积 5600 多平方米；纪念馆占地面积 9500 平方米，总建筑面积 4740 平方米。冯子材故居现有占地面积 15220 平方米，总建筑面积 2020 平方米。基地最多可同时接待学生 300 人。

课程一：刘永福、冯子材旧居现场爱国主义教育（研学学段：小学、初中）

　　本课程在刘永福、冯子材旧居开展现场教学，让学生了解刘永福、冯子材，学习他们的爱国、爱民精神及民族团结精神。

课程二：听英雄故事，学英雄精神（研学学段：小学、初中）

　　本课程中，老师给学生讲述刘永福、冯子材两位爱国名将的"镇南关大捷""纸桥大捷""刘永福渡台抗日"等经典故事，学生通过听、讲、答等环节，学习刘永福和冯子材的爱国、爱民精神及民族团结精神。

 基地地址：广西钦州市钦南区四马路 2 号。

广西浦北酒厂神蜉酒庄园

广西浦北酒厂神蜉酒庄园是广西第三批自治区级中小学生研学实践基地，其位于广西浦北县，曾经声名远扬海内外的神蜉酒就诞生于此。

神蜉酒庄园拥有丰富的工业景观资源和深厚悠久的酒文化资源，是一个集户外运动、餐饮住宿、游览观光、文化体验、休闲娱乐、健康养生、科普教育于一体的综合型工业旅游景区。庄园现建设有神蜉酒庄、商务会议综合厅、神蜉酒博馆、生产车间展示厅、酒文化创意景观、酿酒 DIY 中心、多功能活动草坪等，服务设施相当完备。

值得一提的是，神蜉酒庄园内的神蜉酒博馆既展示了浦北的酿酒史、工业史，又展示了浦北底蕴厚重的历史文化和特色鲜明的红色酒文化。神蜉酒博馆共有两层，一楼主要是三大展示区：名贵植物药材的浸泡酒的展示区、各个年代生产的神蜉酒的展示区及各种精美酒坛的展示区。二楼以"丝路越州"为主题，全面展示浦北的经济、民俗、文化、历史、社情等方面内容。

> **课程：神蜉酒传统酿造技艺（研学学段：小学、初中）**
>
> 本课程主要让学生学习神蜉酒的传统酿造技艺，了解该保健酒的制作过程。
>
> 其他课程：蚂蚁生态景观体验、传统艺编手工制作等。

 基地地址：广西钦州市浦北县小江镇城北路 51 号。

钦州市陶花岛陶艺有限公司

　　钦州市陶花岛陶艺有限公司成立于2014年，是一家致力于把桂陶文化发扬光大的高新技术企业。公司以推广和传承坭兴陶艺为使命，专注坭兴陶的外观设计、技艺研发与提升，具有良好的行业商誉，经营实力雄厚，是广西第四批自治区级中小学生研学实践教育基地。

　　基地全年开放，有可容纳300人就餐的餐厅，具有面积10000平方米的教学场地，设置有练泥车间、柴窑烧制车间、产品展示区、坭兴陶DIY体验区等，最多可同时接待300名学生集中开展研学活动。

> 📛 课程："爱陶冶器，薪火相传"——坭兴陶的拉坯工艺（研学学段：小学、初中、高中）
>
> 　　本课程中，学生在老师的引导下通过参观、观察等方式认识钦州坭兴陶泥料的拉坯技术，在老师的指导下亲自体验坭兴陶拉坯的过程，从实践中学习坭兴陶拉坯的方法，感受动手的魅力，增进合作意识和能力；通过劳动付出与收获，体验劳动的艰辛与快乐，反思感悟，养成尊重劳动、尊重劳动者、珍惜劳动成果的观念和习惯。
>
> 　　其他课程：坭兴陶泥料的提炼、坭兴陶装裱与雕刻、坭兴陶烧制。

📍 **基地地址**：广西钦州市钦南区沙埠镇新塘村1号。

贵港市

贵港市博物馆

贵港市博物馆是广西科普教育基地、广西第三批自治区级中小学生研学实践教育基地。

贵港市博物馆馆藏文物数量大、种类繁多，以汉代墓葬出土文物为主，以汉代陶器和青铜器为主要特色。其中，珍贵文物 773 件套，一般藏品 1137 件套。

贵港市博物馆对社会免费开放，年开放天数 305 天，年均接待观众约 25 万人次。贵港市博物馆作为研学基地，场馆每天最多可同时接待 800 人。

课程一：欢享健康美食·体验休闲生活（研学学段：小学）

饮食文化可以折射出中国博大精深的人文内涵。本课程中，学生学习美食知识，了解美食制作的方法，体会"食不厌精，脍不厌细"的美食感悟；学习烹饪技术，体验烹饪带来的乐趣，感受色香味带来的享受。

课程二：走进壮乡人家（研学学段：小学）

本课程中，学生亲自走进博物馆看、听、摸，全面了解贵港少数民族的民俗文化，提高认知能力、表达能力、动手能力；认识贵港少数民族文化，感受文化魅力。

课程三：领略浔郁风情·探寻荷城发展足迹（研学学段：初中）

贵港市自明代起称贵县，是一座具有 2000 多年历史的古郡，因自古盛产荷花，荷花品种有 350 多种，故称"荷城"。学生通过探究学习，了解贵港作为运动之城、休闲之都、秦汉古郡、千年荷城的历史，了解在中国近代史中惊天动地的金田起义。

其他课程：贵港史诗·壮烈金田、千载悠悠·魅力贵港、贵港历史人物探索。

📍🔍 **基地地址**：广西贵港市港北区仙衣路 1525 号。

玉林市
广西三环企业集团股份有限公司

　　广西三环企业集团股份有限公司是以陶瓷技术、陶瓷文化为主题，功能完善、特色鲜明的陶瓷文化研学基地。公司充分融入创客、创意、创造基因，建设三环陶瓷百年老店，争取产品在质量、档次和艺术附加值上达到世界先进水平，创造具有重大国际影响力的三环陶瓷品牌，打造具有核心竞争优势的集日用陶瓷研发、生产、培训于一体的基地；持续实施较大规模的技术改造，实现陶瓷生产自动化和"互联网＋"陶瓷产业，以先进设计技术和瓷器美学理念继续引领中国日用陶瓷行业发展。基地为广西首批自治区级中小学生研学实践教育基地。

　　基地最多可同时接待学生 500 人。

> **课程一：陶艺课程（研学学段：小学、初中、高中）**
> 本课程包括陶艺手工拉坯、彩绘、捏塑等，引导学生了解陶艺的制作过程，体验从无形到有形、从粗糙到精致的转变过程，培养学生的艺术感知力。
>
> **课程二：陶艺课程（研学学段：小学、初中、高中）**
> 本课程为陶艺彩绘课，教学生利用各种陶瓷材料和工艺技术进行描图、填色。
>
> **课程三：安全课程（研学学段：小学、初中、高中）**
> 本课程包括工厂安全生产教育、交通安全教育，有利于提高学生的安全意识，增强自我保护能力。
>
> **课程四：参观探索课程（研学学段：小学、初中）**
> 本课程主要向学生介绍当地陶瓷文化及陶瓷发展历程。

基地地址：广西玉林北流市民安日用陶瓷产业园。

广西南药康园投资有限责任公司

广西南药康园投资有限责任公司由广西青少年南药科普研学实践教育基地（南药康园）、玉林市菁菁农业研学实践与劳动教育基地（菁菁农场）、广西耕读文化研学实践教育基地（耕读山庄）、栗园户外运动营地、蘑菇客栈、五彩客栈、栗园客栈及生态餐厅等场所构成，基本形成"农、礼、体、药"四大教育主题模块。

基地是广西首批自治区级中小学生研学实践教育基地，获得玉林市教育局批复进行"玉林市中小学生综合实践教育学校五彩田园分营地"的建设，同时也是玉东新区教育文体和旅游局公布的中小学生劳动实践教育营地、玉州区中小学生研学实践与劳动教育营地。

基地位于五彩田园景区核心区块，总占地面积超过40万平方米，整体形成"一环两片多点"的布局。基地最多可同时接待学生1000人。

课程一：植物辨识与寻宝（研学学段：小学）

本课程中，学生通过对南药康园内中药植物进行辨识与了解，提高对植物的分辨能力；学会使用简单的科学术语来描述植物；观察植物的六大器官，即根、茎、叶、花、果实和种子。

课程二：凉茶药方配伍（研学学段：初中、高中）

本课程中，学生通过学习，了解凉茶知识，认识中药凉茶原材料，了解凉茶配方，近距离感受中医药文化；根据中草药特性，尝试对症配一款专属凉茶。

其他课程：垃圾分类与环保、显微镜下的世界、揭秘克隆技术、建设"书桌药园"、药用花茶制作、神农寻百草、DIY南药叶脉书签、DIY南药香囊、中药材制作、辨识南药、腊叶标本制作、弯弓射箭、识图用图、中药香囊DIY、野外方向辨识、抓药与研磨、先锋工程。

📍 **基地地址**：广西玉林市玉州区茂林镇鹿塘社区福城居民小组18号。

广西铜石岭国际旅游度假区研学基地

广西铜石岭国际旅游度假区研学基地位于广西玉林北流市民安镇丰村铜石岭风景区，拥有迄今发现的汉代以来世界上最大的冶铜遗址和铸造铜鼓遗址——铜鼓岭遗址，该遗址也是岭南地区最早发现的冶铜遗址。基地一直秉承着"基础在行，核心在学"的教育理念，以及"独立创造性，科学前瞻性，落地可行性"的服务理念，是广西第二批自治区级中小学生研学实践教育基地。

铜石岭风景区拥有丰富的地质资源与独一无二的自然景观，光铜石奇景就有108处，并先后获得了国家AAAA级旅游景区、中国发展观察跟踪调研点、北流市发展壮大村级集体经济示范基地等多项荣誉称号，是2016年全国优选旅游项目、自治区"十三五"规划"一带一路"重点工程。

基地拥有大型研学活动场地6个，单日可接待学生3000人，设有主题研学体验区共7个。基地房建、水、电、通信等基础设施配套齐全，安全运行。基地内餐厅可容纳1000多人同时用餐。基地有研学综合教室1间及宿舍楼1栋，可同时容纳500名学生住宿。此外，基地有可供学生集中教学、活动、体验、休整的场馆场地，功能、布局科学合理，能满足2000名学生同时开展研学实践教育活动的需求。

课程一：南越古文化·唱响最铜鼓（研学学段：小学）

本课程以铜石岭冶铜和铸造铜鼓的历史背景为主线，充分挖掘铜石岭冶铜文化和铜鼓文化的内涵与价值，结合小学阶段学生的心理特点，以学生最易接受的方式，引导学生通过观察、比较、分析、讨论的方法，在真实的情境中体验、合作、探究，探访冶铜、铸造铜鼓遗址，探索古人冶铜、铸铜的奥秘。

课程二：探索地质文化·寻踪自然宝藏（研学学段：初中）

本课程通过地质专家开展地学实地科普小课堂，让学生初步学习、了解各类地貌知识，更好地理解地貌变迁，尤其是丹霞地貌、喀斯特地貌的成因及演变。学生实地走进动植物的世界，了解动植物的类别、特性、进化历程。

课程三：溯源农耕文化·助力乡村振兴（研学学段：高中）

本课程通过到田间地头开展科普小课堂，让学生贴近土地和生命；学生通过互动游戏和实地观察、动手实践，体验自然本色的劳作之美，了解现代农业的发展，感受春生、夏长、秋收、冬藏的农耕魅力，逐步产生对自然、资源、土地的热爱。

其他课程：时代"铜人"小足迹、奇妙的"铜文明"、走进"鼓"文明、穿越千年的"铜音"、铜石岭微景观沙盘制作、自然植物扎染制作、悠悠农耕情、农具的故事、稻谷的一生。

 基地地址：广西玉林北流市民安镇丰村铜石岭风景区。

玉州区高山村中小学生研学实践教育基地

　　玉州区高山村中小学生研学实践教育基地（以下简称"高山村研学基地"）集历史文化、传统建筑、田园风光为一体，是广西第四批自治区级中小学生研学实践教育基地。

　　高山村是中国历史文化名村、中国传统村落、全国文明村。

　　基地总占地面积约 146 万平方米，其中高山古村明清古建筑群约 20 万平方米、清湾田园劳动体验基地约 113 万平方米。基地设有多媒体教室、普通教室、国学文化教室等区域，可同时接待 2000 名学生开展研学活动。此外，基地还拥有扎染体验坊、手工灯笼制作坊、豆腐花制作、剪纸、茶泡等传统工艺体验区，还有绿野农庄、理想家园、家林马场等 6 家农家乐，可提供户外 DIY 厨房、烧烤亭、健康素质拓展场地、开放式户外草坪等丰富的硬件设施设备。

课程一：探寻进士文化　感受国学魅力（研学学段：小学、初中）

　　本课程通过挖掘高山村进士文化，探索高山村进士文化形成的根源，将国学文化融入研学课程中，让学生感受国学文化的魅力。

课程二：科举制度开先河　阳光高考育英才（研学学段：高中）

　　本课程通过将高考制度与科学制度做比较，让学生思考科举制度与现代高考制度的异同，进而了解开创科举制度的意义及高考制度的优越性。

　　其他课程：看地上建筑·赏壁上乾坤、寻家风家训根源·立言行举止规范、探家风明规矩·习五常铸品格、穿明清古屋旧巷·赏岭南建筑风姿等。

基地地址：广西玉林市玉州区城北街道高山村南屯古明清建筑群内。

容县民国小镇中小学生研学基地

　　容县民国小镇中小学生研学基地（以下简称"民国小镇研学基地"）以全国著名民营企业南方黑芝麻集团股份有限公司产业基础及黑芝麻文化为支撑，致力于景区、酒店、商业和研学教育等资源的整合及运营，集学习、休闲、民国文化体验、职业体验于一体，是广西第四批自治区级中小学生研学实践教育基地。

　　民国小镇研学基地占地面积约 13.3 万平方米，总建筑面积约 57330 平方米。基地由民国文化体验活动区、容县民国将军别墅、容县近代建筑、容县示范性综合实践基地、南方黑芝麻糊生产工厂五大区域组成。基地拥有多功能大会议室 3 间（每间可同时接待 200～500 人）、多媒体会议室 5 间（每间可同时接待 30～50 人）、普通教室 16 间（每间可同时接待 50～100 人）、演艺大舞台 3 个、篮球场 1 个、黑芝麻研磨作坊 2 间、开放性户外场地若干，还拥有特色展馆 4 个、共建主题场馆 8 个。基地可同时接待 1000 名学生开展研学活动，基地内酒店可同时容纳 2000 人就餐、500 人住宿。

　　课程一：探究黑芝麻文化，了解大产业奥秘（研学学段：小学、初中，高中）

　　本课程中，学生参观南方黑芝麻博物馆，学习黑芝麻植物相关知识及了解黑芝麻文化；参观南方黑芝麻糊生产工厂，了解小芝麻如何做成大产业的奥秘；通过研磨及品尝黑芝麻，体验生产劳动的乐趣。

　　课程二：铭记历史，感悟爱国情怀（研学学段：小学、初中）

　　本课程中，学生在研学指导师的带领和指导下，通过学习容县爱国将军的光荣事迹，拓宽视野，加深对历史的了解，感受革命光荣历史。

　　其他课程：职业体验·酒店小经理、博物馆小解说员、打开科学之门之小小科学家、穿越百年时光·领略民国风情、美食小达人、职业体验·超市小店长等。

 基地地址：广西玉林市容县经济开发区侨乡大道 8 号。

百色市

靖西旧州古城景区中小学研学实践教育基地

靖西是中国"绣球之乡"，以制作传统工艺品绣球闻名于世，这里壮族民俗风情浓郁，有"壮族活的博物馆"之美誉。

旧州曾为归顺州（今靖西市新靖镇）的治地，是名扬四海的明代抗倭巾帼英雄瓦氏夫人的故乡，有瓦氏点将台、文昌阁、壮音阁、望桥、明清时代建筑岑氏土司庙、张天宗墓园等古迹。靖西旧州古城景区围绕绣球文化、瓦氏文化和农耕文化（"那"文化），打造绣球广场、敬酒广场、"雾锁鹊桥，情定旧州"铁索桥等一系列景点，自然和人文景观丰富。靖西旧州古城景区中小学研学实践教育基地，是广西第三批自治区级中小学生研学实践教育基地。

基地最多可同时接待学生 300 人。

课程一：绣球制作（研学学段：小学、初中）

本课程中，学生走进壮族生态博物馆，了解壮乡风情，探寻民族瑰宝；制作绣球，比拼手艺；挑选精品，讲解制作心得；观摩制作土陶，体验藏匿于非遗中的乐趣，陶冶情趣，沉稳心智。

课程二：壮丽英雄史——瓦氏夫人（研学学段：小学、初中）

本课程中，学生走进壮族生态博物馆，学习壮族历史和文化；了解中华民族抗倭女英雄——瓦氏夫人的英雄事迹。

课程三：壮乡民俗艺术体验（研学学段：小学、初中）

本课程中，学生游览古城，了解壮乡历史和文化，了解当地民风民俗；了解少数民族服饰——蓝衣壮、平山瑶、南粤京，以及绣品等其他装饰物；观摩染料提炼、沁色过程，体验五色糯米饭制作；观看民俗演艺——木偶戏之顺安峒张天宗开疆拓土的故事。

 基地地址： 广西百色靖西市新靖镇城东路 1301 号。

贺州市

贺州学院中小学研学实践教育营地

贺州学院是广西壮族自治区一所公办全日制普通本科高校，现有东、西两个校区，占地面积约 93.4 万平方米；教学科研仪器设备总价值 3.045 亿元，馆藏纸质图书 179.22 万册；现有本科专业 54 个、专科（高职）专业 18 个。贺州学院为国家 AAA 级旅游景区，先后被授予"全国绿化模范单位""国家节约型公共机构示范单位""全国高校节能管理先进院校""国家级语言文字规范化示范学校"等荣誉称号，是广西第二批自治区级中小学生研学实践教育基地。基地目前已经开发了科技、文化、体育和劳动实践 4 个主题共 22 门研学课程。

贺州学院秉承"立德树人"的教育理念，致力于培养德、智、体、美、劳全面发展的人才，实现"产、学、研、培"多元并举，推动研学实践教育事业发展。

基地全年开放，最多可同时接待学生 4500 人。

课程一：品茶香、学茶艺，领略传统茶文化（研学学段：小学、初中、高中）

本课程中，学生到贺州学院逸夫楼咖啡吧、北苑食府三楼茶艺实训室，学习茶道与茶艺的基础知识及相关历史文化典故，学习绿茶、红茶、白茶、黄茶、乌龙茶和黑茶的分类，学习茶具的使用方法，学习各类茶的冲泡方法和技艺，了解茶的成分与功效，以及科学饮茶与储藏茶的知识，学习茶礼等茶文化。

课程二：品尝广西油茶，领略少数民族饮食文化（研学学段：小学、初中、高中）

本课程中，学生到油茶馆参观油茶及茶点的制作过程，了解油茶及茶点制作的工艺，并品尝油茶，在品尝油茶的过程中延伸和探讨少数民族饮食文化。

其他课程：探秘瑶族服饰文化 领略瑶族风土人情、水中精灵"艇"不一样、"珍珠球"大放光彩等。

📍🔍**基地地址**：广西贺州市八步区西环路 18 号。

贺州文庙

　　贺州文庙集文化、教育、科普、体验、休闲于一体，是广西第五批自治区级中小学生研学实践教育基地。基地主体建筑和明伦堂建筑群采用传统沿中轴线左右对称的平面布局形式，构成了院落式建筑群。基地能够满足学生教育、体验、审美等多种需要，能为学生提供学、游、行等多项服务，具备教育与游览多重功能。

　　贺州文庙始终注重中华优秀传统文化传播，目前已成为礼拜先师、传授国学、尊师重教、师德教育、道德教化、兴贤育才的重要国学教育基地。基地设计各种沉浸式传统礼仪体验活动，并为不同年龄学生设计了寓教于乐的故城探奇等研学活动。

　　贺州文庙全年开放天数为 320 天以上，单日最多可接待游客 5000 人。

　　课程一：开笔礼（研学学段：小学）

　　本课程中，学生通过参加开笔礼，意识到人生进入了一个学本领、学做人的新阶段。

　　课程二：拜师礼（研学学段：小学、初中）

　　本课程通过中华传统礼仪的感召，让学生学会感恩；鼓励学生勇敢地表达自己，用行动把爱表达出来，学会尊师重道。

　　其他课程：拜师礼、成人礼、祭孔礼、祈福三献礼、小小故城讲解员、小小文庙管理员等。

 基地地址：广西贺州市八步区贺街镇河西社区县前路 1 号。

河池市
巴马仁寿源中小学生研学实践教育基地

　　巴马仁寿源中小学生研学实践教育基地集传统文化、非遗文化、民族文化、民俗体验于一体，是广西第四批自治区级中小学生研学实践教育基地。基地以传统文化为核心，运用"小学学其事，大学究其理"的教育思想，致力于培养德、智、体、美、劳全面发展的人才，推动研学实践教育事业发展。

　　基地依托广西河池市巴马仁寿源景区而建，该景区因清光绪皇帝钦命广西提督学院赠送"惟仁者寿"寿匾给寿民邓诚才的故居而得名，是国家级非物质文化遗产代表性项目敬老习俗（壮族补粮敬老习俗）传承基地，也是自治区文化产业示范单位、广西四星级休闲农业现代化示范基地、广西中小学劳动教育实践基地。

　　基地占地面积 6.67 万平方米，另有农耕体验稻田基地约 1.33 万平方米、火龙果采摘园约 11.33 万平方米，户外活动场地约 3.33 万平方米；设多媒体教室、普通教室、餐厅、表演场等区域，拥有多功能大会议室 1 间（可接待 300 人）、多媒体会议室 1 间（可接待 100 人）、普通教室 3 间（每间可接待 30 人）。基地可同时接待 300 名学生开展研学活动，餐厅可同时容纳 600 人就餐。此外，基地还拥有户外草坪、户外 DIY 厨房，以及烧烤用具、天幕帐篷、拓展活动设备道具等丰富的配套设施设备。

> **课程一：弘扬仁孝文化·传承中华美德**（研学学段：小学、初中、高中）
>
> 　　本课程中，学生通过参观邓诚才故居，聆听邓诚才的战斗故事，学习他的爱国精神；通过颂国学经典、学习古礼、趣味探索、角色扮演、创意物化等方式，进一步学习中华优秀传统文化，自觉传承中华美德。
>
> **课程二：体验非遗补粮·传承孝道文明**（研学学段：小学、初中、高中）
>
> 　　本课程中，学生在非遗传承人的带领和指导下参与庄重的"补粮"仪式，理解补粮的意义，继承和发扬孝敬长辈的优良传统；通过田间劳作，认识农具及其使用方法，体会劳动的艰辛，养成自觉珍惜粮食的好习惯。
>
> 　　其他课程：劳动最光荣——打糍粑、树叶变身记——茶艺、一粒米的历程——水稻种植、小小设计师等。

基地地址：广西河池市巴马瑶族自治县那桃乡平林村敢烟屯。

大化奇美水城景区

　　大化瑶族自治县于 2007 年 9 月被中国观赏石协会授予首批"中国观赏石之乡"称号，2016 年 10 月被中国饭店协会评为"中国长寿特色美食之乡"。大化奇美水城景区的奇石美食文化园由大化文旅投资集团有限公司经营管理，位于大化水电站左侧，依坝临河，占地面积约 6670 平方米，建筑面积约 7000 平方米，有红水河奇石馆、红水河美食馆、园区景观广场三大主功能区。基地为广西第四批自治区级中小学生研学实践教育基地。

　　基地日最大承载量约 45100 人，其中民族博物馆瞬时最大承载量约 2500 人，奇石馆瞬时最大承载量约 3000 人，美食馆瞬时最大承载量约 2500 人，水族馆瞬时最大承载量约 1000 人。基地可同时接待 300 人就餐。

> **课程：奇石美食文化体验（研学学段：小学、初中）**
>
> 　　本课程内容包括奇石小课堂、DIY 绘画、美食小课堂、糍粑制作体验和编制蛋笼等活动。
>
> 　　其他课程：红色精神、薪火相传、奇石的秘密、先民的足迹。

 基地地址：广西河池市大化瑶族自治县大化镇江滨北路奇石美食文化园。

南丹县里湖白裤瑶传统文化区研学实践教育基地

　　南丹县里湖白裤瑶传统文化区研学实践教育基地依托里湖瑶族乡朵努社区而建，是广西第四批自治区中小学生研学实践教育基地。朵努社区围绕"搬得出、稳得住、可发展、能致富"的工作目标，抓住广西河池南丹至贵州黔南荔波跨省旅游廊道发展的机遇，发挥少数民族文化特色，成立非遗小作坊和民族工艺展示中心，培养非遗传承人6名，落户社区非物质文化遗产代表性项目4个。朵努社区充分利用白裤瑶族非物质文化遗产的厚重底蕴，以特色创特色，创建了5个作坊（扶贫车间），分别是铜鼓、陀螺、织绣、染艺、手工作坊。

　　基地最多可同时接待学生400人，可容纳300人就餐、400人住宿。

> **课程一：走进"千家瑶寨·万户瑶乡"（研学学段：初中）**
>
> 　　本课程引导学生参观和了解"千家瑶寨·万户瑶乡"易地扶贫搬迁和旅游开发项目建筑群规模及特点，体会中国共产党领导全国人民实现脱贫的伟大意义，激发学生爱党爱国之情。
>
> **课程二：游白裤瑶民俗村，探铜鼓前世今生（研学学段：初中）**
>
> 　　本课程引导学生了解白裤瑶非物质文化遗产，了解铜鼓的历史及文化内涵，让学生乐于传承中华优秀传统文化，并积极参与活动，在活动中发挥特长，合作互助、锐意创新。
>
> 　　其他课程：白裤瑶陀螺的演变、白裤瑶陀螺的制作和比赛、白裤瑶民族服饰起源的传说、白裤瑶服饰着色之秘等。

 基地地址：广西河池市南丹县里湖瑶族乡朵努社区。

来宾市博物馆

　　来宾市博物馆是全面征集、收藏、保护、研究、展示来宾市及所辖县（区、市）历史文化遗存、物证的综合性博物馆，是来宾市区域性中心文物库房，代管来宾市及所辖县（区、市）文物，也是收集、保护、传承非物质文化遗产的保护中心。来宾市博物馆是广西第三批自治区级中小学生研学实践教育基地，现已成为红水河文化、壮瑶文化、土司文化、桂中文化的研究中心。

　　博物馆有 5 个常设展厅：第一展厅"麒麟献瑞，古域新城"重点展现来宾的历史沿革；第二展厅"跌宕春秋"展现来宾革命斗争史；第三展厅"和美壮乡（一）"展现壮族歌舞、服饰、文字、建筑等方面的内容；第四展厅"和美壮乡（二）"介绍壮、瑶等民族文化方面的内容；第五展厅"钟灵毓秀"介绍来宾的名人事迹及其作品。基地最多可同时接待学生 500 人。

> **课程一："锦绘千年"壮锦图案绘画体验（研学学段：小学）**
>
> 　　本课程中，学生在绘制壮锦图案的过程中，学习图案的基本设计原理，掌握图案的设计绘画方法；通过"锦绘千年"壮锦图案绘画体验活动，了解家乡非物质文化遗产，并学会将图案设计运用到生活的美化装饰中，提高审美能力。
>
> **课程二：小小讲解员（研学学段：小学）**
>
> 　　本课程主要利用博物馆文化艺术宝库和专业讲解员的优势，培训一批能讲解、会讲解、爱讲解的博物馆小讲解员，提升学生对博物馆的兴趣。
>
> **课程三："学党史 祭英烈"传承红色基因（研学学段：小学）**
>
> 　　本课程通过组织学生参观博物馆"跌宕春秋"展厅和党史长廊，对学生进行革命传统教育和国防教育，增强他们对党史、军史的了解，点亮学生信仰之光。

 基地地址：广西来宾市兴宾区翠屏路东 1 号。

武宣县文庙传统文化研学基地

  武宣县文庙传统文化研学基地依托武宣县文庙而建。武宣文庙又称黉学宫，是纪念和祭祀孔子的祠庙，也是武宣县最早的兴学立教之地。武宣文庙于明宣德六年（1431年）从旧县城（今三里镇旧县村）搬迁而来。武宣文庙坐北朝南，俯视黔江，面对文笔峰，地势高敞，规模雄伟，甚为壮观。历经明、清、民国，各代相继修葺，形成由照壁、东西厢房、礼门、义路、棂星门、状元桥、泮池、大城门、名宦祠、乡贤祠、东西庑、露台、大成殿、崇圣祠、尊经阁、明伦堂等组成的宫殿式歇山穿斗式砖木结构的古建筑群体。1984年5月，武宣县人民政府把文庙公布为武宣县第一批重点文物保护单位。2000年，自治区人民政府公布武宣文庙为全区重点文物保护单位。2002年，武宣文庙被批准为第二批柳州地区（今属来宾市）爱国主义教育基地。基地为广西第三批自治区级中小学生研学实践教育基地。

  武宣文庙占地面积4760平方米，为广西现存最大的文庙之一。基地最多可同时接待学生600人。

> **课程：弘扬传统文化·传承非遗技艺（研学学段：小学、初中、高中）**
>
>   本课程以武宣县文庙现有资源为依托，针对不同学段学生开展生动活泼、有序有效的传统文化主题研学实践教育活动。

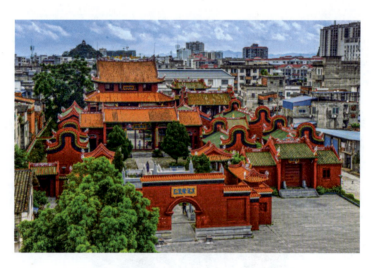

基地地址：广西来宾市武宣县武宣镇东街44号。

金秀瑶族自治县瑶族博物馆

　　金秀瑶族自治县瑶族博物馆是我国建成的第一个瑶族博物馆，其馆名由我国著名社会学家、原全国人大常委会副委员长费孝通先生题写。博物馆现有藏品4000余件，其中国家一级文物2件，国家二级文物22件，国家三级文物155件。馆内藏品具有浓郁的民族特色，尤其是瑶族服饰独具特色。博物馆共收藏有全国各地及国外瑶族服饰300余套，是我国收藏瑶族服饰数量最多、种类最全的博物馆。建馆30多年来，瑶族博物馆以其丰富的藏品和浓郁的民族特色赢得社会各界的赞誉。博物馆于1997年被授予"柳州地区爱国主义教育基地"称号；2001年被授予"广西壮族自治区爱国主义教育基地"称号；2003年定为国家重点博物馆；2009年被评为国家三级博物馆，并列为全国第二批免费开放博物馆之一；2010年被授予"广西首批民族团结进步教育示范基地"称号；2015年被授予"自治区未成年人思想道德建设示范基地"称号，是广西第三批自治区级中小学生研学实践教育基地。2016年，博物馆的基本陈列"世界瑶都——瑶族历史文化展"荣获"第一届全区博物馆陈列展览十大精品评选优胜奖"。

　　金秀瑶族自治县瑶族博物馆位于县城东侧，始建于1991年，先后于2002年、2012年进行扩建和维修改造，占地面积6000多平方米，建筑面积4700平方米，展厅面积2200平方米，为仿瑶族民居式建筑。目前，博物馆设置有世界瑶族、中国瑶族、金秀瑶族等功能展厅，展览分为序厅、瑶族溯源、瑶山人家、瑶绣多姿、瑶都神韵、汉代遗存、瑶医瑶药、石牌文化、情系瑶乡9个部分，整个陈列展览以瑶族题材为主，是瑶族社会的一个缩影，也是金秀展示瑶族文化的重要窗口。基地最多可同时接待学生800人。

课程一：走进金秀瑶药，体验先祖文化（研学学段：小学、初中、高中）

　　本课程是以金秀瑶药文化资源及学科教学内容为基础，结合学生认知能力和金秀本地实际整合开发的课程。课程尊重学生的主体地位，以人为本，以参观体验、调查研究、动手操作等形式，组织学生走进种植瑶药基地，走进瑶药店铺，发现瑶药的作用，传承瑶药文化，培养学生交际能力和实践能力。

课程二：民族技艺、民族的记忆——黄泥鼓（研学学段：小学、初中、高中）

　　本课程是以黄泥鼓制作技艺为基础，向学生展示黄泥鼓的制作原理及种类，让学生了解瑶族先民制作黄泥鼓的背景和主要用途，理论知识结合实践，让学生感受民族文化之美，激起对民族文化学习的兴趣。

课程三：瑶山竹韵——笋酿的制作（研学学段：小学、初中、高中）

　　本课程通过观摩和学习笋酿的制作，让学生能基本认识竹的种类，了解竹笋的食用方法，提高动手能力；让学生明白美食源于自然的馈赠，增强保护大自然的意识；让学生明白收获来之不易，增强节约粮食的意识。

 基地地址：广西来宾市金秀瑶族自治县金秀镇平安路 6 号。

忻城县土司博物馆

　　忻城县土司博物馆依托全国重点文物保护单位——莫土司衙署而建，是广西第五批自治区级中小学生研学实践教育基地。忻城县土司博物馆通过开展活动，把爱国主义教育和民族团结教育送进校园，把学校的学生请进博物馆；通过充分开发利用历史文化资源，不断推陈出新，将传统文化与科普知识完美结合，寓教于乐。忻城县土司博物馆于2012年被定为自治区民族团结进步教育基地，2021年被认定为国家AAAA级旅游景区。

　　博物馆建筑皆为砖木结构，具有中原古典宫廷建筑的特点，气势宏伟，格调典雅，古色古香。博物馆中深幽的殿堂，以及精致的屋脊翘角、镂空花窗、浮雕图案，皆具有浓郁的壮民族建筑艺术特色，有较高的历史价值、文化价值、艺术价值和科学价值，是研究土司制度、壮族民俗、宗教、文化及建筑艺术等难得的实物例证。

　　博物馆保护面积为38.9万平方米，其中建筑占地面积4万平方米。近年来，基地每年接待中小学生5000多人次。基地的基本陈列主要有莫土司衙署建筑群原状陈列、历世土司画像展、土司制度五百年图片展、土司文化陈列展4个部分。

课程一：壮族蜡染文化的发展（研学学段：小学）

　　本课程通过深入探索壮族蜡染文化的悠久历史与独特魅力，鼓励学生参与壮族蜡染制作，提升动手实践能力，让学生感受壮族先民的智慧。

课程二：人人会消防，安全至上（研学学段：初中）

　　本课程通过开展消防安全知识培训和消防模拟演练，让学生认识到防火对于保护民族文化遗产安全的重要性，同时学会使用灭火装置。

　　其他课程：忻城莫氏土司、多彩壮锦、民族团结之魂、古风遗韵、农事百事通等。

基地地址：广西来宾市忻城县城关镇西宁街98号。

广西金秀汇萃本草瑶药研学实践教育基地

广西金秀汇萃本草瑶药产业有限公司是一家依托瑶医药文化，以"治未病、盈亏平衡"为理念，集瑶药材种植、健康产品的研发生产、康养旅游于一体，一二三产业融合发展的高新技术企业，是广西唯一具备瑶药浴产品全产业链的公司。公司近几年先后荣获国家高新技术企业、自治区科普教育基地、广西现代特色农业示范区（五星级）等荣誉。

广西金秀汇萃本草瑶药研学实践教育基地是广西第五批自治区级中小学生研学实践教育基地。基地依托广西金秀汇萃本草瑶药产业有限公司而建，配备活动场所、停车场等相关配套设施；瞬时最大承载量300人。基地具有经典瑶药科普园、瑶药种苗繁育园、瑶药种植体验园、科技成果厅、药材标本厅、多功能培训室等14个研学场地，配套设置有投影仪3台、2米×2米LED显示屏1台、65寸显示屏1台、55寸显示屏1台、配备音响设备1套，设有活动舞台1个，300平方米大会议室1个、桌椅200套。

> **课程一：** "觅药·识形"探秘瑶药的种类（研学学段：小学、初中）
>
> 本课程设计有"激情导入，了解瑶药""参观基地，搜寻瑶药""画出瑶药，共享成果"3个环节，通过了解瑶药的名称、种类、来源和外观，增加学生对中草药的热爱之情。在搜寻、合作制作瑶药展板的过程中，学生可以培养科学的思维方式，以及实践、创新和合作精神。
>
> **课程二：** "小小瑶医师"瑶药功效探寻（研学学段：小学、初中）
>
> 本课程通过游戏的形式，给出患者的症状图片，让学生扮演药师去探寻草药，以此锻炼学生的思维能力，提升学生对民族医药的认识。
>
> 其他课程："物美天成"——寻找瑶药之美、"同形异络"——辨析药物神奇身体、"问药寻香"——探寻香囊奥秘。

 基地地址：广西来宾市金秀瑶族自治县桐木镇古池村古池屯。

金秀六段研学实践教育基地

金秀六段研学实践教育基地是一个集生态振兴、文化振兴、产业振兴、大健康产业发展、瑶医药科技、民族文化教育、科普教育于一体的少数民族脱贫示范点。基地立足于生态优势，深挖茶山瑶文化底蕴，树立"六段·中国瑶寨"顶层品牌，营造茶山瑶特色风貌景观，探索一条金秀特色的生态价值转化路径。研学课程包括瑶医药材种植及科普、瑶医康养保健、文化旅游产业、休闲农业观光、养生文化食品、红色文化教育等。基地为广西第五批自治区级中小学生研学实践教育基地。

基地的基础设施完善，能满足各类研学活动需求，设有停车场、游客服务中心、研学服务中心、医务室、研学教室、研讨会议室、住宿等服务和设施。基地内有瑶族古民居建筑群及国家一级保护植物红豆杉群落，具有一定的研学价值。

基地占地面积约 6000 亩，设有云霄茶园、稻香秘园、拉珈民居、瑶寨老街、逍遥秘谷五个区域，能同时容纳约 3000 名学生开展研学实践教育活动。基地多功能厅、研学教室、茶山瑶博物馆等活动场所一应俱全，拥有可供研学实践教育活动的多功能教室 2 间，可同时安排500 人开展室内研学活动、分享会。

课程一：五彩瑶裳美（研学学段：小学）

本课程中，学生通过查找资料了解金秀瑶族五大支系的服饰特点，收集瑶族服饰图案；通过实地走访调查了解瑶族服饰的制作流程与方法、服饰各部分的特点及搭配，体验穿搭茶山瑶服装。

课程二：舌尖上的瑶味（研学学段：小学）

本课程中，学生通过查找资料及访谈调查，获取瑶族饮食习俗相关知识；通过参与舂糍粑、打油茶等活动，学习瑶族特色小吃的制作方法。

其他课程：拉珈前世今生、生态六段、"茶山瑶，瑶山茶"、瑶药康万民。

 基地地址：广西来宾市金秀瑶族自治县金秀镇六段村。

宁明县花山岩画

　　宁明县花山岩画位于广西崇左市宁明县左江流域明江江畔，距崇左南站约 50 千米，为全国重点文物保护单位。2016 年左江花山岩画文化景观成功入选世界遗产名录，成为中国第 49 处世界遗产，填补了中国岩画类世界遗产的空白。基地曾获"广西社会科学普及教育基地"称号，是全国中小学生研学实践教育基地。目前，基地围绕特色历史文化和民俗风情研学资源，打造了以花山岩画为载体、以壮族文化和历史为灵魂的十大精品课程。

课程：岩画大课堂（研学学段：小学、初中）

　　岩画被称为"人类艺术的起点"，花山岩画在世界岩画分布中以形象鲜明、数量庞大、分布集中、高悬崖壁等特点著称。巨大的赭红色岩画记录了距今 2000 多年前骆越人的祭祀场景，与山体、河流和台地共同构成了神秘而震撼的文化景观。本课程通过对花山岩画的近距离接触和观察，带领学生探索花山岩画四大未解之谜，领略岩画艺术的魅力。

　　其他课程：拓印小红人、古法红糖制作、簸箕饭、活字印刷、非遗壮族天琴、共绘小红人、壮族扎染、壮族战鼓、绣球制作。

 基地地址：广西崇左市宁明县城中镇耀达村。

崇左市壮族博物馆

崇左市壮族博物馆是集文物收藏、保护、研究、展示、教育、服务于一体的民族历史文化博物馆，是全国首家地级市壮族专题博物馆，同时也是国家二级博物馆、国家AAA级旅游景区、广西特色博物馆。崇左市壮族博物馆是广西第四批自治区级中小学生研学实践教育基地，先后被评为广西壮族自治区爱国主义教育基地、自治区未成年人思想道德教育示范基地、自治区民族团结进步示范基地、崇左市社会科学普及基地及崇左市青少年民族文化教育基地、中国岩画保护利用与岩画新艺术创作人才培训基地、广西民族师范学院思想政治系实践教学基地和壮汉双语教学实践基地。

博物馆的基本陈列"百里岩画，骆越神工——左江花山岩画文化景观陈列""瓯骆传承，壮家欢歌——壮族历史文化展"于2019年11月被国家文物局评为2019年度"弘扬优秀传统文化，培育社会主义核心价值观"主题展览推介项目，其中壮族历史文化展厅2019年12月入选中国博物馆协会和中国人民革命军事博物馆共同举办的"博苑掇英——全国博物馆陈列艺术成果交流展（2009—2019年）"。

馆舍总建筑面积12870平方米，其风格极具壮族文化特色。馆内一层设有报告厅、办公区、藏品库、青少年活动室、游客服务中心及文化休闲场所，展区主要设在二层和三层。截至2021年底，博物馆有藏品6459件（套），其中二级文物2件（套）、三级文物139件（套），包括历史、民族、革命三大类文物。基地最多可同时接待学生200人。

课程一：丰富多彩的壮族节日文化和饮食文化（研学学段：小学）

本课程可使学生了解壮族地区丰富多彩的风俗节庆，以及与稻作文化息息相关的饮食。学生可通过参观"瓯骆传承，壮家欢歌——壮族历史文化展""百里岩画，骆越神工——左江花山岩画文化景观陈列"两个展览中涉及壮族节日和饮食文化的展区，听研学指导师讲解壮族节庆和饮食特色，体验壮族美食互动体验设施、学唱一首壮族山歌、制作壮族五彩粽子、制作壮族五色糯米饭、制作壮族典型文化元素糕点、品尝壮族艾叶糍粑等活动，认识壮族独具特色的民族传统，增强民族自信心和自豪感。

课程二：中国早期文明之壮族篇（研学学段：初中）

本课程中学生通过参观"瓯骆传承，壮家欢歌——壮族历史文化展"，听研学指导师讲解，了解早期文明的产生；填写问卷，分组到展厅找到早期智人、晚期智人、碳化稻颗粒、干栏房，看展品图版答题。学生参观崇左市区内的史前时期考古挖掘现场，理解由不同地理环境和时间特征孕育出的多元文明。通过课程学习，学生可体会到中华文明传承的不易，为中华文明的伟大和源远流长而感到自豪，热爱本土文化，自觉成为中华优秀文化的传承者。

其他课程：壮族铜鼓文化、"无字天书"——左江花山岩画、以"黑"为美的壮族传统服饰、壮族"那"文化、红色文化之壮族篇等。

基地地址：广西崇左市江州区石景林路西 6 号。

天等县博物馆

天等县博物馆位于崇左市天等县天等镇广场路。博物馆以丽川文化森林公园"火辣壮乡、清韵丽川"为设计主题，发挥着收藏、研究、养护、展示、宣教天等文物藏品的重要功能。博物馆一楼为天等县土司历史文化专题展厅和天等革命历史展厅，主要介绍历史文物、土司土治文化、革命时期文化；二楼为天等壮族非遗展，该展厅以壮族霜降节专题为主；三楼为非遗传承互动展厅，致力于让群众对壮族霜降节及相关的非物质文化遗产代表性项目有更深入的了解。

天等县博物馆是广西第四批自治区级中小学生研学实践教育基地，现已荣获"广西十佳县级博物馆""广西壮族自治区民族团结进步示范教育基地""广西少先队校外实践教育基地""崇左市铸牢中华民族共同体意识教育实践基地""天等县爱国主义教育基地""天等县社会科学普及基地""红色文化教育基地""天等县德育教育基地""天等县民族团结进步教育基地"等荣誉称号。

基地配置有4个展厅和1个临时展、3个功能厅、2间会议室，以及非遗书吧、文创商店、游客中心等；有80余个停车位，可以提供各种室内活动场所。基地最多可同时接待学生200人。

> 🎗 **课程：弘扬壮族非遗文化，传承千人打榔舞（研学学段：小学、初中、高中）**
>
> 本课程可让学生了解壮族打榔舞的历史文化背景，感受壮族民族舞蹈的魅力。
> 其他课程：童心向党牢记党心、传承指天椒加工技艺、世界非遗——壮族霜降节、徐霞客游天等。

 基地地址：广西崇左市天等县天等镇广场路。

革命传统教育板块

南宁昆仑关战役旧址

南宁昆仑关战役旧址（以下简称"战役旧址"）是全国规模较大、石质文物较多、保存最为完好的抗战战役旧址之一，现存有 1940—1944 年修建的国民革命军陆军第五军昆仑关战役阵亡将士墓园（含南牌坊、331 级花岗岩台阶、阵亡将士纪念塔、将士公墓、纪战碑亭、北牌坊等多处遗址），以及昆仑关战役的阵地、工事遗址等。依托战役遗址而建的昆仑关战役博物馆是抗战类专题博物馆，建筑面积 4890.45 平方米，以"血色雄关民族魂"为主题，陈列展示了 1000 多件抗战时期的文物、史料及图片，生动还原了中国军民同仇敌忾、浴血奋战的感人场面，真实反映了昆仑关战役全过程。

战役旧址充分利用抗战文化资源，积极开发以爱国主义教育为核心的研学课程，推动文、旅、体、教相融，致力于培养德、智、体、美、劳全面发展的新时代少年儿童。战役旧址为全国中小学生研学实践教育基地。

战役旧址占地面积约 12.75 万平方米，可接纳 800 人的研学团队。基地内有 3D 影厅（可容纳 50～80 人）、研学教室（可容纳 50～80 人）、昆仑风味餐厅（可同时容纳 1000 人就餐），还设有接待中心、露营区、军事障碍区、青少年军事拓展区等区域。

课程：英雄少年·小小学生军（研学学段：小学、初中）

本课程中，研学指导师带领学生参观战役旧址，了解中国的抗战历史，通过执行物资输送、抗战宣传等任务，沉浸式体验抗战时期的学生军生活，以此引导学生缅怀抗战先辈，传承抗战精神，从小树立正确的价值观和人生观。

其他课程：国防科技一日营、荒野·硬核人生指南、勇敢说"不"安全教育营、传承民族文化——非遗炮龙、秋趣丰收会。

 基地地址：广西南宁市兴宁区南梧公路昆仑段 2 号。

广西壮族自治区烈士陵园（广西革命纪念馆）

广西壮族自治区烈士陵园（广西革命纪念馆）始建于1961年，是目前广西最大的综合性革命传统教育基地，是传承红色基因，开展爱国主义教育、党史国史教育、革命传统教育、国防教育的重要阵地，为广西第二批自治区级中小学生研学实践教育基地。广西革命纪念馆主要陈列记录了中国共产党在广西的革命斗争历程和著名英烈事迹。

园区总占地面积约2360亩，其中水域面积约200亩；绿地覆盖率超过80%。园区具备开展研学教育条件的纪念设施有烈士公祭广场、革命烈士纪念碑、烈士名录墙、英烈苑、邓小平领导百色龙州起义纪念群雕广场、抗战主题雕塑群景区、解放主题雕塑群景区、和平主题雕塑群景区、无名烈士群雕、革命纪念馆、国防教育馆等。基地最多可同时接待学生300人。

课程一："革命史，民族魂"红色研学之旅（研学学段：小学、初中、高中）

本课程通过研学指导师讲解、开展活动等方式介绍中国共产党在广西的发展历程、广西革命斗争史、革命英烈的光辉事迹等，激发学生的民族自豪感和尊崇烈士、爱国爱家乡的情感，引导学生努力学习、强健体魄，帮助学生树立报效祖国的志向。

课程二：拥抱大自然，重走"长征路"（研学学段：小学、初中、高中）

本课程通过开展徒步闯关挑战、途中听革命故事和党性教育活动，使学生树立正确的人生观、价值观，培养热爱大自然、热爱生活、悦纳自己的积极情感。学生通过体验再走"长征路"，磨炼意志和心理素质。

 基地地址：广西南宁市青秀区长堽路256号。

南宁市武鸣区纳天红色文化
传播有限公司

　　南宁市武鸣区纳天红色文化传播有限公司以纳天党建文化园为依托，利用人才驿站、远教广场、红色步道等场所，以及"百年辉煌""纳米钙数字科技"等展厅开展学生革命传统教育研学活动，是一处集党建宣传、党性教育、会议交流、农业观光、团队扩展等内容为一体的党建实践基地，也是广西第三批自治区级中小学生研学实践教育基地。

　　基地占地面积1.2万平方米，最多可同时接待学生200人。

> 课程一：红心向党——感悟红色传奇，传承红色基因（研学学段：小学、初中、高中）
>
> 　　本课程中，学生通过参观纳天党建文化园，开展课堂学习，研究红色标识，了解红色文化。
>
> 课程二：科技强国——探究碳酸钙，树立强国意识（研学学段：小学、初中、高中）
>
> 　　本课程中，学生通过参观科技馆，了解工厂生产线、生产过程，研究碳酸钙在生活中的应用，并体验做科普讲解员或研究文创设计。
>
> 　　其他课程：劳动光荣——上山下乡，体验茶艺乐趣

📍 **基地地址**：广西南宁市武鸣区甘圩镇甘圩村渌口屯（纳天湖旁）观景楼二楼。

红军长征突破湘江烈士纪念碑园

红军长征突破湘江烈士纪念碑园（以下简称"烈士碑园"）位于广西桂林市兴安县双拥路56 号，占地面积 13 万平方米，主要纪念建筑有大型群雕、纪念碑、英名廊、湘江战役闽西籍红军烈士雕塑、湘江战役赣南籍红军烈士雕塑、清石园、红军长征突破湘江纪念馆等。红军长征突破湘江烈士纪念碑园的建立是为了纪念红军长征突破湘江这一关系中央红军长征生死存亡的关键之战，抚慰烈士英魂，教育革命后代。

1996 年 9 月，国家教委、民政部等六部委共同将烈士碑园列为全国中小学爱国主义教育基地；1997 年 6 月，烈士碑园被中共中央宣传部列为首批百家全国爱国主义教育示范基地。烈士碑园于 2017 年被评为国家国防教育示范基地，2018 年被评为国家 AAAA 级旅游景区；是全区首批廉政教育基地之一，也是全国中小学生研学实践教育基地，现已成为全国重要的革命纪念地。

园区内及周边面积宽阔，有群雕前宽阔的广场，以及可以参观学习、观看红色电影话剧的纪念馆，功能齐全，布局科学合理；另有大型停车场，交通便利，安全性高，能满足大巴车正常出入。整个园区绿植茂密，氛围庄严肃穆。基地最多可同时接待学生 2000 人。

课程一：湘江祭英烈（研学学段：小学、初中、高中）

本课程中，学生通过参观、听讲，观看电影、话剧，了解湘江战役红色文化史实，在湘江战役悲壮历史情境的视觉冲击下和心灵震撼中形成爱国爱党、敬畏英雄的情怀；参加缅怀祭奠活动，表达对英雄的哀思，表达志向；参加模拟抢渡湘江、背球登山等体验活动，培养团队精神及协同、信任、互助、忠诚等优良品质。

课程二：参观红军长征突破湘江纪念馆（研学学段：小学、初中、高中）

本课程中，学生在讲解员的带领下，参观馆内珍贵的烈士遗物、生平图片和文献资料，直观、强烈地感受红军指战员在那血雨腥风的岁月里，不顾个人安危，出生入死、抛头颅洒热血的英雄事迹，深刻体会红军血战湘江"勇于胜利、勇于突破、勇于牺牲"的革命精神，激励学生传承红色基因，弘扬长征精神，赓续红色血脉，争做时代新人。

基地地址：广西桂林市兴安县双拥路 56 号。

灌阳县退役军人事务局（湘江战役新圩阻击战酒海井红军纪念园）

灌阳县退役军人事务局管理的湘江战役新圩阻击战酒海井红军纪念园（以下简称"纪念园"）是湘江战役新圩阻击战战地救护所100多名红军战士殉难之处，为广西首批自治区级中小学生研学实践教育基地。2006年，纪念园被公布为国家重点文物保护单位。2019年12月，中共中央宣传部将湘江战役新圩阻击战酒海井红军纪念园扩充命名为"红军长征湘江战役纪念设施"，并列为全国爱国主义教育示范基地。2019年，纪念园被评为国家AAAA级旅游景区。

纪念园占地面积10万平方米，其中绿地面积15000平方米、纪念广场面积7000平方米、国防武器展示区面积5000平方米、新圩阻击战史实陈列馆建筑面积2000平方米（含报告厅面积150平方米，可容纳130人开展活动）、停车场面积3000平方米。

基地可同时接待学生600人。

课程：铭红色记忆，扬长征精神（研学学段：初中）

本课程以"长征精神，红色记忆"为主题，学生通过聆听红军三过灌阳、湘江战役新圩阻击战以及红军烈士殉难的历史故事，参观史实陈列馆，了解红军长征的艰难历程，知道发生在灌阳这片红色沃土上的历史事件。

其他课程：血战新圩酒海丰碑、弘扬革命精神 传承红色基因等。

基地地址：广西桂林市灌阳县新圩镇和睦村下立湾屯北约500米处（241国道西侧）。

红军长征湘江战役纪念园

  红军长征湘江战役纪念园位于广西桂林全州县才湾镇境内，是湘江战役三大阻击战中的脚山铺阻击战战场旧址。纪念园以"一草一木一忠魂，一山一石一丰碑"为主题，由纪念馆、纪念林和凭吊广场组成。纪念馆是展示红军长征历史全貌的专题纪念馆；纪念林是缅怀红军先烈的主要场所，安葬有红军烈士遗骸；凭吊广场的主题雕塑"红军魂"展现了广大红军指战员英勇突破湘江的革命壮举。红军长征湘江战役纪念园为全国爱国主义教育示范基地，也是广西第二批自治区级中小学生研学实践教育基地。

  纪念园总面积约 65 万平方米，纪念馆总建筑面积 7479 平方米，展陈面积 4545 平方米。展陈全面、系统地展示了湘江战役和红军长征的整个历程，以及在中国共产党的坚强领导下我国取得的举世瞩目的辉煌成就。基地最多可同时接待学生 1000 人。

> **课程一：传承红色基因，弘扬长征精神（研学学段：小学、初中、高中）**
>
>   本课程以"传承红色基因，弘扬长征精神"为主题，开展红色研学实践教育活动，体现教育性、针对性、安全性、公益性的基本理念；有效实施"红色课堂"，通过自主、合作、体验、研究等实践活动，引领学生走进红色历史，聆听红色故事，传唱红色歌曲。
>
> **课程二：我是小小讲解员（研学学段：小学）**
>
>   本课程中，研学指导师向学生介绍讲解员应具备的基本素养和讲解技巧等，让学生选择自己感兴趣的油画和雕塑，深入了解背后的故事。学生拿到讲解词后，可以在研学指导师的指导下分组练习，然后以小小讲解员的角色向游客讲述油画和雕塑背后的故事。
>
> **课程三：长征知识我知道（研学学段：初中、高中）**
>
>   本课程在参观纪念馆之前，由研学指导师向学生布置任务，让学生了解红军长征的历史知识；参观结束后，通过比赛的形式，学生按照分组开展长征知识抢答比赛，并评选出学习模范团。

 基地地址：广西桂林市全州县才湾镇脚山铺。

桂林市七星景区管理处

桂林市七星景区管理处是桂林市七星景区的管理单位。桂林市七星景区是首批国家AAAA级景区，也是世界旅游组织推荐景点、国家重点风景名胜区，植被茂盛，风光秀丽，有骆驼山、普陀山、月牙山、七星岩洞、地下河等自然景区；内有花桥、月牙岩、龙隐洞、曾公岩、月牙楼、三将军墓、八百壮士墓、清真寺、桂海碑林博物馆、"华夏之光"广场等著名景观；拥有陈光烈士纪念塔、烈士纪念碑、中共桂林市工委联络站址等一批文物景点。

景区是"桂林市红色旅游协会"理事单位，被授牌为"桂林市七星区国防教育基地"，并在2020年2月获得"广西首批自治区级中小学生研学实践教育基地"称号。

桂林市七星景区面积137.2万平方米，拥有户外实验场（可接待100人）、多功能会议室1间（可接待50人）。基地可同时接待300名学生开展研学活动，月牙楼餐厅可同时容纳150人就餐。此外，基地还有"华夏之光"户外大草坪，可容纳5000人活动和休息。

课程一：追寻红色印记（研学学段：小学、初中、高中）

本课程通过讲解陈光烈士、桂林保卫战、"溶洞教育"的历史故事，增强学生"天下兴亡，匹夫有责"的意识，激发学生强国之志，引导学生为中华民族的复兴而努力学习。

课程二：岩洞探险教育（研学学段：小学、初中、高中）

本课程中，学生通过了解"岩洞教育"历史、钟乳石等知识，参与钟乳石生长的模拟实验，了解神奇的大自然力量并对神奇的化学课程产生兴趣。

📍 **基地地址**：广西桂林市七星区七星路1号。

贵港市
中秋起义烈士纪念碑园

中秋起义烈士纪念碑园位于贵港市港北区奇石乡，是为了纪念1947年中秋起义牺牲的战士而建。走进纪念园，参观者可以了解到中秋起义的历史，继承光荣传统，弘扬革命精神，不忘初心，砥砺前行。

1987年，当时的贵县人民政府出资兴建了园林式布局的中秋起义纪念碑园，用于进一步推动党员干部接受革命传统教育。1994年，自治区人民政府将该纪念碑园列为自治区重点烈士纪念建筑物保护单位。2012年，奇石乡在纪念碑园北边建造了占地面积117平方米的纪念馆，展示了中秋起义相关历史资料，搜集并陈列了廖联原等人使用过的枪支、器皿及衣物等。2014年，纪念园进行了美化、绿化及修缮，进一步提升了接待能力及服务水平。经过不断完善，中秋起义烈士纪念碑园先后被列为港北区爱国主义教育基地、港北区党的群众路线教育实践活动基地、广西第三批自治区级中小学生研学实践教育基地。

中秋起义烈士纪念碑园总占地面积980平方米，其中旧馆改造面积116平方米，新建纪念馆占地面积864平方米，可最多同时接待1000人，最佳接待量600人。

> **课程：革命之火——中秋起义（研学学段：小学、初中、高中）**
>
> 本课程中，学生在研学指导师的带领和指导下，了解中秋起义的经过、结果及历史意义，感受革命先烈的家国情怀和抗争不屈精神，从而崇敬革命先烈，立志为祖国做贡献。
>
> 其他课程：走进壮乡人家等。

📍 **基地地址**：广西贵港市港北区奇石乡奇石街98号。

桂平市金田起义博物馆

　　桂平市金田起义博物馆依托金田起义旧址而建，是广西第三批自治区级中小学生研学实践教育基地。金田起义旧址具有重大的历史价值和科研价值，被列入全国红色旅游经典景区名录，被公布为第一批全国重点文物保护单位。

　　桂平市金田起义博物馆位于桂平市金田镇金田村西侧的太平天国金田起义旧址内，距市区28千米，交通便利，景色优美。景区内的主要景点有古营盘、练兵场、犀牛潭等历史遗迹。

　　基地最多可同时接待学生100人。

> 🎈 **课程一：寻找心中的英雄**（研学学段：小学）
>
> 　　本课程中，学生通过参观金田起义博物馆，了解金田起义的过程和太平天国运动；小组分工合作搜集、整理与金田起义、太平天国运动有关的资料，提高信息搜集处理能力；各小组制作一张手抄报；感受壮烈金田，增强对英雄先辈的崇敬与认同感，坚定爱国主义理想。
>
> 🎈 **课程二：看170多年之变化**（研学学段：小学）
>
> 　　本课程中，学生比较太平天国军队的武器与外国侵略者的武器，再数一数170多年后体现我国强大国力的国之重器。学生现场运用手工绘画或制作纸模型的方式，绘画或制作一种国之重器模型，向太平天国英雄致敬。

📍🔍 **基地地址**：广西贵港桂平市金田镇金田村西侧。

玉林市
玉林市兴业县鹿峰山中小学生研学实践基地

玉林市兴业县鹿峰山中小学生研学实践基地是广西第二批自治区级中小学生研学实践教育基地，其位于广西玉林市兴业县鹿峰山风景区。鹿峰山风景区拥有李宗仁屯兵遗址、龙泉洞奇妙世界、桂东南抗日武装遗址、司令部震声楼红色文化遗址，并有着岭南地区最独特的绚丽自然景色。1995年，景区被评为自治区级风景名胜区；2007年被评为国家AAAA级旅游景区。景区主要由龙泉岩洞和石林公园两大部分组成。

基地最多可同时接待学生2500人。

课程一：国无防不立、民无兵不安（研学学段：高中）

本课程中，学生在聆听研学指导师讲授和实地研学的基础上，通过讨论，了解李宗仁、北伐战争、台儿庄战役，深入感悟先辈自强自立、舍身为国、不怕牺牲的优良品质。

课程二：爱国主义教育（研学学段：小学、初中、高中）

本课程中，学生通过瞻仰桂东南抗日武装起义纪念碑、参观桂东南抗日武装起义遗址司令部震声楼，详细了解桂东南抗战的历史及精神内涵。课程的学习有利于激发学生的爱国情怀和报国之志。

其他课程："满怀志学，力图展翅，争当新时代合格接班人""砺精兵，树志向，争当新时代排头兵"。

 基地地址：广西玉林市兴业县城隍镇鹿峰山风景区。

广西北流市明瑞高级中学

广西北流市明瑞高级中学简称"明瑞高中"，是为纪念邓小平同志在广西领导百色起义时的亲密战友李明瑞而创办的一所公立全日制普通高中，为北流市第一所以烈士名字命名的高中，也是广西第二批自治区级中小学生研学实践教育基地。

"明瑞展厅"是学校的一大特色。展厅始建于2012年4月，前身是"名家书画展厅"，此后随着北流市明瑞高级中学的快速发展，以及北流市"中华诗词之乡""中国楹联文化城市"的创建，学校于2019年9月对原书画展厅进行改建、扩建，使之成为现在有特色、有内涵的综合展厅，成为北流市明瑞高级中学传承红色基因、弘扬优秀传统文化、打造特色红色文化品牌的一个党建及文化教育基地。此外，学校还建设了党建文化长廊、党建文化广场、党员培训室，美化、绿化、诗化校园，采用楹联、标语、图片等凝练生动的形式宣传党建和文化建设成果。

基地最多可同时接待学生500人。

课程一：讲好明瑞故事，传承红色文化（研学学段：小学、初中、高中）

本课程中，学生通过参观明瑞展厅、党建文化长廊，讲红色故事，唱红色歌曲，观看虎将李明瑞纪录片和以李明瑞为题材的原创品牌节目《红军名将李明瑞》，参加爱国主题讲座等形式，了解中国共产党在广西发展的光辉历程，进而发扬虎将精神，践行社会主义核心价值观，传承红色基因，不忘初心，砥砺奋进，争当时代新人。

课程二：弘扬优秀传统文化，争做新时代好少年（研学学段：小学、初中、高中）

本课程通过开展诗词和楹联讲座、作品创作和书画培训，以及剪纸等传统艺术创作、传统礼仪教学实践、戏曲艺术课堂教学实践等活动，让学生参与其中，领悟到中华优秀传统文化是中华民族的魂，是中华民族的根，传承与弘扬中华优秀传统文化意义重大。

其他课程：传统手工——剪纸。

 基地地址：广西玉林北流市清湖路3号。

百色市

百色起义纪念园

百色起义纪念园属国家 AAAAA 级旅游景区，是全国 12 个红色旅游重点景区之一，即"两江红旗，百色风雷"景区的核心区，获得全国爱国主义教育基地、全国国防教育示范基地、全国妇女爱国主义教育基地、中国统一战线传统教育基地、全国民族团结进步教育基地、全国廉政教育基地、全国关心下一代党史国史教育基地、全国"大思政课"实践教学基地、全国红色旅游目的地、全国中小学生研学实践教育基地、港澳青少年内地游学基地等称号。

研学课程可选择在园区代表性景点红七军军部旧址、百色起义纪念碑园、百色起义纪念馆、黄文秀先进事迹展等处开展。基地致力于帮助中小学生了解百色起义历史，传承红七军光荣革命传统，了解地方民族文化，学习黄文秀先进事迹和品格，让学生开阔眼界、增长知识。

基地可同时接待学生 500 人，周边拥有一间可接待 350 人的餐厅，基地内有一间可容纳96 人的多功能厅，拥有数百平方米的户外实践拓展训练基地等其他研学设施。

课程一：初心与担当（研学学段：小学、初中）

本课程内容：

（1）"红七军的诞生"——体验红七军点名入队仪式。

（2）参观红七军军部旧址粤东会馆。

（3）开展课程互动（四选一）：忆峥嵘 编草鞋、书写红色标语、"绘彩国粹"课堂（画团扇或绘脸谱）、学打小快板《百色起义颂》。

课程二：信仰与奉献（研学学段：小学、初中）

本课程内容：

（1）组织制作小白花；参加瞻仰仪式，敬献小白花。

（2）聆听纪念碑园讲解。

（3）聆听英烈故事。

（4）集体献词"我想对您说"。

其他课程：信念与使命、弘扬文秀品质 争做时代新人。

 基地地址：广西百色市右江区城东大道 112 号。

田东县右江革命纪念馆

　　田东县右江革命纪念馆位于广西百色市田东县平马镇南华路 1 号，纪念馆原为经正书院，始建于清光绪三年（1877 年），辛亥革命后改为经正学堂，是当时浙江陈如金到恩隆县（1934 年改为田东县）做知事时发动平马各界人士捐资兴办的一所学堂。

　　1963 年，纪念馆成为自治区文物保护单位。1996 年 11 月 20 日，纪念馆成为全国重点文物保护单位。2005 年 11 月 20 日，纪念馆成为全国爱国主义教育示范基地。纪念馆是百色市委、市人民政府廉政文化教育基地，自治区组织部特色教育课题基地，广西第二批自治区级中小学生研学实践教育基地。

　　纪念馆生动地再现了中国共产党领导右江人民进行艰苦卓绝的革命斗争并取得胜利的光辉历程，讴歌了邓小平等老一辈无产阶级革命家在右江地区领导革命斗争的光辉业绩。

　　基地最多可同时接待学生 300 人。

> **课程一：重走红军路（研学学段：小学、初中）**
>
> 　　本课程通过让学生参观红军亭、二芽码头、红军会师广场，向学生介绍那段红色历史，使学生了解邓小平与张云逸水陆会师的重要历史意义。
>
> **课程二：右江第一届工农兵代表大会情景模拟（研学学段：小学、初中）**
>
> 　　本课程通过让学生现场参观右江工农民主政府旧址、进行右江第一届工农兵代表大会情景模拟、教学点评三个环节，使学生了解右江工农民主政府成立的背景、经过、意义以及右江工农民主政府坚持为劳苦大众谋利益的执政理念。

📍 **基地地址**：广西百色市田东县平马镇南华路 1 号。

贺州市
中共广西省工委历史博物馆

中共广西省工委历史博物馆于 2016 年 7 月 1 日正式对外开放，博物馆的前身是中共广西省工委革命历史陈列馆。对外开放以来，博物馆一直是钟山县、贺州市爱国主义教育基地及国防教育基地，也是钟山县廉政文化教育基地，还是广西首批自治区级中小学生研学实践教育基地。整个博物馆展厅有 2 个部分，一个是广西省工委历史展厅，其展示的是中共广西省工委在英家领导革命的五年历史，另一个是"不忘初心、牢记使命"主题教育展厅，其主要展示的是广西党组织成长光荣之路。其中广西省工委历史展厅分为革命历程、组织建设和武装斗争、历史丰碑、历史回顾 4 个部分，展示的是以钱兴为书记的省工委领导的革命历史，重点反映桂林"七·九事变"后省工委从桂林转移到钟山最初五年主要做的四件大事和广西各地党组织建设及武装斗争情况，同时展示那个时期在广西地下革命斗争中所涌现的革命先烈、革命前辈的革命历程。

博物馆占地面积约 6670 平方米，主体建筑面积 3700 多平方米，共两层，其中展厅面积 2500 多平方米。基地最多可同时接待学生 300 人。

课程：追寻红色记忆（研学学段：小学、初中、高中）

本课程是围绕参观中共广西省工委历史博物馆开展研学活动，学生在这里可以穿红军服、听红色故事；还能在博物馆内参与"小小讲解员"志愿者讲解活动，在博物馆三楼初心讲堂进行交流学习。

其他课程：走进红色历史、传承红色基因·争做时代少年。

📍 **基地地址**：广西贺州市钟山县清塘镇英家街。

红色古镇英家研学基地

  红色古镇英家研学基地是广西第四批自治区级中小学生研学实践教育基地，位于贺州市钟山县清塘镇英家村，古镇是广西非常典型的红色革命老区，是集红色教育、古镇观光、生态田园于一体的特色古镇，研学资源丰富。著名的英家起义等众多革命事件在这留下了丰富的遗址遗迹和文献资料。古镇有英家起义旧址、英家支部、英家中学、粤东会馆、中共广西省工委历史博物馆、党性教育基地等 10 余个红色景点，是中国罕见的红色古镇。

  古镇历史悠久，古建筑类型丰富。位于其中的英家粤东会馆为自治区重点文物保护单位，建于清乾隆年间，会馆融古建筑、雕刻、书画、民俗等艺术元素于一体，具有浓郁的岭南古建筑特色，体现高超的建筑水平和艺术价值，为中国会馆建筑之典范。以明清老街为主体的英家村于 2013 年列入国家传统村落名录，2018 年入选中国历史文化名村。基地中的配套设施情况如下表所示。

名称	楼层	区域名称	容量	面积
中共广西省工委历史博物馆	第一层	接待厅	50 人	85.84 平方米
		博物馆	200 人	分批可扩
	第二层	红色影院	64 人	85.84 平方米
		博物馆	200 人	分批可扩
	第三层	红色初心讲堂	50 人	85.84 平方米
		博物馆	200 人	分批可扩
	前广场	广场	60 人	180 平方米
英家红培中心培训楼	第一层	阶梯教室、设备间	117 人	230 平方米
	第二层	4 间研讨室	120 人	230 平方米
	第三层	多媒体教室、红色书吧	50 人	230 平方米
	第四层	文体活动室	130 人	261.08 平方米
英家红培中心住宿楼	共四层	住宿楼	125 人	300 平方米
英家红培中心餐厅	第一层	包厢	50 人	98 平方米
	第二层	餐厅	80 人	98 平方米
粤东会馆	第一层	研学教室	150 人	300 平方米
	前广场	广场	150 人	300 平方米

课程：一针一线思不易，勤俭节约我践行（研学学段：小学）

本课程中，学生通过参观中共广西省工委历史博物馆，重走革命古镇，聆听革命故事，观看红色革命电影，追忆广西英家起义那段艰苦卓绝、波澜壮阔的革命历史，牢记革命先辈"铁肩担使命，初心永不改"的光辉事迹。课程可以引导学生树立崇高的理想信念，发扬英家先烈在艰苦岁月里不畏艰难、奋勇直前的精神和艰苦奋斗的优良作风。

其他课程："我是勤俭好少年，穿针引线耀中华""红领巾心向党，做革命接班人""红领巾感党恩，做英家好少年""红星闪耀跟党走，英家精神我传承""国家地理标志——英家特色头菜的制作""英家民俗文化——舞动草龙"。

 基地地址：广西贺州市钟山县清塘镇英家村。

河池市
中亭村乡村振兴党史教育基地

中亭村乡村振兴党史教育基地位于河池市凤山县中亭乡中亭村，地处东巴凤红色革命老区腹地，基地的体验内容以"讲述红色故事、体验长征艰辛、感悟红色精神"为核心，将红军村的历史和工农红军长征体验相结合，全面开展内容丰富、形式多样的红色教育和拓展训练活动。

基地先后被评为广西四星级乡村旅游区、广西森林体验基地、河池市两新组织党组织红色教育基地、凤山县党员教育培训示范基地、凤山县党员革命传统教育示范基地、凤山县统一战线"同心"革命传统教育实践基地、凤山县教育局党委传统革命和爱国主义教育基地等，是一个集红军文化、长征文化、军事文化传播于一体的红色文化教育基地，也是广西第四批自治区级中小学生研学实践教育基地。

基地的室外场地面积情况如下表所示。

区域名称	区域面积 / 平方米	总面积 / 平方米
红军训练场	12747	
乌蒙山回旋战	1400	
四渡赤水	484	17934
飞夺泸定桥	540	
夺取腊子口	2255	
反"围剿"战役	508	

课程：重走长征之路，坚守革命初心（研学学段：小学、初中、高中）

本课程通过讲述中亭红色革命历史，让学生了解革命先辈们抛头颅、洒热血的历史，培养学生的爱国意识；通过组织学生体验沉浸式"重走长征路"红色研学活动，以"讲解历史、体验教学、总结心得"的方式，让学生深入学习红军历史，培养其艰苦奋斗的精神。

其他课程：劳动光荣好榜样，丰衣足食靠双手（劳动实践类）；养成好作息，自觉守纪律（军事体验类）。

 基地地址：广西河池市凤山县中亭乡中亭村巴轩学堂。

壮乡将军纪念园

壮乡将军纪念园红色文化元素突出，旅游基础设施齐全，服务设施功能完善，是集"吃、住、行、游、购、娱"为一体的红色旅游景区。壮乡将军纪念馆主要陈列布展张云逸、韦国清、李天佑等20位开国将军的文物史料，以及部分抗日战争时期、解放战争时期的轻型武器。各展厅陈列布展大量珍贵的图文资料，并运用场景再现、沙盘模型、雕塑油画、多媒体演示等手段，生动形象地展示了革命前辈们波澜壮阔的一生，全面深刻地体现出革命前辈们坚定的理想信念、为党为国为民奋不顾身的革命豪情、艰苦奋斗的优良作风。

壮乡将军纪念园是传承红色历史、发扬优良传统、传播廉政思想、进行爱国主义教育和廉政教育的重要场所，是广西第五批自治区级中小学生研学实践教育基地，是广西首批研学旅行精品线路的主要节点，也是集红色文化旅游和生态养生观光于一体的园林式革命纪念公园。

壮乡将军纪念园中的壮乡英雄文化园、壮乡将军纪念馆、韦国清故居全年免费开放，能够同时接待300名以上学生集中开展研学活动，同时可以接待300人住宿、用餐、会议和娱乐。壮乡将军纪念园日均最大接待人数8500人，瞬间最大接待人数2000人，室内的研学教学场所面积4000平方米，可同时容纳300人上课，基地内的红色广场可同时容纳2000人活动。

课程一：追思名将事迹，传承红色基因（研学学段：小学、初中）

本课程中，讲解员向学生介绍韦国清上将光辉的一生，重点讲解韦国清的成长历程，激发学生对革命前辈的崇敬之情，使学生树立为国家富强而奋斗的志向。

课程二：探访武器展厅，增强爱国强军意识（研学学段：小学、初中）

本课程中，学生可在课程中了解武器常识、探究武器用途、探索武器演变，陶冶爱国情操、增强国防意识、追求报国理想。

其他课程：探寻壮族民居建筑文化、锦上添花。

 基地地址：广西河池市东兰县三石镇弄英村弄英屯。

桂中第一支部旧址红色研学基地

桂中第一支部旧址红色研学基地是广西第三批自治区级中小学生研学实践教育基地，基地依托桂中第一支部旧址建立的。桂中第一支部旧址是中国共产党领导武宣县（来宾市）各族人民在新民主主义革命历史进程中所形成的遗址（纪念馆）。桂中第一支部于1926年12月成立，是来宾市最早成立的一个党支部，1928年1月改组成立武宣县委，是当时广西5个最早成立的县委之一。桂中第一支部旧址面积1500平方米，遗址周边1万多平方米为保护范围，在保护范围内修建了文化休闲广场、文化卫生综合楼、戏台等。

东乡镇利用桂中第一支部旧址红色研学基地积极开展爱国主义教育活动，探索以"主题教学+现场教学+访谈教学+互动教学+影音教学"的模式，创新党性教育形式，同时开展重温一次入党誓词、走一段红军路、唱一首红军歌、讲一个红军故事、读一本红军书籍的"五个一"革命教育活动。基地每年接待党员、群众5万人次以上，组织开展主题教育专题党课1100余次，举办各类培训1340余期，开设精品宣讲课程1200余次。

基地最多可同时接待学生800人。

> 🎯 **课程：追寻红色足迹，争做时代新人（研学学段：小学、初中、高中）**
>
> 本课程中，学生参观基地内的红色革命运动旧址沙盘模型，以及农民协会教室、土地革命战争时期展厅等处的陈列物、旧县委旧址、韦天强烈士故居，置身于先烈们曾经斗争过的环境，聆听讲解员讲述一件件感人肺腑的英勇事迹，弘扬红色精神，激励自己不断向前，争做时代新人。

 基地地址：广西来宾市武宣县城中路13号。

崇左市
中国红军第八军革命纪念馆

中国红军第八军革命纪念馆是一所以龙州起义纪念馆、红八军军部旧址等纪念场馆为载体，以龙州红色文化为教材，以爱国主义教育、国防教育为核心，弘扬优良革命传统和树立社会主义核心价值观的研学实践教育基地，是广西首批自治区级中小学生研学实践教育基地。中国红军第八军革命纪念馆充分利用得天独厚的红色文化资源优势，将理想教育与实践活动结合起来，把历史熏陶和现实探索结合起来，充分发挥红色文化资源的育人功能。

中国红军第八军革命纪念馆先后荣获全国爱国主义教育示范基地、国家级国防教育示范基地、国家 AAAA 级旅游景区、全国未成年人思想道德建设先进单位、自治区未成年人思想道德建设示范基地、广西少先队校外实践教育基地等称号，2005 年被列入全国 30 条红色旅游精品线路和全国 100 个红色旅游经典景区，成为广西红色旅游的重要品牌景点。

基地最多可同时接待学生 300 人。

课程一：邓小平在龙州的峥嵘岁月（研学学段：小学）

本课程中，学生参观红八军军部旧址，重温红色历史，感受邓小平和红八军革命先辈们艰苦的革命岁月。课程可以增强学生的民族自信心和自豪感，使学生树立正确的理想信念和社会主义核心价值观，传承红色基因，弘扬优秀革命传统。

课程二：红八军革命足迹探索之旅（研学学段：初中、高中）

本课程中，学生进入红八军军部旧址学习，聆听《红军井》《邓小平种的柏树》等红色革命故事，参与制作红八军帽徽，了解红八军革命斗争的历史。课程可以激发学生继承和发扬不怕苦不怕累、奉献拼搏、百折不挠及团结协作的红八军精神。

其他课程："寻八军艰苦岁月，惜当代幸福生活"、"红星照耀八军行，少年立志争先锋"、"韶华灼灼，青春无悔"、红领巾讲解员训练营、"寻访红色印迹，传承红色圣火"、"追寻邓小平爷爷足迹，牢记初心使命"等。

 基地地址：广西崇左市龙州县新街 19 号。

红军古道景区红色文化研学
实践教育基地

　　红军古道景区红色文化研学实践教育基地是广西第五批自治区级中小学生研学实践教育基地，基地依托红军古道景区建立的。龙州红军古道景区是国家 AAAA 级旅游景区。

　　基地把红色资源和乡村振兴相融合，游客通过沉浸式体验"走一次红军路、听一堂红军课、住一晚红军村、吃一顿红军餐、览一次红军馆、唱一段红军歌"，重温革命历史，铭记峥嵘岁月。

　　基地房建、水、电、道路、通信、教学设备等基础设施配套齐全。基地有在职员工 82 人，其中专职研学指导师 30 人，有专业的研发课程团队，同时运行车辆、师资、后保人员、安全员等全部持证上岗，保证研学课程及运营畅通无阻。基地全年开放，一次可同时接待 600 人以上。

> **课程一：忆红军情，做红军餐**（研学学段：小学）
>
> 　　本课程内容为带领学生了解龙州起义历史，学习红军精神；带领学生重走红军路，了解红军当时的食物，并尝试制作红军餐体会行军的艰苦。
>
> **课程二：共"建"红色传承，铸牢红色基因**（研学学段：初中）
>
> 　　本课程内容为带领学生完成昔日龙州、红色道路、别样木楼的探究学习活动，引导学生利用学习地图进行纪念馆建筑设计构思，组织学生讨论并设计制作模型。
>
> 　　其他课程：重走红军路、揭开红色面纱、神奇的五色糯米饭、小小蔗糖工艺人、寻找"古艺"龙州等。

基地地址：广西崇左市龙州县上龙乡上龙村水陇屯 72 号。

国情教育
板块

南宁市
广西壮族自治区药用植物园

广西壮族自治区药用植物园（广西壮族自治区药用植物研究所、中国医学科学院药用植物研究所广西分所）创建于1959年，是广西壮族自治区中医药管理局直属的从事药用动、植物资源保护，科普教育，中药材产品开发，中药材产品质量标准起草及检测服务的公益性事业单位。广西药用植物园是全国中医药文化宣传教育基地、全国科普教育基地、国家环保科普基地、国家中医药健康旅游示范基地、全国中小学生研学实践教育基地和国家AAAA级旅游景区，承担着传播中医药文化的重任。

基地占地面积202万平方米，最多可同时接待学生5000人。

课程一：药用植物探秘之旅（研学学段：小学、初中）

本课程中，学生近距离观察药用植物，了解其功效和使用方法；初步了解植物在生活中的作用，增强环境保护意识，提升对祖国自然资源和传统文化的自豪感。

课程二："叶问"系列课程（研学学段：小学、初中、高中）

该系列课程由研学指导师回答学生的提问，讲课专家进行解答，专业导游带领讲解，引导学生树立尊重自然、顺应自然、保护自然的生态文明理念。

其他课程：自然笔记课堂。

基地地址：广西南宁市兴宁区长堽路189号。

南宁市三峰能源有限公司

南宁市三峰能源有限公司由三峰环境集团于 2016 年 9 月建成投用，是全国中小学生研学实践教育基地、广西壮族自治区绿色环保教育实践基地、南宁市生态环保科普教育实践基地。三峰能源有限公司的宣教基地由接待大厅、科普放映厅、展示大厅和垃圾发电厂参观通廊构成，面向社会公众、中小学生和政企客户全面开放，通过声像、图片和现场参观相结合的方式，参观者不仅可以系统地了解垃圾焚烧发电行业的相关知识，还能亲身体验现代化垃圾焚烧发电厂高效环保的生产工艺。

基地最多可同时接待学生 200 人。

> **课程一：生活垃圾焚烧发电无害化、减量化、资源化全过程科普知识（研学学段：小学、初中）**
>
> 在环境科普基地里，学生首先观看垃圾处理方式的发展及生活垃圾分类宣传片，对生活垃圾处理加工有初步的认识；然后前往展示大厅，听研学指导师介绍生活垃圾焚烧处理工艺流程、生活垃圾加工处理后的实物产品及用途，认识到生活垃圾原来是放错地方的资源。
>
> **课程二：生活垃圾分类科普知识（研学学段：小学、初中）**
>
> 本课程中，学生通过触摸屏参与环保游戏，并在参观通廊观看加工间的生活垃圾接收大厅、布袋除尘器、旋转喷雾塔、中控室等工作场景，进一步加深对生活垃圾分类的认识和了解。

 基地地址： 广西南宁市兴宁区南梧公路 189 号。

华强方特（南宁）旅游发展有限公司

华强方特（南宁）旅游发展有限公司是广西首批自治区级中小学生研学实践教育基地，旗下运营项目有方特东盟神画主题乐园。乐园是由华强方特文化科技集团打造的高科技主题乐园，也是国内首座展示东盟十国文化的主题乐园。

乐园包括 11 个大型文化体验馆、33 个室外活动游乐项目和 200 多项休闲景观。游乐项目内容以东盟十国的历史文化为背景，选取各国最具特色、最具代表性的文化题材作为创作基础，突出东盟十国各具代表的特色文化，与现代科技及实景演出完美融合。在东盟文化的基础上，通过高科技元素与研学要求相结合而推出的"研学之旅"特色产品，让学生在游玩中学习和成长，能够培养学生善于发现、勤于思考、敢于实践等优秀品质和精神。学生在游玩的过程中，将课本知识与实践相结合，不断开拓视野，以创新的思维来更好地面对学习和生活。

基地最多可同时接待学生 8000 人。

课程一：活力搭建（研学学段：小学、初中）

本课程以吴哥建筑史和吴哥王朝的兴衰为主线，全方位剖析吴哥建筑群的雕刻工艺，让学生感悟古代人民的智慧，领略吴哥王朝的盛世辉煌，身临其境地体验柬埔寨的国家文化，进一步了解东南亚各国，增长见识，开阔眼界，增加知识储备量和提高学习兴趣。

课程二：研邮票魅力（研学学段：小学、初中）

本课程以越南邮票之旅为契机，模拟穿越到越南，让学生从南至北领略顺化皇城、会安古镇等千古名城的风采，感受越南独特的自然历史文化；以宣传和体验相结合的方式，让学生身临其境地体验越南文化，增长见识，开阔眼界。

 基地地址：广西南宁市青秀区青环路 66 号。

广西规划馆

广西规划馆是广西壮族自治区重大的公益性场馆，隶属于广西旅游发展集团。自成立以来，广西规划馆积极履行社会责任，积极开展科普教育、社会教育、志愿服务、研学教育等系列活动，是自治区爱国主义教育基地、自治区青少年教育基地、广西中小学生研学实践教育基地。广西规划馆立足东盟、面向世界，开展城建知识科普教育、区域合作。

长期以来，广西规划馆依托自身资源与文化价值，充分发挥广西首批自治区级中小学生研学实践教育基地作用，整合优化场馆资源，积极开发研学产品项目，组织学生开展素质教育与实践研学活动；通过场馆创建及馆校合作共建的形式，每年定期举办各类丰富多彩的青少年教育活动。

广西规划馆规划用地约8.1万平方米，建筑面积4.6万平方米，是全国最大的省区级规划馆。广西规划馆拥有世博广西馆（700平方米，可同时接待200人）、多功能厅（713平方米，可同时接待400人）、贵宾接待室及贵宾休息室（合计294平方米）、视频大会议室（182平方米，可同时接待60人）、户外广场区和户外草坪区（合计4900平方米）、就餐区等多个活动区域，以及齐全的设施设备。基地可同时接待600人开展研学活动，就餐区域可同时容纳100人用餐。

课程一：无人机飞行启蒙（研学学段：小学）

本课程通过理论小课堂环节的PPT、模型、视频、小实验等多种形式，让学生了解无人机的工作原理，提高对无人机的认知，结合实操拓宽科技视野的同时，锻炼整体协调能力；让学生通过动手组装制作无人机、操作无人机，提高动手能力和提升专注力。同时课程设有亲子环节，学生与父母共同完成作品制作，增进亲子感情。

课程二：少年广西行（研学学段：小学、初中）

本课程紧扣广西人文、历史、地理、文化、旅游资源五大板块，通过"展厅解密"环节和"广西知多少"文化课堂环节，由讲解员进行讲解并普及广西区情、基本概况等文化知识；在学生对广西有了初步了解之后，通过知识竞赛的形式，加强学生对广西区情文化的了解。

其他课程：非遗技艺主题课程、亲子手工系列体验课程。

 基地地址：广西南宁市良庆区宋厢路 8 号。

广西科学技术出版社有限公司

广西科学技术出版社有限公司主要从事科学技术类专业、教育、大众出版物的出版，是全国 64 家具备健康养生类图书出版资质的出版社之一；建社 30 多年来，累计出版图书 14000 多种，先后有 800 多种（套）图书荣获国家级、省部级等各类优秀图书奖。

近年来，广西科学技术出版社积极服务中小学实践教育，为广西首批自治区级中小学生研学实践教育基地。

广西科学技术出版社积极整合广西出版传媒集团旗下出版社、印刷厂、书店等研学实践教育资源，不断拓展研学实践教育范围，以"全人教育"为理念，自主研发了以出版文化为核心的多门研学课程，促进书本知识与社会经验的深度融合，增强和提高中小学生的创新精神、实践能力和人文素养。

基地最多可同时接待学生 200 人。

课程一：一本书的诞生（研学学段：小学）

本课程向学生介绍书籍几千年的进化史，并让学生在印制技术人员的带领下走进印刷厂，了解现代印刷设备和印刷工艺，了解一本看似简单的图书背后所拥有的强大科技力量。

课程二：图书出版人是怎样工作的（研学学段：初中）

本课程让学生走进出版社，了解一本书的出版流程，与出版社里的编辑、校对、发行员等面对面，了解出版人在图书出版中如何发挥重要作用。

课程三：知识产权与版权贸易（研学学段：高中）

本课程将带领学生一起探索法律意义上"作品"的基本要素，了解法律赋予作品创作者和作品传播者的各项权利，以及对这些权利的限制，并交流探讨广西如何利用中国与东盟的合作交流中的区位优势，通过版权贸易，宣传广西文化、中华文明，让中华文化走向世界。

其他课程：纸张是从哪里来的、未来大书店、数字出版新未来、阅读是心灵的旅行。

 基地地址：广西南宁市青秀区东葛路 66 号。

广西八桂农业科技有限公司
（八桂田园）

　　广西八桂农业科技有限公司建立的八桂田园广西中小学生研学实践教育基地（以下简称"八桂田园"）集现代农业设施展示，农业新品种、新技术、新成果应用推广，农业观光旅游，农业产业化经营，科普教育基地，农业职业教育实训基地六大功能于一体。八桂田园是广西知名的现代农业设施展示、农业观光旅游、农业职业教育实训基地平台，充分利用园区"互联网＋无土栽培作物"智能化玻璃大棚、中药科技馆等现有的14个场馆，精心设计具有农业特色的农业科技或传承发扬中国优秀传统农耕文化的研学课程。

　　八桂田园是全国农业旅游示范点、全国农业科普示范基地、全国青少年农业科普示范基地、广西农业引智示范基地、广西中小学劳动教育实践基地，也是广西首批自治区级中小学生研学实践教育基地。

　　基地总占地面积约26.7万平方米，其中现代农业设施面积超10万平方米，建有40千瓦太阳能光伏发电项目用于展示发电。园区还建有农耕文化长廊、户外烧烤场、野炊场、户外消防演练场、开放式户外草坪等丰富的硬件设施设备。基地建有多媒体教室、普通教室、食堂，拥有多功能大会议室1间（可同时接待100人）、多媒体会议室2间（可同时接待50人）、普通教室2间（每间可接待30～50人）。基地可同时接待2000名学生开展研学活动，食堂可同时容纳1000人就餐。

> **课程一：识别百种奇果异瓜靓花（研学学段：小学）**
>
> 　　本课程中，学生通过参观游览，在研学指导师帮助下，认识约100种果树、蔬菜、花卉及草药，增长见识，了解植物种类多样性，培养保护植物、爱护环境的理念。
>
> **课程二：体验中国传统农耕——水稻插秧（研学学段：小学、初中）**
>
> 　　本课程中，学生在田间亲身体验中国传统农耕的水稻插秧农事活动，感受人工插秧这一水稻生产传统劳作的环节，了解和传承传统文化，培养热爱劳动、珍惜粮食的优良品质。
>
> 　　其他课程：走进八桂田园、游览食品和中草药及动物主题科技馆等。

 基地地址：广西南宁市西乡塘区相思湖东路19号。

广西金穗生态园有限公司

广西金穗生态园有限公司是金穗生态园研学实践教育基地的管理单位，基地于2017年10月1日成立。2020年2月，基地成为广西首批自治区级中小学生研学实践教育基地。

基地依托国家农业龙头企业——"广西金穗农业集团"独特的产业和生态环境优势，深入挖掘当地的特色研学资源，以综合实践教育活动的形式，向广大青少年传播与普及农业科普知识、红十字文化、军旅励志文化、中国传统文化和人文生态文化。

基地占地面积90万平方米，最多可同时接待学生2000人。

课程一：火龙果的一生（研学学段：小学）

本课程围绕火龙果的种植，让学生学习育苗、配土、施肥、植株扦插、光谱技术优化等知识，结合实操体验，了解农业发展趋势。在这个过程中，不仅能让学生增长知识，还能培养学生科学素养、创新意识、尊重劳动意识和团队协作精神。

课程二：壮族"那"田耕作（研学学段：小学、初中）

本课程深入探讨壮族的"那"文化起源及其独特的传统文化元素。研学指导师以水稻种植为切入点，指导学生掌握水稻的种植流程和技巧。课程不仅旨在传授农作知识，还致力于培养学生的高尚情怀和劳动精神，加深学生对民族文化的理解和尊重。

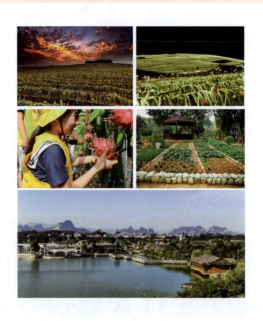

 基地地址：广西南宁市隆安县那桐镇兴桐大道123号。

广西天贵文化传播有限公司

广西天贵文化传播有限公司是天贵（坛洛）庄园的管理单位，也是广西首批自治区级中小学生研学实践教育基地。天贵（坛洛）庄园是由中国种子协会、广西壮族自治区农业农村厅、南宁市人民政府主办的"中国（南宁）鲜食玉米大会"的举办地，每年参加种植展示的国内外鲜食玉米新品种（组合）超 250 个。庄园还承接"广西玉米创新联盟"的最新育种成果展示。

庄园依托优质的自然生态资源，结合团队 20 年农业从业经验积累的特色农作物资源利用与展示实力及对农业文化休闲的理解策划能力，以农业科技为核、农耕文化为魂，深度挖掘新农业产业链价值、科教文旅综合开发，构建集农业科技、农业文化、农业教育、农业休闲于一体的综合性农业文化科技园区。

庄园规划面积 112 万平方米，已开发耕作面积 48 万平方米，最多可同时接待学生 200 人。

课程：玉米育种探秘（研学学段：小学、初中）

本课程内容为玉米种类识别记录、鲜食玉米品尝、玉米育种知识科普、玉米简单加工体验等。学生参观玉米原种基地，实地学习普通玉米和超高油高蛋白玉米的育种过程，体验玉米浓浆、玉米冰淇淋的制作过程。

其他课程：识五谷 传农耕、瓜菜乐园。

基地地址：广西南宁市西乡塘区坛洛镇三景村万礼坡。

南宁市西乡塘区素质教育中心营地

　　南宁市西乡塘区素质教育中心营地于2020年2月被列为广西首批自治区级中小学生研学实践教育营地。营地以城区美丽南方为载体，拥有专业的师资团队，通过集体旅行、集中食宿等形式，以提升学生素质能力为目的，开展研究性学习与旅行体验相结合的校外教育活动。

　　基地最多可同时接待学生8500人。

> **课程一：蚕桑丝文化探索（研学学段：小学）**
>
> 　　本课程内容为采摘桑叶、喂养蚕宝宝、体验剥茧抽丝，学生还可以体验桑树种植、剪枝、除草、套种套养等。
>
> **课程二：现代生态农业实践体验课之无土栽培（研学学段：小学、初中）**
>
> 　　本课程中，学生可以体验营养土配制、装杯、取苗、定植及施淋定根水等无土栽培定植过程，用无土栽培技术亲手培育一盆蔬菜、一种中草药、一株香草等。
>
> 　　其他课程：一日小农夫、多彩的植物、我是小厨神、传统水稻收割、民间"小小守艺人"之陶艺等。

基地地址：广西南宁市西乡塘区美丽南方营地。

南宁顶蛳山遗址博物馆

南宁顶蛳山遗址博物馆是一座以展示新石器时代贝丘文化为主题的专题性博物馆，是集文物挖掘、保护研究、展示教育和文化休闲于一体的多功能现代文化设施，是南宁历史文化底蕴和地域性文化特征的一张重要名片。顶蛳山遗址博物馆也是一处综合性研学实践教育基地，秉承"展教并重、以文育人"的教育理念，利用独特的教育资源与学校教育紧密结合，培养德、智、体、美、劳全面发展的人才，提升中小学生文化基础和综合素质，被列为广西第二批自治区级中小学生研学实践教育基地。

博物馆展厅面积约 1300 平方米，设有多功能报告厅（可同时容纳 50～100 人）、亲子活动空间两处（每处可容纳 50 人左右），内部设施功能齐全、布局科学合理，可同时容纳 1000 名以上学生开展研学活动。

> **课程一：** "考古家体验营"主题系列课程（研学学段：小学、初中）
>
> 本课程内容包括学习考古知识，掌握正确的考古发掘步骤，体验考古发掘；了解文物的含义及分类，树立保护文物的意识；了解考古职业，学习考古发掘方法。
>
> **课程二：** "渔猎采集者的天堂，万年文化之源"主题系列课程（研学学段：小学、初中）
>
> 本课程内容包括参观博物馆，认识文物，了解顶蛳山先民们的生产生活；学习顶蛳山文化，分析顶蛳山遗址的地理环境；了解史前顶蛳山的生态和环境，学习史前先民的制陶方法，结合顶蛳山文化特色，使用轻黏土创作陶艺作品；学习射箭技法，体验史前顶蛳山先民的狩猎过程；了解史前干栏式建筑结构，使用实木材料搭建小型干栏式建筑，制作沙盘模型，复原史前顶蛳山人的生活环境。

基地地址：广西南宁市邕宁区茶泉大道 201-2 号。

广西三鼎生态农业

　　广西三鼎生态农业是广西三鼎生态农业发展有限公司研学教育基地的管理单位。该基地是一家以科技为向导，集农作物和经济作物种植、家禽家畜养殖、水产养殖销售与技术推广、食品加工、农业旅游观光投资开发、健康产业、养生、花卉树木种植及销售、餐饮服务、农产品销售等为一体的现代化研学基地，也是广西第二批自治区级中小学生研学实践教育基地。

　　基地目前占地面积81万平方米，水域面积约16万平方米，最多可同时接待学生1000人。

　　课程一：小农夫的大米梦（研学学段：小学、初中）

　　本课程中，学生参观农耕文化园及水稻种植区，体验插秧活动；参观水稻加工作坊，了解"粒粒皆辛苦"的含义，形成节约粮食的理念。

　　课程二：民俗非遗文化（研学学段：小学、初中）

　　本课程中，学生参观农耕文化园，了解农耕器具；参观非遗传承人制作毛笔现场，学习如何制作毛笔，了解毛笔的生产过程。

　　其他课程：国防教育。

📍🔍 **基地地址**：广西南宁市宾阳县武陵镇绿留村一队（三鼎庄园）。

广西美术馆

广西美术馆是集广西美术馆、广西书法馆、中国（广西）篆刻艺术馆和阳太阳艺术馆于一体的自治区重大公益性项目，是以展示、交流、研究、收藏为主要功能的大型综合性省区级美术馆。自开馆以来，广西美术馆践行"文化惠民"宗旨，以"艺术为人民"的企业愿景，成功举办了几百场精品展览，取得了良好的社会效益。广西美术馆先后8次获得文化和旅游部颁发的奖项，其中"有章运动——篆刻艺术走进生活"系列公共教育活动荣获2017年度全国美术馆"优秀公共教育提名项目"和"广西十佳研学课程"；"画说周末——广西美术馆公共教育系列活动"荣获2018年度全国美术馆"优秀公共教育提名项目"；广西美术馆还荣获国家级、省级集体和个人奖项共190项（次），是广西唯一获得文化和旅游部认证的文创产品开发试点美术馆，2015年被自治区党委宣传部评为"自治区爱国主义教育基地"，2021年被自治区教育厅列为广西第二批自治区级中小学生研学实践教育基地。

广西美术馆占地面积6.9万平方米，建筑面积3.6万平方米，总投资3.41亿元，最多可同时接待学生1500人。

课程一：有章运动——篆刻艺术走进生活（研学学段：小学、初中）

本课程以篆刻为主题，让学生"识篆字，知汉字演变，赏印章，体篆刻之美，溯历史，研传统与当代发展"。

课程二：广西美术馆知识普及（研学学段：小学、初中）

本课程中，研学指导师教授学生美术馆的基本知识，包括美术馆的展览活动、教育研究、参观指南，以及捐赠与收藏等知识。

其他课程：国画知多少、书法艺术、漫画世界、妙趣横生的水彩画、指尖的创作——轻黏土、拓印的艺术——版画、美术馆历史课堂、广西美术馆"小小管理员"。

 基地地址：广西南宁市良庆区秋月路22号。

南宁市妇女儿童活动中心

南宁市妇女儿童活动中心（以下简称"中心"）是南宁市妇联属下的全额拨款公益性事业单位。中心始终秉持"为全市妇女儿童提供优质公益服务"的宗旨，积极承担妇女儿童活动的服务工作，开展群众性的文化教育培训、娱乐、体育、健身、科普等活动，全力打造成为全市妇女儿童事业发展的服务品牌展示窗口，充分发挥公益性校外教育场所和妇女活动阵地的作用。

中心占地面积 3.8 万平方米，总建筑面积 24232.4 平方米，于 2014 年 3 月正式对外开放，是促进南宁市妇女儿童全面健康发展的综合性活动基地，也是广西第二批自治区级中小学生研学实践基地。中心设有青少年校外教育培训中心、南宁市"朱槿女子书院"、南宁市老年大学分校三大培训板块，拥有未成年人安全健康教育体验馆、儿童中心、多功能影视厅、亲子阅览室、亲子种植园、健身房等功能场馆。

> **课程："童"创友好，"邕"抱未来（研学学段：小学）**
>
> 本课程中，学生代表通过宣读《共建儿童友好城市倡议书》，向全社会发出倡议："倾听儿童的声音、尊重儿童的意愿，用爱心、童心、真心建设一座让儿童善学、良居、乐游、健长的友好城市，让儿童沐浴在阳光下，成长在幸福里。"随后，学生一起点亮"儿童友好树"。

 基地地址：广西南宁市西乡塘区大学东路 83-2 号。

南宁园博园

　　南宁园博园位于南宁市邕宁区顶蛳山区域，是国家 AAAA 级旅游景区，也是第十二届中国国际园林博览会的举办地。园区总体规划秉承创新、协调、绿色、开放、共享的新发展理念，在面向东盟的区位优势牵引下，以"特色南宁铸就不一样的园博园"为主题，打造"三湖六桥十八岭、一阁四馆两中心、八十展园八大景"规划格局。南宁园博园是集休闲农业、民族文化、运动健身为一体的综合性研学实践教育基地，也是广西第二批自治区级中小学生研学实践教育基地，还是中共南宁市委党校现场教学基地。南宁园博园组织开展形式多样、内容丰富的红色教育实践活动，把对党忠诚教育融入市委党校现场教学基地课程中，充分发挥现场教育基地的引领、教育功能，推动南宁市党员干部教育培训和红色党建基地建设再上新台阶。

　　园区推出了丰富多彩的科普研学课程，可以满足不同年龄段学生的需求，把课堂设在户外、大自然中，让学生体验不一样的研学课堂，在玩中学、学中玩，提高其自主学习和自理能力。

　　南宁园博园占地面积 263 万平方米，具有设施齐全的研学楼、其他多功能室内场馆、多样的户外场所等硬件设施设备。研学宿舍楼分别为春风居和桃李苑，共 42 间房间，最多可满足260 余人入住。园区还具有名为修心堂的活动场所 1 间（可同时接待 200 人）、小会议室 1 间（可同时接待 25 人），阳光草坪、杜鹃松岭和玫瑰花坪都可举办大型团建、赛事、演出及开展研学等活动项目。基地最多可同时接待学生 300 人。

课程一：神奇的太阳（研学学段：小学、初中、高中）

　　本课程中，学生以"太阳"为引线，追寻古老文明和现代文明的更迭与传承；了解太阳热能的应用和太阳发光的原因，学习太阳能电池的工作原理；通过制作太阳能水车等手工作品，发散工程设计思维，学会综合思考和寻找解决问题的最佳思路。

课程二：我是小小"掌墨师"（研学学段：小学、初中、高中）

　　本课程中，学生扮演建造木构建筑的"灵魂人物"——掌墨师，搭建稳固的榫卯模型，学会通过真听、真看、动手做，感受建筑美学的魅力和认识中华民族艺术瑰宝的价值。

 **基地地址**：广西南宁市邕宁区蒲兴大道 20 号。

广西文化艺术中心

广西文化艺术中心集大型歌剧、舞剧、音乐剧、交响乐等高雅艺术表演、交流、培训于一体，秉持"高贵不贵、文化惠民"的经营理念，是广大民众可亲、可爱、可近的文化交流平台，也是广西第二批自治区级中小学生研学实践教育基地。

广西文化艺术中心按照省级文化艺术中心的规模和规格设计建设，是广西体量最大、功能最全、设备最优的艺术欣赏表演场馆。广西文化艺术中心大剧院是全国第一个使用台口声柱设计的剧院，设计有隐藏式高功率可声控声柱扬声器全套系统，为国内首创。大剧院可满足大型歌剧、交响乐、大型音乐会等演出的要求。2021年，广西文化艺术中心被广西壮族自治区文化和旅游厅列入自治区级文化产业示范基地创建单位。

广西文化艺术中心由文化艺术中心、水系景观及配套工程三部分构成。文化艺术中心部分占地面积6.9万平方米，大剧院、音乐厅、多功能厅三位一体，建筑面积约11.48万平方米。其中，大剧院有1800个观众席和2100平方米的镜框式舞台，乐池可容纳120人，音乐厅有1200个观众席，多功能厅可容纳600名观众。基地最多可同时接待学生480人。

课程一：走近镇厅之宝——体验管风琴曼妙旋律（研学学段：小学、初中、高中）

本课程内容为感受管风琴文化的震撼，让学生了解管风琴的历史、基本构造和发声特点，指导学生现场制作排箫并吹奏简单曲目。

课程二：职业体验——打开艺术之门（研学学段：小学、初中）

本课程中，研学指导师带领学生来到台前幕后，感受广西文化艺术中心的高科技设备，以及舞台背后各项复杂的辅助道具；引导学生认识到舞台、幕后工作的不易，树立合作、互补意识。

其他课程：探访广西文化艺术中心。

基地地址：广西南宁市良庆区龙堤路25号。

广西壮族自治区图书馆

广西壮族自治区图书馆（广西古籍保护中心、广西少年儿童图书馆）位于广西南宁市，创建于1931年，是广西最大的综合性省级公共图书馆，文化和旅游部授予的"一级图书馆"，也是自治区文明单位、自治区爱国主义教育基地、广西第二批自治区级中小学生研学实践教育基地、广西少先队校外教育实践基地。截至2023年6月，广西壮族自治区图书馆馆藏实体文献495.3万册（件），电子文献1425.2万册，存藏古籍12.28万册，数字资源本地存储总量368.04 TB。馆藏结构集科学性、系统性、地方性于一体，形成以广西地方民族文献和东盟文献为特色，纸质文献、数字资源并重的信息资源保障体系。

广西壮族自治区图书馆高度重视对未成年人的服务。馆藏少儿图书约65万册，民族大道主馆设立"少儿图书借阅室"和"智慧成长屋"两个阅览室专门服务少儿读者，人民公园分馆即广西少年儿童图书馆。图书馆曾获全国第五届未成年人思想道德建设工作先进集体、自治区关心下一代工作先进集体等荣誉称号。

图书馆馆舍建筑面积5.4万平方米，分为民族大道主馆和人民公园分馆两部分。民族大道主馆有能容纳210人的报告厅、容纳80人的多功能厅、容纳100人的少儿活动室、容纳200人的大厅、容纳100人的阅览室等研学空间；人民公园分馆面积为2100平方米，有5间儿童活动室，可以同时接待250人。

课程一：我是图书管理员（研学学段：初中）

本课程中，学生通过职业体验了解信息服务相关知识，了解为大众提供查询、借阅及信息咨询服务的公共图书馆在社会公共文化服务体系中的重要地位，了解图书馆管理的工作流程。学生体验图书馆工作人员的工作过程，学习图书分类、图书上架、查询图书、修补图书、引导读者文明阅读等。

课程二：传播文明火种的印刷术（研学学段：小学、初中）

本课程中，图书馆员向学生讲授印刷术的发展历史、操作方法等知识，组织学生观看印刷术相关的数字资源视频，向学生展示雕版印刷成果，让学生体验雕版、活字印刷术。课程可以让学生在研学实践中学习中国传统印刷技术，了解印刷技术的发展，感受非遗文化魅力，传承中华优秀传统文化，坚定文化信心和文化自豪感。

课程三：神奇的古代复印技术（研学学段：小学、初中）

本课程中，学生学习金石传拓原理，体验金石传拓技术，了解古代中国石刻文化、了解金石传拓技法，深刻感受中华优秀传统文化的魅力。

课程四：我在图书馆修古籍（研学学段：初中、高中）

　　本课程中，学生在学习修复纸张的选择、染纸技艺、糨糊熬制技术等相关知识后动手实践修复"古籍"。课程可以让学生了解古籍在中华文化传承中的重要地位，了解古籍保护的意义、紧迫性和必要性；了解我国古籍装帧的演变历程、装帧形式，古籍修复的悠久历史和传承，了解古籍修复的基本流程和主要工序。

 基地地址：广西南宁市青秀区民族大道 61 号。

南宁东站研学实践教育基地

南宁东站研学实践教育基地依托南宁东站建立，是广西第二批自治区级中小学生研学实践教育基地。南宁东站坐落于南宁市青秀区凤岭北路北侧，是汇集客运专线、普速铁路、公交、地铁等多种交通方式及配套服务设施于一体的城市交通综合体。南宁东站研学实践教育基地以党建引领工程为载体，利用党建引领工程展厅、铁路百年发展历史展览等有利条件，开展铁路车站研学活动，将更多铁路行业特色、铁路行业奥秘展现在大众面前。基地从多岗位式行业体验、劳动实践、社会时政等多方面深入研究课程体系建设，并结合教育体系课程纲要不断完善课程内容。

基地结合学生不同年龄结构和认知层次开发了多门研学课程，为学生素质教育培养和职业初体验提供优良实践场所。

基地最多可同时接待学生 350 人。

课程一：列车运行大揭秘（研学学段：小学、初中、高中）

本课程中，学生可体验手摇道岔运行操作流程，观察道岔变化，了解道岔变化的含义及实际作用；观察接触网设置，了解其工作原理及作用，延伸拓展安全知识，接受爱路护路教育；了解信号机设置，学会区分列车信号机和调车信号机的不同、掌握信号机设置特点。

课程二：安检小课堂（研学学段：小学、初中、高中）

本课程中，学生通过体验安检作业各环节，了解安检是如何查验危险品的，以此认识到安检作业的必要性及安全出行的重要性；了解安检仪成像原理，安检门、手持探测仪、液体检测仪的工作原理。学生通过课程学习，将懂得技术的创新能给社会带来安全稳定，以及安全检查对社会的安全稳定起着关键作用的道理。

其他课程：车票实践基地、动车初体验、铁路知识大讲堂、小小检票员。

 基地地址：广西南宁市青秀区长虹路 66 号。

广西金花茶业工业研学基地

　　广西金花茶业工业研学基地依托广西金花茶业有限公司建立，是广西第二批自治区级中小学生研学实践教育基地。该公司位于横州市横州镇南部郁江之畔，其金花茶产业历史悠久，源自1818年宝华茶庄，具有200年八桂茶文化的传承历史。基地占地面积4.3万平方米，厂房建筑面积3万平方米，其中生产面积达2万平方米，现加工茶叶能力达10000吨/年。基地集餐饮、住宿、娱乐等项目于一体，环境优雅，空气怡人，一年四季茶香、花香四溢。基地内绿树成荫，不仅有20世纪60年代的厂房建筑，还有最传统的纯手工制茶工艺体验中心。

　　基地全年开放，最多可同时接待1500人。基地内设置有大型餐厅，可以同时接待1000人用餐。

> **课程一：** "茉莉花文化科普活动"主题课程（研学学段：小学）
>
> 　　本课程可让学生了解金花茶业公司经历的从纯手工制作到机器代替手工的各个历史阶段；了解自治区级非物质文化遗产——横县茉莉花茶制作技艺；了解在1965—1970年企业技能大改进期间发明的六堡茶冷水发酵加工技术（该技术极大地促进了六堡茶生产工效，是重要的非物质文化遗产）。
>
> **课程二：** "茉莉香之初体验研学"主题课程（研学学段：小学）
>
> 　　本课程中，学生到茉莉花茶生产车间学习奇妙的茶花融合工艺，了解各类制茶工具的使用方法。
>
> 　　其他课程："挑战自我军训拓展"主题课程。

 基地地址： 广西南宁横州市横州镇环城东路2号。

奥运城体育运动科普基地

奥运城体育运动科普基地以体育运动文化为核心，是集滑草运动、休闲农业、安全教育、国防军事为一体的综合性研学实践教育基地，也是广西第二批自治区级中小学生研学实践教育基地。基地秉承"以人为本，全面发展"的教育理念，致力于培养学生的自尊、自信、自爱、自立、自强意识，在教育方法上采取德、智、体、美、劳五育并举的教育理念，推动研学实践教育事业发展。

基地最多可同时接待学生 500 人。

课程一：农具十八般（研学学段：小学、初中）

本课程中，学生在研学指导师的带领下，通过开垦、种植、浇水、除草、松土、施肥、采摘等农事体验，熟悉常用农具及其使用方法；通过游戏、采摘、加工等方式，分享收获的快乐。

课程二：甜蜜事业——甘蔗的一生（研学学段：小学、初中）

本课程中，学生在研学指导师的带领下，通过观看甘蔗科普知识视频及动手制作的方式，探究甘蔗的生长过程，学习甘蔗制糖的方法，品尝甘蔗的甜蜜。

其他课程：极限运动——滑草、开门七事——柴米油盐酱醋茶、职业体验——我是泳池安全员、飞上蓝天——水火箭等。

 基地地址：广西南宁市江南区苏圩镇欧村北面天骄草原国际滑草场内。

南宁市少年儿童图书馆

南宁市少年儿童图书馆坐落于美丽的南湖边，是一座具有民族特色和园林风格的四层建筑。馆内设有儿童求知乐园、外借处、中学阅览室、教学参考室、声像服务室和电子阅览室等多个读者服务窗口。

南宁市少年儿童图书馆是广西第三批自治区级中小学生研学实践教育基地，于2011年5月被列为第四批广西青少科技教育基地；同年12月，被授予南宁市"十佳"青少年科技教育基地，获2011年南宁市青少年爱科学实践活动优秀组织奖，被评为首府南宁创建国家卫生城市工作先进单位，获2011年度全国未成年人思想道德建设工作先进单位；2018年12月，被中国图书馆学会公布为全民阅读示范基地。

基地最多可同时接待学生1000人。

课程一：壮锦非遗研学（研学学段：小学）

本课程深入探索广西壮锦这一非物质文化遗产的深厚底蕴，学生通过学习广西壮锦非遗文化传承及技法手工体验，近距离感受壮锦的独特魅力，旨在培养对传统文化的尊重与传承意识。

课程二：蓝染非遗研学（研学学段：小学）

本课程中，学生通过学习广西蓝染非遗文化传承及技法手工体验，感受蓝染技艺的精细与巧妙，深刻体会非遗物质文化遗产所蕴含的智慧与匠心。

其他课程：坭兴陶非遗研学、剪纸非遗研学、花灯非遗研学、毛笔手工制作研学、芒编非遗研学、木艺研学、铸件研学。

 基地地址：广西南宁市青秀区教育路11号。

中国—东盟青少年文化艺术中心

中国—东盟青少年文化艺术中心于2019年7月28日正式投入运营，是青秀区政府与新影响集团共同打造的青少年艺术交流及创业孵化的示范区，是面向中国—东盟多元化青少年文化艺术生态圈和城市文旅融合示范基地，也是广西第三批自治区级中小学生研学实践教育基地。自运营以来，中国—东盟青少年文化艺术中心已经逐步发展成为融艺术教育IP孵化、青少年艺术团运营、展览演出、赛事运营、共享空间、商业业态、美育教育、东盟主题研学活动为一体的大型城市青少年文化艺术综合体。

中国—东盟青少年文化艺术中心作为青秀区发展文化艺术的创新和示范性项目，是青秀区政府全力打造的融合了文化艺术和青少年教育的重点项目，旨在为中国—东盟的青少年搭建文化艺术的交流平台，带动青少年文化艺术产业的集群式发展。作为专属于青少年的文化艺术复合体，中国—东盟青少年文化艺术中心将通过各类艺术赛事、艺术演出及运营艺术团，丰富广大青少年的青春生活。

基地最多可同时接待学生400人。

课程一：走进东盟建筑，体验魅力艺术（研学学段：小学、初中）

本课程中，学生通过参与研学课程，体会东盟各个国家的建筑之美，了解东盟国家的风土人情和艺术特点，提高自身的国际化视野和艺术表现能力，提升综合素质和艺术素养。

课程二："浸润体验式"教育性戏剧游戏工作坊（研学学段：小学、初中、高中）

本课程将多元艺术研学环境与学习主体完美融合，引导学生树立正确的价值观。课程体现了音乐、舞蹈、戏剧整合的优势特征：参与性、开放性、多元性、趣味性、积极性、发展性、教育性及综合性，从而起到推广本土化艺术教育和体验、传播东盟国家及中国优秀民族文化的作用。

其他课程：身体结构健康美。

基地地址：广西南宁市青秀区朱槿路8号。

广西日报传媒集团研学实践教育基地

广西日报传媒集团研学实践教育基地依托广西日报社和广西日报传媒集团建立，是以展示、交流、研究、教育为主要功能的发展传媒和广西区情发展公益性展示基地，也是广西第三批自治区级中小学生研学实践教育基地。

广西日报社出版《广西日报》《南国早报》《当代生活报》《南国今报》《南国城报·居周刊》《广西法治日报》及广西手机报。其中，《广西日报》是广西最具权威性和影响力的党委机关报，平均日发行量达到 23 万份。广西日报传媒集团旗下拥有多家报纸、刊物、网站，在 14 个设区市设立记者站，并逐步将部分记者站升级为分社，集团拥有 5000 多名员工，是广西最具权威性的新闻媒介、辐射东盟的传媒巨舰。

基地包括广西日报社报史多媒体展示馆、广西日报传媒博物馆、广西云全媒体发布厅、广西云全媒体指挥中心和广西云融媒演播厅，总建筑面积 8700 多平方米。

课程一：广西日报历史课堂（研学学段：小学、初中）

本课程将历史解说、作品赏析和爱国主义教育融为一体，把广西日报社报业发展史和中国印刷文化史以实物、样报、文字、图片、雕塑等多种形式系统呈现。学生在研学指导师的带领下参观报史馆。通过观看图文并茂的展览和各种历史实物，学生可以从广西日报发展历史中，了解中华人民共和国成立以来广西经济社会发生的翻天覆地的变化，感悟党和人民一同走过的峥嵘岁月。课程可以增强学生对历史文化和传统文化的了解，点燃学生的爱国热情，激发学生的民族自豪感、自尊心和自信心。

课程二：小记者采访与新媒体运用（研学学段：小学、初中、高中）

本课程着重从采访实践，培养青少年的口头表达、镜头表现、新闻写作和人际沟通能力，着力提升青少年的责任意识和人文情怀，激励广大青少年做社会文明的观察者、记录者和传播者。

其他课程：我是活字印刷传承人。

📍 **基地地址**：广西南宁市青秀区民主路 21 号。

老口航运枢纽

老口航运枢纽利用广西郁江老口航运枢纽大坝船闸、发电厂房和鱼类增殖站等产业资源，结合区域内文化资源和周边生态资源，以现场观摩结合声光电多媒体、真水模型、真实设备等方式开展教学。基地是广西第三批自治区级中小学生研学实践教育基地，位于"西江亿吨黄金水道"重要工程——老口航运枢纽坝区内，总占地面积约 253 万平方米，区域内碧水青山，环境优美，空气清新，生态自然。

基地最多可同时接待学生 800 人。

课程一：水利枢纽探秘（研学学段：小学）

本课程注重理论与实际相结合，寓教于乐，让学生在游览过程中了解大国重器——老口航运枢纽，学习枢纽防洪、航运、发电、补水四大功能的实现方式。

课程二：小小水利工程师（研学学段：初中）

本课程以发电厂房、船闸为研学载体，让学生了解老口大坝的功能作用、船闸的工作原理；学习老口电厂发电的原理、南宁航运体系、南宁市防洪体系，了解水利工程对人们的生活带来的巨大改变。

其他课程：走进邕江水源世界、走进邕江生态圈、爱护邕江母亲河、我是如何爱上一条鱼、蚂蚁森林人。

📍 **基地地址**：广西南宁市江南区广西郁江老口航运枢纽。

龙门水都

龙门水都是集天地自然美景与地方文化特色于一体的大型旅游项目，也是广西的重点旅游项目。基地是广西第三批自治区中小学生研学实践教育基地。基地建筑格调古香古色又不失宏博气质，在兼具广西地方文化特色的同时，又广泛吸收其他地方的特点。

基地将人文精神和怡情养性相结合，满足广大民众的文化精神、休闲度假与养生的需求。基地以广西桂学文化为依托，打造集游览观光、生态住宿、文化体验、户外拓展、商务会议、温泉养生、水上乐园、特色美食、休闲度假等功能于一体的生态旅游区，以"自然、观赏、休闲、康乐、保健、养生"为特色，形成了"可游、可玩、可居、可尝"的休闲大型旅游综艺项目。

基地占地面积 2 万多平方米，森林覆盖率达 98%，平湖面积 46.7 万多平方米，最多可同时接待学生 3000 人。

> **课程一：蜜蜂知识科普**（研学学段：小学、初中、高中）
>
> 本课程中，学生观赏小蜜蜂辛勤采蜜、酿蜜的过程，动手学习从蜂箱中取蜜、摇蜜；学习关于蜜蜂的科普知识，品尝蜂蜜点心，还可以亲手制作蜂蜜唇膏、蜂蜜香皂等，在享受绿色生活的同时提升动手能力，知道保护蜜蜂和保护大自然的重要性。
>
> **课程二：古法磨豆浆**（研学学段：小学、初中）
>
> 本课程通过情景故事导入，教会学生辨识五谷，认识制作豆浆的原材料、工具及操作方法，让学生动手操作体验古法石磨豆浆的制作。
>
> 其他课程：基地生存。

📍 **基地地址**：广西南宁市西乡塘区新际路 69 号。

南宁市九曲湾温泉度假村

南宁市九曲湾温泉度假村是一个以温泉生态旅游为主轴的具有浓郁民族风情和地方特色的温泉旅游度假胜地，荣获国家 AAAA 级旅游景区、中国十大温泉质量品牌、广西地热温泉标准制定起草单位等称号，是中国保健协会唯一指定的"中国温泉养生基地"。2021 年经自治区教育局批准，南宁市九曲湾温泉度假村正式成为广西第三批自治区级中小学生研学实践教育基地。

基地以温泉为研学课程研发点，结合学校内科学、地理、物理、化学、语文等学科，开发出地质、矿物、水资源、民俗四大主题课程，每个主题课程分别设有小学版、初中版、高中版，力求给不同年龄段的学生最佳的研学体验，真正做到知行合一。

基地有布洛陀广场、风雨桥、水上游乐场、大草坪、篮球场、网球场等活动场地。基地最多可同时接待学生 600 人。

> **课程一：地质主题研学课程（研学学段：小学、初中、高中）**
>
> 本课程将从地质演变与人类历史发展的紧密联系开始，带领学生认知地球的诞生、地质年代的更迭、大陆板块的迁移，探寻九曲湾温泉的产生原因，以及学习地质相关知识。
>
> **课程二：水资源主题研学课程（研学学段：小学、初中、高中）**
>
> 本课程从地球上水的产生开始，带领学生研究不同水资源类型的成因，水与生命的关联、水的三态转化、水与人体等相关知识，共同探讨人类对水资源的保护、开发及利用问题。
>
> 其他课程：矿物主题研学课程、民俗主题研学课程。

基地地址：广西南宁市兴宁区昆仑大道（三塘）温泉路 9 号。

祈福康养小镇休闲农业核心示范区

祈福康养小镇休闲农业核心示范区是一个以科技引领现代农业的绿色产业园，也是集田园风光、农耕文化、非遗传承为一体的旅游休闲度假区，还是广西第三批自治区级中小学生研学实践教育基地。基地依托丰富的自然资源，创建体验农耕的平台，让学生在玩乐中学习，获得知识、获得快乐，达到寓教于乐、寓教于行的研学目的。

基地与广西农业科学院葡萄与葡萄酒研究所、广西农业科学院、广西产业研究院等多家科研单位合作，打造智慧农业基地，是广西现代特色休闲农业核心示范区、广西农科院成果转换基地、广西农林作物数据模型建模基地。

基地占地面积约 213 万平方米，现已完成 19 个温室大棚的建设、40 万平方米果蔬及 10 万株珍贵苗木的种植，并建有配套服务场馆：研学服务中心（约 6000 平方米）、可供研学使用的户外草坪（约 1.4 万平方米）、水果种植采摘区（约 6.8 万平方米）、水肥菌一体化灌溉设施中心（约 3000 平方米）、特色农业示范区展厅（600 平方米）、非遗科普文化馆（200 平方米）、多功能会议室（约 400 平方米）、职工食堂（约 500 平方米，可同时满足 1000 人就餐）。

课程一：智慧农业系统和数字农业（研学学段：小学、初中）

本课程通过展示遥感、信息、计算机技术、网络通信技术等高新技术与农业科学结合，实现对农作物生长过程中光、温、水、肥、气、病虫草害的实时监控，让学生对科技、农业产生新的认知。

课程二：水肥菌一体化灌溉（研学学段：小学、初中）

本课程中，学生在研学指导师的带领下认识微生物工厂，了解有机物的发酵过程，通过滴灌系统将微生物、有机质、养分输送至农田，进行土壤环境的改良。

其他课程：蓝染的魅力、快乐小农人、快乐小工匠、一粒米的旅程、农业种植科普小课堂、玉米的一生等。

 基地地址：广西—东盟经济技术开发区伏波大道东段西北侧那油水库旁。

广西大学中小学生研学实践教育基地

广西大学中小学生研学实践教育基地是广西第四批自治区级中小学生研学实践教育基地，依托广西大学建立。广西大学拥有自治区领先的多科性、多层次、多载体、特色明显的学科建设和人才培养的馆藏文献体系，校园广阔、环境优美，基础服务设施齐全，下设43个志愿者理事单位、16个协会志愿者单位。

广西大学占地面积1420万平方米，其中西乡塘主校区占地280万平方米，广西亚热带农科新城占地约1127万平方米。广西大学有教学楼近20栋并配备有现代化的教学设备；广西亚热带农科新城配备可同时容纳超过2000人活动的户外实践场地。

广西大学有学生宿舍楼78栋，宿舍10000间，宾馆2个（可满足超过500人的住宿要求），大型餐厅7个（可同时接待3000名师生用餐），可容纳1000人以上的特大演出厅2个，300人以上的大型学术报告厅20个，150人以上的会议室数10个；有3个全天候标准田径运动场，3个综合体育馆，以及学生活动工作坊、众创空间、表演厅及多功能舞台。

课程一：机械虚拟仿真加工、装配讲解及体验（研学学段：初中、高中）

本课程主要让学生参观并学习了解工业中的虚拟制造/虚拟设计/虚拟装配（CAD/CAM/CAE）知识。

课程二：各类机器人竞赛实训（研学学段：初中、高中）

本课程中，学生观看ROBOCON比赛介绍和各队的精彩视频，动态展示部分作品，参观无人寻迹小车的运行，观察和了解小车结构和工作原理。

课程三：成为建筑大师（研学学段：高中）

本课程中，学生进入土木建筑工程实验教学中心，听研学指导师讲解现代建筑发展情况及趋势，参观模拟平台操作，了解双一流学科——土木工程。

其他课程：我是小小园林设计师、悠久名校、美丽西大行、中华茶文化。

 基地地址：广西南宁市西乡塘区大学东路100号。

广西职业技术学院研学实践教育基地

广西职业技术学院研学实践教育基地是广西第四批自治区级中小学生研学实践教育基地，依托广西职业技术学院建立。广西职业技术学院坚持以农学为特色办学，以国家和自治区"双高计划"茶树栽培与茶叶加工专业群建设为契机，打造了生态茶园、广西茶叶博物馆、食品智能加工实训基地、食品检验检测实训基地、南北园现代农业示范园等具有广西现代农业特色的耕读教育实践基地。学校将进一步优化研学课程体系，充分发挥"双高"专业群特色示范引领作用，根据不同研学群体需求，注重打造互动式研学场景，打造主题特色鲜明的劳动教育实践基地。

学校占地面积 62.88 万平方米，校舍总建筑面积 36.34 万平方米，校园绿地总面积达 32.8 万平方米；设有 10 个教学机构，招生专业 53 个。基地最多可同时接待学生 200 人。

🔴 课程：制茶（研学学段：小学）

本课程中，学生进入现代制茶中心，动手揉捻鲜叶，体验传统手工制茶技艺，了解茶叶的历史，学习点茶礼仪，品闻茶香。学生通过研学指导师的讲解可以学习到中国茶文化，以及中国传统制茶技艺及其相关习俗。

其他课程：采茶、制茶、茶艺与茶文化、参观广西茶叶博物馆、体验长嘴壶技艺、陶艺制作。

📍 **基地地址**：广西南宁市青秀区锦春路 20 号。

广西电力职业技术学院中小学生研学基地

　　广西电力职业技术学院中小学生研学基地通过丰富多彩的课程内容和实操体验，让学生在丰富多彩的研学主题活动中进行职业体验，开阔视野，培养动手实践能力，激发学生对个人梦想的积极思考和形成正确的职业认知。学校是广西第四批自治区级中小学生研学实践教育基地。

　　学校的本部校区位于南宁市国家高新技术开发区工业园内，占地面积 12 万余平方米，总建筑面积 14.8 万平方米；东校区位于南宁市安吉大道 15 号，占地面积 7 万余平方米，建筑面积约 4 万平方米；正在筹建中的新校区位于南宁市五象新区玉洞大道 109 号，占地面积约 6.8 万平方米。学校建有可编程序控制器、热工自动化、汽轮机等 29 个装备先进的实训实验室；拥有教学用计算机 615 台，可容纳 2514 人的多间语音室和多媒体教室。

> **课程一：非遗文化：龙狮**（研学学段：小学）
>
> 　　本课程中，研学指导师向学生介绍龙狮起源、发展、分类方法，以及讲解和展示基本礼仪、龙狮基本步法。
>
> **课程二：模拟空乘**（研学学段：小学）
>
> 　　本课程中，学生通过模拟乘机及空乘职业体验，了解乘机的基础知识及注意事项；通过模拟安检，学会识别危险物品和违禁物品的种类；通过航空急救体验和实操，增加职业体验感，提高认知能力。
>
> 　　其他课程：小小安检员、舞狮技艺、龙狮手工等。

📍 **基地地址**：广西南宁市西乡塘区科园大道 39 号。

广西交通职业技术学院研学基地

广西交通职业技术学院研学基地是广西第四批自治区级中小学生研学实践教育基地，依托广西交通职业技术学院建立。广西交通职业技术学院是广西壮族自治区交通运输厅创办的一所全日制普通高等职业院校，是全国交通职业教育示范院校、广西示范性高等职业院校、广西优质高职院校、广西首批特色高等学校、国家首批现代学徒制试点院校、广西高等职业国际交流与合作试点院校、军队士官直招定点培养院校、国家交通战略广西训练基地和广西交通干部培训平台牵头单位。

学校有昆仑、园湖、相思湖3个校区，总占地面积约93万平方米；设有6个二级学院，48个专业。学校拥有中央财政支持建设的国家级示范性实训基地4个、国家级生产性实训基地2个、交通运输部示范性实训基地2个、自治区级示范性实训基地8个、自治区职业教育示范特色专业6个、校外实习实训基地298个、"教育部、财政部关于支持高等职业学校提升专业服务产业发展能力建设项目"2个、国家级精品课程2门、中央财政支持建设的国家级示范性实训基地4个、交通运输部示范性实训基地2个、自治区级专业教学改革与建设试点专业2个、自治区职业院校示范特色专业级实训基地6个。

课程一：地铁小司机（研学学段：小学、初中）

本课程中，研学指导师向学生简单介绍地铁的驾驶方法，学生可在模拟驾驶机器上体验驾驶地铁，了解地铁在运行过程中各工作人员的分工安排。

课程二：地铁安全知识（研学学段：小学、初中）

本课程中，研学指导师向学生们讲解在乘坐地铁过程中应注意的安全知识，引导学生思考在地铁中发生意外事件时应如何做出正确处理。

基地地址：广西南宁市兴宁区昆仑大道1258号。

南宁剧场研学实践教育基地

南宁剧场研学实践教育基地坐落于邕江之畔的艺术殿堂——南宁剧场。这座始建于 1974 年的南宁剧场，是中国剧场建筑史的典范之一，被南宁市列为"不可移动文物"，2021 年被评为国家 AAA 级旅游景区和自治区"打卡红色教育基地"，是广西第四批自治区级中小学生研学实践教育基地。基地内建设有主题教育厅、红色文化广场、英雄长廊、艺术荟、红色文化体验馆（"西柏坡""延安窑洞"）、五星级示范党支部等参观学习场所。

剧场占地面积约 4.7 万平方米，建筑面积约 1.1 万平方米，现有观众座位 1517 个，乐池面积 90 平方米，后台设有化妆间、服装间、道具间、调音室、演员休息室等各种用房 15 间，总面积 709 平方米。基地最多可同时接待学生 200 人。

课程一：红色电影党课、情景音画党课（研学学段：小学、初中）

本课程主要通过观看经典红色电影、红色精品剧目、特色音画党课等形式，发挥文化艺术作品"举旗帜、聚民心、育新人、兴文化、展形象"的作用，带来的视觉、听觉上的震撼冲击，能更直观、生动地讲述共产党百年峥嵘历程，让参加学习的学生更深刻地体会和理解中国共产党取得革命和建设事业胜利的根本原因，从而更好地传承和弘扬伟大建党精神。

课程二：沉浸式红色剧目体验（研学学段：小学、初中）

本课程将当下年轻人中流行的"剧本杀"与党史学习教育结合起来，以真实历史事件为背景，以剧本作为载体，创新运用虚拟现实（VR）和增强现实（AR）技术，让学生体验革命战争年代中国共产党人坚守理想、践行初心、担当使命、不怕牺牲的伟大精神，深刻接受红色革命教育。

 基地地址：广西南宁市江南区星光大道 4 号。

皇氏乳业研学实践教育基地

皇氏乳业研学实践教育基地依托广西皇氏乳业有限公司建立。广西皇氏乳业有限公司先后获得"智能工厂示范企业""广西壮族自治区水牛乳质量与安全控制技术工程研究中心""国家绿色工厂""国家高新技术企业"等荣誉称号，是集国防科普、劳动实践教育等为一体的研学实践教育基地，也是广西第四批自治区级中小学生研学实践教育基地。

基地占地面积约6.7万平方米，其中包含中央智能工厂约5.3万平方米、户外活动场地约1.3万平方米；并设有多媒体会议室、普通研学教室、智能工厂、食堂等区域；拥有多功能大会议室1间（可同时接待200人）、多媒体会议室1间（可同时接待30～40人）、普通研学教室4间（每间可接待30人）。基地可同时接待800名学生开展研学活动，并解决用餐问题。此外，基地还拥有户外晴雨篷、户外消防演练场、开放式户外草坪等丰富的硬件设施设备。

课程一：我的职业探索——皇氏乳业行（研学学段：高中）

本课程中，研学指导师通过带领学生参观基地，给予学生职业生涯规划指导，帮助学生更好地了解自我、认识自我、反思自我，同时认识社会，了解社会发展对人才的需求，了解实现中华民族伟大复兴对青少年成长的要求，帮助学生科学地制订人生规划。

课程二：丰富乳品5G制造（研学学段：初中）

市面上五花八门的奶制品是如何生产出来的呢？庞大的生产量、烦琐的制作流程，每个车间如何实现高效运转去人工化？该课程会引导学生围绕这些问题进行探究，组织学生实地考察参观。

其他课程：探寻酸奶的奥秘、寻宝特工队、一杯奶的旅程、现代化产奶工业。

 基地地址：广西南宁市高新区丰达路65号。

广西谷木研学实践教育基地

广西谷木研学实践教育基地是一座因地制宜，以"小学生乡土乡情、初中生县情市情、高中生省情国情"为设计理念，将研学实践课程与学生身心特点、接受能力和实际需要相结合，注重系统性、知识性、科学性和趣味性，融合军事化管理、素质拓展、礼仪训练、安全教育、心理健康、法纪教育、环保教育等特色内容的基地；也是研学实践教育课程研发、设计基地，研学实践教育课程指导教师培训基地。基地为广西第四批自治区级中小学生研学实践教育基地。

基地总面积约 40 万平方米，其中可用于研学实践教育的场地面积 2.67 万平方米；拥有宿舍 200 余间，可容纳 2000 名学生住宿，所有房间配备全新空调、冷暖热水、床上用品等。基地设有饭堂，能同时容纳 1500 人就餐；设有两个大型风雨操场，可容纳 3000 人在室内集合进行总结交流；设有 4 个足球场，可安排分班分组活动。

> **课程一：水和蔬菜的奇妙相会（研学学段：高中）**
>
> 本课程中，学生体验传统的制作腌制食品的过程，将学校所学的多学科知识与生活实际融合。
>
> **课程二：少数民族环保扎染（研学学段：小学、初中）**
>
> 本课程中，学生学习少数民族扎染的基本过程，并取生活中随处可见的"废料"进行环保扎染，以此认识到少数民族在长期的生产生活当中将"人与自然应和谐共生"的理念根植于心，并运用到生活的方方面面。
>
> 其他课程：农作物保护和健康、景泰蓝非遗之旅、广西山歌——壮族与侗族山歌、盘王等皮影戏、与陶同乐、知行耕作小能手、无土栽培、养殖初体验等。

📍 **基地地址：** 广西南宁市西乡塘区坛洛镇 010 县道绿盾国防教育基地。

南宁应急消防科普教育基地

南宁应急消防科普教育基地为南宁市消防救援支队直属直管的科普教育场馆。基地以"全灾种安全教育、一站式知识宝库、黑科技体验感知、零距离消防文化"为研学教育理念，打造五大展区、34个主题展项，是一座集应急、地震、气象、卫生、交通等安全知识为一体，能够普及消防安全常识、展示消防设施运行原理、常见火灾处置及逃生体验，筑牢防灾减灾的安全屏障的基地。

基地是全国首批国家级应急消防科普教育基地之一，被评为消防科技成果示范推广中心、广西第四批自治区级中小学生研学实践教育基地。

基地室内展示场所面积为3780平方米，室外展示场所面积为280平方米；室内部分共分为2层、4个板块，内有AR、VR、数字沙盘、精确投影、多媒体交互等国内先进互动体验技术。基地可还原真实场景，如灾后现场、沉浸空间、消防车驾驶体验、地铁事故逃生、电梯自救处置和烟雾逃生通道，可利用联动VR眼镜、升降装置、光轴重型直线滑轨、缓冲器、警铃、音响系统、烟雾机、警报灯、红外探测系统等设施进行实景体验。基地全年开放150天，单场活动最大接待人数为500人。

课程一：一簇火一场灾（研学学段：小学）

本课程从认识火灾与火灾的危害两个维度出发，让学生了解消防救援队伍的发展历程、火灾的起因、如何正确拨打火警电话、4类火灾的蔓延方式及成灾过程，指导学生绘制消防知识手抄报、连环画，提升学生消防安全意识。

课程二：逃出生天（研学学段：小学、初中）

本课程利用声光电技术，展示火灾、地震、水灾、旱灾、风灾、冰雹、泥石流、山体滑坡等灾害事故，依托沉浸式体验馆模拟灾害发生全过程，使学生身临其境地学习灾害发生时的自救、互救与逃生等方法，做到"知危险、会避险、懂报警"，提高学生应对处置突发事件的能力。

其他课程：一根绳一标识、打早灭小、自救互救、消防员的一天。

 基地地址：广西南宁市良庆区光山路400号。

南国乡村·农村综合旅游景区

南国乡村·农村综合旅游景区分为 7 个主题园区、17 个细分项目。基地将旅游体验、家庭娱乐和研学修习进行结合，把自然研学、农业研学、林业研学、建筑研学、乡村建设研学等研学内容植入每一个细分项目。基地为广西第四批自治区级中小学生研学实践教育基地。

基地已建成全国首个农房建筑科技博物展览馆、壮乡农房民宿、那园休闲农庄、星空露营地等项目。基地设建筑科技展示、建造科技展示、材料科技展示、经典案例展示、智慧农村展示、智慧景观展示、能源科技展示、乡土景观展示等分区，集展示、交流、体验为一体，系统地展示了农房科技、农房示范、农房创意等内容。

基地占地约 46.7 万平方米，配套有多媒体会议室 3 个（可容纳 10～65 人）、大型会议室 1 个（可容纳 140 人）。基地的农房展览馆主厅可容纳 300 人进行科普宣讲，教室配置有齐全的投影仪、音响等教学设备；餐饮区可容纳 2000 人同时用餐；帐篷露营区草坪占地约 6000 平方米，配置有公共洗漱间、公共厕所、应急医疗室和设备房等，可同时容纳 200 顶帐篷（约 400 人）。基地还配套有 DIY 户外柴火灶、烧烤区、窑鸡区、徒步骑行区等开放式区域。

> **课程一：探索建筑博物馆（研学学段：小学）**
>
> 本课程中，学生参观世界博物馆，学习了解世界著名博物馆知识；参观农房建筑科技博物馆，了解建筑科技与生活的密切关联。参加纸屋拼装、手工及绘画活动。
>
> **课程二：星际少年团（研学学段：小学、初中）**
>
> 本课程中，学生参观农房建筑科技博物馆，认识装配式建筑、3D 打印技术等建筑科技，学习建筑的基本类型及其在城市建设中的应用；接受天文科普教育，学习地球与宇宙的奇妙及天文基础知识；观察星空，认识并寻找星座。
>
> 其他课程：小小建筑师。

📍 **基地地址**：广西南宁市武鸣区双桥镇苏宫村那宫屯 288 号。

武鸣嘉沃研学实践教育基地

　　武鸣嘉沃研学实践教育基地不仅是研学基地，还是一家科技产业园，作为拥有一万多名社员的合作社，这两个"硬件"将帮助到此观摩的果农和学子更深入地了解武鸣沃柑的"前世今生"。基地现有特色农家饭菜、自助采摘、农耕体验等项目，秉承"干农家活，吃农家饭，睡农家炕，享农家乐"的经营理念，为社会创造财富、为顾客创造价值。基地为广西第四批自治区级中小学生研学实践教育基地。

> **课程一：沃柑种植采摘体验**（研学学段：小学、初中）
>
> 　　本课程中，学生在研学指导师的引导下进行沃柑种苗的移栽，了解沃柑在不同生长阶段中所需的各类养分；学习对沃柑植株进行修枝剪叶的原理；学习沃柑的采摘方法。
>
> **课程二：百变沃柑**（研学学段：小学、初中）
>
> 　　本课程中，学生在基地的加工厂内学习沃柑的打包方法与注意事项，参观将沃柑制成果汁等各类产品的生产车间。

 基地地址：广西南宁市武鸣区南环路小皇后屯。

桂合蚕桑文化园

桂合蚕桑文化园位于广西农投桂合丝绸有限公司园区内，是集工业旅游、生产研发、品牌展示、商务休闲、科普教育于一体的国家 AAA 级旅游景区。基地配备有蚕桑文化科普区、养蚕体验区、"中国蚕桑丝织技艺"非遗文化体验区、采桑体验区、生产参观通道等区域，可承接亲子和各年龄段学生的蚕桑、丝绸文化体验活动，同时向广大市民提供参观及丝绸产品选购一站式服务。基地为广西第四批自治区级中小学生研学实践教育基地。

基地最多可同时接待学生 1000 人。

课程一：摘桑喂蚕（研学学段：小学、初中）

本课程中，学生亲自投喂蚕宝宝，与蚕宝宝亲密互动，探索生命的奥秘。

课程二：陶艺体验（研学学段：小学、初中）

本课程中，陶艺师手把手对揉泥、拉坯、修坯等制陶工艺流程进行演示指导，学生再亲自动手体验泥块在手中千变万化的制陶乐趣，同时还能在陶器上绘制自己喜欢的图案并涂上颜色，充分感受陶艺文化的无穷魅力。

其他课程：古法缫丝、蚕丝扇 DIY、桑叶拓染、蚕茧艺术创作等。

📍 **基地地址**：广西南宁市邕宁区梁村大道 196 号。

顶蛳山田园风光区研学实践教育基地

顶蛳山田园风光区研学实践教育基地依托顶蛳山田园风光区建立，于2022年11月被列为广西第四批自治区级中小学生研学实践教育基地。顶蛳山田园风光区在2018年作为第十二届中国（南宁）国际园林博览会期间的配套项目建成落地，逐步构建了新型生态旅游度假模式，形成集观光旅游、大健康生态农业、休闲度假及体育娱乐为一体的新型乡村旅游胜地。基地秉持自然生态可持续发展，弘扬古法稻作文化、顶蛳山贝丘文化、非遗传承文化的文化发展理念，开展劳动实践和文化探索活动。

顶蛳山田园风光区曾获三星级汽车营地称号，获批国家AAAA级旅游景区，获评南宁市生态环保科普教育实践基地。

基地占地面积约86.7万平方米。基地的顶蛳山汽车营地能同时容纳300名研学旅行学生用餐，并配套小花园、自驾汽车营位、院落式营位、户外拓展区、波浪泵道、烧烤区等区域。基地还设置了"顶蛳山生榨米粉体验馆"。基地的顶蛳山星空帐篷营地可同时提供28人住宿。基地共有2块大草坪，可同时接待学生3000名以上。

> **课程一：走进"那"文化，回归稻乡梦（研学学段：小学）**
>
> 本课程中，学生通过农耕体验，了解"那"文化与壮族人民的悠久历史，了解水稻的生长过程和应用价值，了解中国的农耕文化、稻田文化。
>
> **课程二：非遗生榨圈"粉"邕宁（研学学段：小学）**
>
> 本课程中，学生进入顶蛳山生榨米粉体验馆，参与制作一碗生榨米粉并品尝。课程以研学引导学生感受南宁的文化底蕴，践行非遗教育，激发学生热爱家乡的情感。
>
> 其他课程：丛林激战、非遗体验·搭建干栏建筑、非遗体验·点米成画、寻迹田园牧歌、走进顶蛳山·探秘新石器时代、走进贝丘遗址·探究陶瓷文化、壮族农耕·稻田一生、陶艺研学·快乐成长。

 基地地址：广西南宁市邕宁区茶泉大道201号（南宁园博园主园区西侧）。

乡村大世界

乡村大世界集餐饮住宿、会议培训、运动休闲、户外拓展、农业采摘、国防教育、研学旅行等多种业态于一体，极具乡土风情，是倡导健康休闲理念的大型综合性生态旅游基地。

基地以"立德树人"为目的，促进学生综合素质、核心素质的提升，注重实践，引导学生主动探究，培养学生的正确价值观，形成并逐步提升对自然、社会和自我之内在联系的整体认识。同时，基地为广西第四批自治区级中小学生研学实践教育基地、南宁市兴宁区中小学生德育实践基地、南宁市少先队校外实践教育基地。

基地占地面积约53.3万平方米，配备有多媒体研学教室5间、多功能厅研学教室1间（可同时接待350人）、多媒体会议室4间（分别可接待120人、80人、60人、50人）。基地可同时接待600名学生开展研学活动，餐厅可同时容纳800人就餐。基地户外拓展设施齐全，拥有3个户外天然草坪（最大的面积为3000平方米）和占地约3.3万平方米的户外野战拓展基地，以及3000平方米室内综合体育馆和可容纳2000人的烧烤场地。

> ⚡ **课程：水稻的一生**（研学学段：小学、初中、高中）
>
> 本课程中，学生通过学习水稻生长知识，体验劳动的艰辛，学会尊重劳动、热爱生活，认识爱惜粮食的重要性，养成勤劳节俭的良好习惯，真正地融入自然、亲近自然、感恩自然、健康成长。
>
> 其他课程：非遗手工

 基地地址：广西南宁市兴宁区三塘南路82号。

广西田野创新农业中小学生研学实践教育基地

广西田野创新农业中小学生研学实践教育基地位于南宁市邕宁区蒲庙镇，是一家以热带水果种植为中心，以农业科技为展示、产品销售为载体，以国际生态农业观光养生养老休闲度假为主的基地。基地被评为自治区无公害水果生产基地、农业科技脱贫攻坚重大专项热带水果科研基地、精准扶贫特色水果产业种植示范基地、邕宁区名优水果标准化生产示范基地。基地为广西第五批中小学生研学实践教育基地。

基地利用田园风光、自然资源、农业资源及环境为载体，以农事活动、水果科普及田园体验等为教学课程，通过寓教于乐的形式增强学生对农村、农业的认知，以农业体验为主线，设计了一系列符合教学要求的课程活动。

目前基地日承载量为 300 人次。基地有可供学生集中见习、体验、休整的场馆场地，包含基地服务中心、室内教学场所、宿舍、餐厅等。

课程一：探秘豆豆（研学学段：初中）

本课程中，学生通过体验制作豆腐的全过程，感受中华传统美食文化的博大精深。

课程二：体验果树医生（研学学段：高中）

本课程中，学生在研学指导师的指导下通过观察、讨论等方式识别现实环境中的百香果病虫害。

其他课程：体验生榨粉制作、体验丰收、水果拼盘我制作等。

 基地地址：广西南宁市邕宁区蒲庙镇广良村屯佃坡。

南宁乘风寨生态农业科技园研学实践教育基地

　　南宁乘风寨生态农业科技园研学实践教育基地是一个集农业、培训、商业、餐饮、马术休闲、研学、劳动教育为一体的大型寓教于乐中心。基地为广西第五批自治区中小学生研学实践教育基地。

　　基地是广西马术协会会员单位，是南宁市开展正规青少年马术赛事的场地，也是南宁市开展青少年马术运动文化学习、体验马术运动魅力、弘扬马术体育精神的场所。

　　基地可用于研学实践教育、劳动教育、停车、餐饮、娱乐等的基础设施齐全，单日最大接待 1500 人。

> **课程一：体验马术文化，培育儒雅少年**（研学学段：小学）
>
> 　　本课程中，学生通过观看视频等方式，了解马术竞技的大致种类及基本规则；通过观察、体验，初步掌握简单的马术竞技知识，学会正确穿戴马术竞技的服装、护具等配套器材。
>
> **课程二：学习马匹护理，亲近动物朋友**（研学学段：初中）
>
> 　　本课程中，学生通过观察、体验等方式，了解马匹的日常饲养过程，并在研学指导师的指导下，完成从马匹饲料准备到喂养的全过程；学习马匹用具的日常养护；初步了解马匹的习性。
>
> 　　其他课程：分享喜悦庆丰收——玉米采收课程、对话广西壮族先民——骆越文化的学习与传承。

📍 **基地地址**：广西南宁市良庆区那马镇共和路 6 号（竹泉岛景区）。

周顺来·中国茉莉花文化产业园研学实践教育基地

　　周顺来·中国茉莉花文化产业园研学实践教育基地以中华茉莉园入选首批国家现代农业产业园、横州市校椅镇成为第二批全国特色小镇（茉莉小镇）为契机，大力推进周顺来·中国茉莉花文化产业园的建设。基地以茉莉花为主题，集农业观光、工业旅游（体验）、文化博览于一体，为广西第五批中小学生研学实践教育基地。

　　基地配套建有游客中心、停车场、茉莉花文化广场、中国茉莉花茶展览馆、包装车间、生产车间、电子商务科研室、物流仓库等基础设施。可同时容纳约 300 人进行研学实践活动。基地有多间独立授课教室，且配备有现代化教学设备。

课程一：茉莉花种植与栽培（研学学段：小学、初中）

　　课程主要通过学生参与栽培茉莉花，引导学生进行思考并提出疑问，从而进行茉莉花种植的探究活动，使学生了解茉莉花、了解我国茉莉花茶生产的现状，提高其自主探究问题的能力。

课程二：好花窨好茶　顺来茉莉花（研学学段：初中、高中）

　　本课程中，学生通过认识横州市茉莉花产业、参观茉莉花种植区、采摘茉莉花、亲手制作茉莉花茶，体会我国博大精深的花茶文化。

　　其他课程：我为茉莉花茶来带货、茉香奶茶制作手艺、茉莉花香包、茉莉花制作香水等。

 基地地址：广西南宁横州市校椅镇校椅南街 461-1 号。

柳州市

柳州市气象局

　　柳州市气象局是公益性、科研型、基础性的事业单位，建有气象科普模型展厅、天气预报制作展厅、地面气象站自动观测体验场、小主持人报天气体验馆、气象科普报告厅等科普展教设施；组建有一支由气象科技工作者和播音主持科班出身的讲解员组成的科普志愿服务队，研学实践设施齐备、师资力量雄厚。2014年以来，柳州市气象局先后被评为广西科普教育基地、柳州市科普教育基地、全国气象科普教育基地、广西首批中小学生研学实践教育基地，并被评为全国优秀气象科普教育基地。

　　基地可同时接待学生50人，建有以展示现代气象技术为主的气象科普模型展厅、以天气预报如何制作为主的天气预报制作展厅、以地面气象观测为主的地面气象站自动观测体验场、以互动体验为主的小主持人报天气体验馆、以气象科普教学为主的气象科普电教厅、以展示雷达监测为主的天眼测风云科普展厅、藏书达2000余册的气象科普阅览室和科普报告厅等，总面积1200余平方米。

课程一：地面气象观测体验（研学学段：小学、初中）

　　本课程中，学生实地参观地面自动气象观测场，由科普讲解人员介绍百叶箱、风塔、雨量筒、能见度仪、闪电定位仪等各式各样的精密气象观测仪器，学生在研学指导师的带领下学习读取气温、气压、空气湿度、风向风速、降水、日照、能见度等气象数据。

课程二："气象小主播"体验（研学学段：小学、初中）

　　本课程中，学生在气象专家的指导下，结合天气特征及公众关注热点，撰写《天气预报》节目演播稿，并进入小主持人报天气体验馆进行《天气预报》节目播报体验。

　　其他课程：气象科普小课堂。

基地地址：广西柳州市柳北区庆丰路 5 号。

柳州白莲洞洞穴科学博物馆

柳州白莲洞洞穴科学博物馆（以下简称"白莲洞博物馆"）是一座以白莲洞石器时代文化遗址为基础建立起来的专题博物馆。自成立以来，白莲洞博物馆先后被评为中国生态协会生态旅游示范试验区、中国华侨国际文化交流基地，是广西师范大学、广西科技大学及柳州市各中小学等50多所学校的社会实践基地。白莲洞博物馆于2020年被评为国家AAAA级旅游景区，2021年获评广西第二批自治区级中小学生研学实践教育基地，2022年被评为全国科普教育基地。

白莲洞博物馆占地面积6万多平方米，其中陈列展览面积近4000平方米，白莲洞岩溶地质景观参观线路全长约1500米；设有多媒体教室（可同时接待170人）、研学专用教室（可同时接待150人）、休闲广场（可同时接待300人），可同时接待500名学生开展研学活动。此外，白莲洞博物馆设有恐龙、巨犀等史前动物模型互动区，开放式户外阳光大草坪，游客咨询中心等区域。

> **课程一：地球·往事——古生物演化陈列（研学学段：小学、初中、高中）**
>
> 本课程中，学生通过聆听展馆导览员讲解，填写研学手册，了解生命起源的奥秘，了解古生物演化的历程，认识在演化中有重要意义的各种神奇又有趣的史前动物、植物。
>
> **课程二：探古乐园（研学学段：小学、初中）**
>
> 本课程中，学生通过体验白莲洞人的生产生活，感受柳州先民在史前时期筚路蓝缕的奋斗历程，并参与考古入门、模拟考古发掘、原始制陶、钻木取火、植物拓染、史前岩画等多项研学活动。
>
> 其他课程：洞穴·家园——柳州史前文化陈列、行走的史前巨兽、图腾笔筒、木版年画等。

 基地地址： 广西柳州市鱼峰区柳石路472号。

柳州园博园

柳州园博园是一座集园林园艺、民族文化、科普科研、旅游展览、生态展示于一体的公益性公园，是国家 AAAA 级旅游景区、全国科普教育基地、优秀全国科普教育基地、广西壮族自治区绿色环保教育基地、广西壮族自治区生态环境科普基地、广西第二批自治区级中小学生研学实践教育基地。

柳州园博园拥有花海、棕榈园、水生植物展园、低碳生活体验馆、植物科普展览馆、社会主义核心价值观展览馆等室内外研学实践教育场所，园区以引领大众美好生活方向为理念，以保护自然生态和发展园林事业为目标，结合自身资源特色，长期针对中小学生开展形式多样、内容丰富的研学实践教育科普活动，培养青少年热爱自然、保护自然的责任感及爱国爱家的主人翁意识。

柳州园博园绿化面积近 40 万平方米，种植有 390 多种植物，建有花海观赏区，以及紫薇、桂花、棕榈、芳香植物等专类植物园；水域面积 12 万平方米。基地最多可同时接待学生 300 人。

课程一：植物大观园（研学学段：小学、初中）

课程根据学生的年龄段和认知水平设计植物科普游览线路，由研学指导师带领学生参观并进行讲解，以理论结合实物、问答互动等方式帮助学生掌握相关植物和环保知识。

课程二：棕榈科植物科普（研学学段：小学、初中）

课程通过生动有趣的科普讲解，使学生了解棕榈科植物的分类、形态特征及生长习性等知识，体验自然生态之美，培养热爱自然的意识。

其他课程：低碳生活体验。

基地地址：广西柳州市鱼峰区博园大道 35 号。

融水苗族自治县七彩生态农业教育基地

融水苗族自治县七彩生态农业教育基地是一家集吃、住、疗、休、养、娱、研学、劳动教育、农业观光与生态养殖为一体的特色休闲基地。学生可以现场学习乡村振兴的先进经验做法和理念模式，了解乡村振兴、基层治理、生态文明、文旅融合等方面取得的成效。基地为广西第二批自治区级中小学生研学实践教育基地。

基地最多可同时接待学生 500 人。

课程一：探究中华九大仙草之首——铁皮石斛（研学学段：小学、初中、高中）

本课程中，学生以铁皮石斛为线索，学习和探索铁皮石斛的生长（铁皮石斛形态特征、生长环境、采摘方式等）、用途（泡茶、榨汁、制作面点等）和产品销售（市场规律、扶贫政策），了解产业扶贫的概念与应用。

课程二：开心农场——七彩农耕体验（研学学段：小学、初中、高中）

本课程中，学生体验传统农耕（播种、秋收）、现代农业（鱼菜共生）、田园艺术（创意田园）等活动。

其他课程：生命安全与户外生存。

基地地址：广西柳州市融水苗族自治县融水镇新国村古选屯环城北路七彩农场。

柳州螺蛳粉小镇

柳州螺蛳粉小镇是以农业实践为核心的教育基地，是国家级现代农业产业园、国家农村产业融合发展示范园和柳州市螺蛳粉原材料生产示范基地核心区域，也是全国独一无二的螺蛳粉小镇田园综合体。

基地以螺蛳粉原材料种植产业为核心开展农耕实践课程，是有别于其他农业实践教育基地的一大特色。基地为广西第三批自治区级中小学生研学实践教育基地和广西校外中小学生劳动教育实践基地。

基地占地面积约 143 万平方米，开放有 33.3 万平方米的稻螺种养基地、1.33 万平方米的湿地生态园、6.7 万平方米的户外拓展和野炊区、1 万平方米的大草坪、2000 平方米的风雨大棚、建筑面积 1.56 万平方米的接待中心。

基地接待中心有 23 间 30 ～ 100 平方米的教室、800 平方米的无柱式多功能活动室、近 300 个标准化餐位的餐厅。基地全年开放，可同时接待 3000 人开展研学、劳动教育、拓展、亲子、党建等活动。

课程一：大米的前世今生（研学学段：小学）

本课程中，学生通过观察并亲自动手插秧、除草、施肥、收割，以及米饭及米制品的制作，了解和体验大米的生产加工过程，感受生产劳动的艰辛与收获的快乐，认识并学会使用简单的劳动工具。

课程二：可爱的螺蛳（研学学段：小学）

本课程中，学生通过摸螺蛳、观察螺蛳、饲养螺蛳、制作螺蛳食品等活动，了解螺蛳的特点及生活习性，探究螺蛳与水稻及稻田其他生物之间的关系。

其他课程：竹海寻宝、有趣的扎染、螺蛳陶艺、包"螺"万象、螺蛳粉的一家、种菜的学问、小螺蛳大产业、编制梦想、真的好"菜"。

 基地地址： 广西柳州市柳南区太阳村镇柳南区委党校内。

广西螺霸王食品科技有限公司

广西螺霸王食品科技有限公司是以螺蛳粉文化为核心，集工业文化旅游和爱国主义教育为一体的综合性研学实践教育基地。基地主要由螺霸王螺蛳粉文化展览馆、螺蛳粉透明车间、螺蛳粉自助体验馆三大部分组成，是一家以弘扬螺蛳粉特色产业文化为主题的新兴工业旅游研学基地，也是广西第三批自治区级中小学生研学实践教育基地和柳州市校外中小学生劳动教育实践基地。

基地最多可同时接待学生 400 人。

课程一：手工包装螺蛳粉活动（研学学段：小学、初中、高中）

本课程中，学生学习预包装螺蛳粉配料组成，认识螺蛳粉独特美味的奥妙，体验预包装螺蛳粉的分拣、装袋及封口环节，制作一份袋装螺蛳粉。

课程二：采摘竹笋（研学学段：小学、初中、高中）

本课程中，研学指导师向学生介绍竹笋的相关知识、采笋标准、工具使用方法、安全注意事项后，给学生分配采笋工具、防护用具等，让学生动手采摘竹笋。此课程可提高学生的社会实践能力和劳动能力。

其他课程：螺蛳粉自助烹饪体验活动、腌制酸笋、黏土螺蛳粉 DIY、一粒米的米粉变身记、流水线上的网红、螺蛳粉的前世今生等。

 基地地址：广西柳州市鱼峰区葡萄山路 1 号。

广西启迪科教基地

广西启迪科教基地是一所以科技创新体验为核心的研学实践教育基地，在研学课程内容的选择上，注重科技引领、实践赋能，以问题为导向，围绕科学探究的要素，提供开放性、结构性的材料，为学生开展研学实践活动提供丰富的课程资源。基地为广西第三批自治区级中小学生研学实践教育基地。

基地以科技城3号楼为主体，建设"体验＋教学＋实践"三位一体的研学楼。研学楼建筑面积达6572平方米，目前建有综合体验区、科普活动主题区、物联网探究主题区、生物多样性探究主题区等研学主题区，每个研学主题区可同时容纳100～200人。基地配备有园区食堂，可同时容纳400人用餐，基地还拥有户外广场、户外草坪和岜公塘湿地公园等户外活动教学场地。

> **课程：物联网探究主题课程（研学学段：小学、初中）**
>
> 本课程配备有一个智能家居体验室及258个编程实验套件，可根据学生的认知发展水平设计不同的编程实验，可组织学生体验、动手编程，如智能红绿灯、自动浇花湿度传感器等。
>
> 其他课程：工业智造之桥梁设计、科普主题探究课程。

基地地址：广西柳州市柳江区兴柳路启迪科技城3号楼。

柳州职业技术学院中小学生研学实践教育基地

　　柳州职业技术学院中小学生研学实践教育基地依托柳州职业技术学院建立。柳州职业技术学院是1998年全国首批全日制综合性高等职业院校，是全国100所国家示范性高职院校之一、国家优质专科高等职业院校、国家"双高计划"建设单位，是全国职业院校教学管理50强、学生管理50强、教学资源50强、怡佩克奖"中国高校产教融合50强"院校。学校是自治区级、市级首批中小学生劳动教育实践基地，广西第四批自治区级中小学生研学实践教育基地，国家"1+X"研学旅行策划与管理职业技能证书制度试点单位及牵头院校，建立有研学旅行研究工作室，获柳州市教育局授牌"柳州市大中小学劳动教育研究中心"，具有扎实的中小学生校外实践教育基础。

　　基地单日研学活动最大接待人数为2000人。基地设有食堂4个，可同时容纳1.2万人就餐；校内培训公寓酒店可接待200人住宿，寒暑假时学生公寓能同时接待1万人入住，平时可接待500名学生住宿。学校现有社湾校区和官塘校区两个校区，占地面积74万平方米，具有宽敞的场地、场馆和齐全的公共基础服务设施，会议室、多功能厅、多媒体教室和教辅配套设施设备充足。学校建有14栋综合性教学实训大楼、2个大型现代工厂车间，建有1个综合体育馆、2个标准田径场、1个户外拓展基地、1个大型风雨球场和20多个篮球、排球和网球场等室外运动场所，建有2个图书馆、2个综合服务中心和2个学生活动中心，还有约4000平方米的花园草坪，能满足研学实践教育的要求。

> **课程一：柳州汽车工业发展（研学学段：小学）**
>
> 　　本课程基于柳州区域经济支柱产业汽车产业，聚焦于汽车工业的智能物流业发展，向小学的高年级学生讲解柳州汽车工业的发展历史与现状。
>
> **课程二：探工程机械奥秘，展少年风采——工程机械技术职业体验（研学学段：小学、初中、高中）**
>
> 　　本课程依托学校与柳工集团合作共建的"柳工—柳职院全球客户体验中心"基地而研发，面向小学、初中、高中学生开展各类工程机械技术职业体验活动。
>
> 　　其他课程：工业机器人应用体验、金工创意制作——金属工具与零件制作、螺蛳粉的前世今生、扎染技艺体验、陶艺技艺体验、木工技艺体验、航空舱职业体验、食品烘焙体验、环保卫士职业体验、民族体育体验。

基地地址：广西柳州市鱼峰区社湾路 28 号。

金石研学实践教育基地

金石研学实践教育基地依托柳州市第二职业技术学校建立。柳州市第二职业技术学校创建于 1984 年，坐落于柳州市官塘职教园区，是柳州市教育局直属的全日制中职学校、"十四五"广西中等职业学校五星级学校。建校以来，学校主动适应区域产业结构转型升级和社会发展需要，以培养高素质技术技能型人才为己任，积极探索"1+X"证书试点、现代学徒制等多种人才培养模式，形成了面向本地重点产业、优势产业和战略性新兴产业的物流服务与管理等品牌专业。基地为广西第四批自治区级中小学生研学实践教育基地。

学校占地面积 30.5 万平方米，总建筑面积超 22 万平方米，有全日制在校生约 1 万人，开设有幼儿保育、物流服务与管理、新能源汽车运用与维修等 23 个专业。学校现有全国中职示范专业 4 个，自治区品牌专业 2 个，全国"1+X"证书试点 10 个。基地最多可同时接待学生 500 人。

课程一：感受侨批文化，追寻侨批精神（研学学段：小学、初中、高中）

本课程中，学生在学校老师的带领下参观学校侨批纪念馆，通过观看视频、阅读书籍、参观实物，感受侨批文化的魅力。

课程二：青少年 RC 赛车训练营（研学学段：小学、初中、高中）

本课程中，学生学习和体验 RC 赛车（无线电控制的模型赛车）改装、DIY 赛车定制、赛车零部件 3D 打印技术，认识赛车零部件，了解赛车知识，制作改装一台自己的赛车并参加 RC 赛车训练赛事。课程通过训练营提升学生动手能力，了解最新赛车科技，开发学生思维。

其他课程：走进乘务（动车知识探索）。

 基地地址：广西柳州市鱼峰区石冲路 6 号。

桂林市

桂林甑皮岩遗址博物馆

桂林甑皮岩遗址博物馆有两个常设展览："桂林·山水家园"和"邓小平与甑皮岩——甑皮岩遗址保护利用之路"。"桂林·山水家园"由十个单元组成，展出了甑皮岩先民头骨、12000年前陶容器、万年桂花籽、桂林广西鸟、秀丽漓江鹿等500余件重要遗物标本，以实物静态展示和多媒体动态展示相结合的形式，全方位、多角度展示以甑皮岩遗址为代表的桂林史前文化的来龙去脉。这些文化遗存向世人讲述了甑皮岩先民安居洞穴、采集渔猎、发明陶器、生死同穴的神奇故事，向世界展现了来自桂林的万年智慧。博物馆为广西首批自治区级中小学生研学实践教育基地。

桂林甑皮岩遗址博物馆占地面积12259平方米，由遗址保护展示区和配套综合服务区组成，建有甑皮岩遗址展示馆、甑皮岩遗址、小平足迹馆、智慧女神雕塑广场、甑皮岩先民生产生活雕塑群、万年智慧体验馆、穿越万年体验馆、"少年考古"乐园、时空隧道影院、万年智慧演艺场、综合服务中心等。基地最多可同时接待学生500人。

课程一：参观展示馆的基本陈列——桂林·山水家园（研学学段：小学、初中、高中）

本课程中，学生可以系统地了解以甑皮岩人为代表的桂林史前先民的生产、生活，课程重点介绍甑皮岩人的"万年智慧"及其历史影响。

课程二：参观甑皮岩遗址（研学学段：小学、初中、高中）

课程介绍桂林先民在居址选择上的智慧，介绍屈肢蹲葬、用火等遗迹现象，引导学生思考甑皮岩洞穴的宜居性及先民的生存模式。

课程三：参观小平足迹馆（研学学段：小学、初中、高中）

本课程中，学生了解一代伟人邓小平视察、关心甑皮岩遗址保护的相关情况，了解甑皮岩遗址在国家的大力支持下，从岌岌可危的防空洞变成国家文化名片的风雨历程。

 基地地址：广西桂林市象山区甑皮岩路26号。

桂林市中小学生示范性综合实践教育中心（营地）

  桂林市中小学生示范性综合实践教育中心为全国中小学生校外研学实践教育营地、广西首批自治区级中小学生研学实践教育基地，开发了面向生活、贴近学生、注重实践、开放多元的研学实践活动课程新体系，开发了 101 门综合实践活动课程，与桂林 86 家景区场馆建立了研学实践教育合作关系，打造出全域研学的新模式，拥有传统文化、历史文化、红色教育、生态自然、劳动教育等七大板块 59 条研学精品线路和 78 门研学精品课程。

  桂林市中小学生示范性综合实践教育中心占地面积 12.13 万平方米，总建筑面积 28960 平方米，由室内综合活动区、室外实践区、综合训练区、生活区 4 个部分组成，水电、消防、通信、网络等配套设施齐全；拥有学生宿舍 110 间（12 人间）、标准间 16 间，配有宿管员 7 人。学生食堂有就餐位 1400 个，食堂服务人员 24 人。

> 💬 **课程一：桂林团扇**（研学学段：小学、初中、高中）
>
>   本课程是以桂林团扇为主题的探秘桂林的课程，能够让学生了解本土的画扇艺术，激发学生对家乡的热爱。
>
> 💬 **课程二：蔬菜种植**（研学学段：初中、高中）
>
>   本课程是以传统农业种植、温室大棚、无土栽培为主题的劳动教育课程，能够让学生树立正确的劳动观念，掌握必备的劳动能力，养成良好的劳动习惯。

📍🔍 **基地地址**：广西桂林市临桂区会仙镇新立村委烂桥堡村。

广西壮族自治区桂林图书馆

　　广西壮族自治区桂林图书馆是研究性学习与沉浸式阅读相结合的综合性研学实践教育基地，也是自治区级综合性公共图书馆、国家一级图书馆、全国古籍重点保护单位、全国人文社会科学普及基地、全国科普教育基地。图书馆的馆藏资源丰富，现馆藏纸本文献超过 360 万册，以少数民族旧文献、地方历史文献、抗战时期桂林出版物等为特色馆藏；地方特色资源丰富，以本土特色民俗文化为底蕴，自制广西传统村落、桂林古迹、桂林山水文化、广西边关文化、广西红色历史文化、广西百工等多个地方特色数字资源专题片。图书馆为广西第二批自治区级中小学生研学实践教育基地。

　　基地最多可同时接待学生 100 人。

> **课程一："匠心·传承"——传统手工技艺（研学学段：小学、初中、高中）**
>
> 本课程包括雕版印刷技艺体验、石刻传拓技艺体验、古籍装帧传统技艺体验。
>
> **课程三："铭记·历史"——桂林抗战文化（研学学段：小学、初中、高中）**
>
> 本课程中，学生通过学习桂林抗战历史文化，了解广西桂林图书馆抗战经历。
>
> **课程三：信息素养教育课堂（研学学段：小学、初中、高中）**
>
> 本课程内容为学习信息检索概念、学习信息检索方法与技巧、实操数字资源检索。

📍 **基地地址**：广西桂林市临桂区凤凰路一院两馆。

广西师范大学职业技术师范学院
中小学生研学实践教育基地

广西师范大学职业技术师范学院中小学生研学实践教育基地为广西第二批自治区级中小学生研学实践教育基地。

基地依据中小学科学技术教育和劳动教育的要求，基于职业师范专业建设的基础，结合校企深度融合的各类教学资源，从职业角色体验角度出发，以"走近职业，筑梦未来"为主题开发研学课程，开展科学技术和职业启蒙教育。

课程一：美丽下午茶（研学学段：小学、初中）

本课程内容为观察、品尝西点，学习咖啡与茶的创意、摆台艺术，制作餐品和咖啡，体验小咖啡师，锻炼学生的动手操作能力和审美、创造能力。

课程二：广西民族工艺初探（研学学段：小学、初中）

本课程中，学生通过学习揉、搓、捏等陶艺制作方法，自由改变陶土形状，激发自身的探索精神，增强艺术感知力和眼、脑、手的协调性。

其他课程：机器人设计师、电动汽车大揭秘、民族扎染手作。

📍🔍 **基地地址**：广西桂林市七星区育才路 15 号。

桂林乐满地——中小学生研学实践教育基地

桂林乐满地——中小学生研学实践教育基地（以下简称"乐满地研学基地"）是一所集山水、革命文化于一体的研学实践教育基地，位于广西桂林市兴安县，为国家 AAAAA 级旅游景区、中国自驾车旅游品牌十大景区、首批全国旅游标准化试点景区。基地为广西第二批自治区级中小学生研学实践教育基地。

基地占地面积 400 万平方米，包括主题乐园、度假酒店、高尔夫俱乐部。基地酒店及宿舍共有床位近千张，大小会议室 11 间，其中拥有 405 平方米的多功能会议室 1 间（可同时接待约 600 人）、普通教室 2 间（每间可接待 20～30 人）。基地可同时接待 1000 名学生开展研学活动，三个餐厅可同时容纳 600～1000 人就餐。

课程一：重走长征路——我是小红军（研学学段：小学、初中）

本课程通过情景模拟体验长征战役，让学生感受伟大革命的艰辛历程，培养学生乐于吃苦、坚忍不拔、自强不息、勇往直前的长征精神；引导学生体会团结合作、迎难而上的精神，促进学生德、智、体、美、劳全面发展。学生通过观看电影了解中国红军长征和湘江战役的历史，培养爱国主义情操，发扬光荣传统精神。

课程二：自然生态——园林守护者（研学学段：小学、初中）

本课程以徒步观察这种趣味性的教学方式，让学生全程保持高度的积极性与学习热情。学生通过教学了解茶花的品种，通过游戏环节熟知茶花生长条件及药用价值，并深入了解自然与人类之间相互依存的关系，学会尊重自然，树立正确的价值观。

其他课程：广西特色建筑——风雨桥、古韵文化——穿越秦宋、科技体验——3D 影像科技体验等。

 基地地址：广西桂林市兴安县志玲路。

桂林大碧头中小学研学实践教育基地

桂林大碧头中小学研学实践教育基地以山水田园文化和桂北民俗文化为核心，是集休闲农业、民俗文化、运动健身、康养度假为一体的综合性研学实践教育营地。基地风光秀丽、民俗文化底蕴深厚，被评为广西第二批自治区级中小学生研学实践教育基地、广西中小学生劳动教育实践基地、桂林市劳动教育营地。同时，基地为广西第四批自治区级中小学生研学实践教育基地。基地依托国家 AAAA 级景区全州大碧头国际旅游度假区建设，研学资源非常丰富。

基地占地面积约 828 万平方米，建设有多功能室内场地、主题性室外场地，可同时满足学生学习、体验、休息、饮食等需求。基地设有停车场 12 个，可同时停放大小车辆 3000 余辆；食堂可同时接待 500 余人用餐。基地有多功能厅 2 个，配备有投影仪、音响、话筒等，可同时满足 500 人的培训需求；还有大面积草地，可一次性接待 2000 余人开展研学实践教育活动。

课程一：弘扬中医药文化，普及中草药知识（研学学段：小学、初中）

本课程中，研学指导师带领学生了解中草药的外形、生长采收季节，以及中草药根、茎、叶的区别，不同中草药的习性及功效，普及生活中常见中草药的功效及用法等，同时让学生学会采收、晾晒和收藏中草药。

课程二：探索地热层的奥秘——"锶"温泉（研学学段：初中、高中）

本课程中，学生在研学指导师的带领下，进入云田养生温泉，了解温泉的相关知识；了解温泉的定义、形成、功效，以及泡温泉的礼仪和注意事项等。

其他课程：走进百年古村，传承桂北文化。

基地地址：广西桂林市全州县庙头镇李家村委大碧头村。

恭城牛路头综合性实践活动教育基地

恭城牛路头综合性实践活动教育基地以多样化的课程为载体，设有国防教育、红色教育、农耕劳作、团队拓展、亲子互动、夏（冬）令营等主题类活动，为青少年成长教育提供了丰富多彩的实践平台。基地设有军事训练区、实践体验区、素质拓展区、农业种植区、瓜果采摘区、亲子互动区及大小会议室等，为恭城瑶族自治县及周边县区素质教育的拓展延伸做出应有的贡献。基地为广西第二批自治区级中小学生研学实践教育基地。

基地最多可同时接待学生 800 人。

> 🗣 **课程：步步高（研学学段：小学）**
>
> 本课程中，学生配合协作，将形状不规则的木头按照顺序堆叠至一定的高度，并且在移动行进过程中不允许掉落。该课程可以使学生增强相互配合的意识、感受团队合作的重要性。
>
> 其他课程：蔬菜种植、飞夺泸定桥。

 基地地址：广西桂林市恭城瑶族自治县平安乡牛路头五星级乡村旅游区。

桂林和记低碳农业研学基地

桂林和记低碳农业研学基地是以自然生态为核心的研学实践教育基地，也是广西第二批自治区级中小学生研学实践教育基地。基地依托自有的 13 项发明专利技术，独创和记负碳循环农业发展模式，主营有机农产品生产销售、农业废弃物综合利用、水环境生态治理、豆文化、农旅一体化五大板块业务。基地在自然农法、生态智能农业、盐碱地改良、再生能源利用、水环境治理、水葫芦综合利用、生物质加工等方面成绩显著。

基地最多可同时接待学生 600 人。

> **课程一：农耕文化（研学学段：初中）**
>
> 本课程结合课本上有关传统农耕、农事的知识，按照四季农耕习俗设计了春耕、夏耘、秋收、冬藏的体验活动，使学生在参与活动的同时能够了解农民耕种的辛劳。
>
> **课程二：豆文化体验——挖掘豆类的秘密（研学学段：初中）**
>
> 本课程通过学生参观大豆文化馆和学习豆制品的制作过程、研学指导师讲授演示、学生动手实践等方式，让学生对大豆的种植、生产过程及营养价值有全面的认识。
>
> 其他课程：废弃物循环利用、绿色蔬菜种植。

基地地址：广西桂林市秀峰区桃花江北路燕山桥头。

三千漓中国山水人文度假区

三千漓中国山水人文度假区于 2021 年 3 月被评为广西第二批自治区级中小学生研学实践教育基地。基地目前已落成徐悲鸿艺术馆、广西民族博物馆文创基地、桂林团扇展、曹邺诗文展、凤凰戏台、古艺文化体验中心、临阳联队红色史料馆等多个文化场馆，并配有"自然植物园""三千童梦园"大型户外拓展乐园。

基地本着"立德树人"的研学实践教育宗旨，努力打造成广西示范性研学实践教育基地。基地最多可同时接待学生 1500 人。

> 🔴 **课程一：红色文化**（研学学段：小学、初中、高中）
>
> 本课程中，研学指导师给学生讲述临阳联队在抗战时期为保卫临桂、阳朔等桂东北人民生命财产安全贡献了力量，赢得了当地人民群众的拥护与爱戴，为桂东北的抗日武装斗争写下了灿烂篇章的故事，带领学生用红色舞蹈《临阳颂》来歌颂革命英雄，向临阳英雄致敬。
>
> 🔴 **课程二：千年团扇**（研学学段：小学、初中、高中）
>
> 本课程中，研学指导师给学生讲述团扇承载着的丰富而鲜活的岭南文化历史，让学生了解团扇是民族文化复兴和文化整体可持续性发展的源泉，对于增强民族文化认同、增强文化自信均有着重要的意义。

📍🔍 **基地地址**：广西桂林市阳朔县兴坪镇凤凰路 1 号。

桂林市顺昌食品有限公司（桂花公社）

桂林市顺昌食品有限公司（桂花公社）投资建设的桂林桂花公社景区是国家 AAAA 级旅游景区，集桂花文化展示与体验、桂花科普与研学于一体，通过立体化的桂花文化展示、深度的桂花文化体验，塑造了鲜明的桂花文化旅游形象。基地充分利用桂林桂花资源，通过讲好桂花的故事，挖掘桂花的价值，传播桂花的文化，树立桂花的品牌，开创桂林"旅游＋文化""旅游＋研学""旅游＋工业""旅游＋食品"新的研学旅行发展模式。基地为广西第三批自治区级中小学生研学实践教育基地。

基地由桂花文化体验馆、桂花主题公园、桂花树下度假酒店三部分组成。其中桂花文化体验馆以桂花文化及科普知识为主题，带给学生沉浸式声、光、电体验，是文化与科技交融的体验中心。

基地最多可同时接待学生 650 人。

 课程：探秘桂花传浓情（研学学段：小学、初中、高中）

本课程由研学指导师讲解，学生近距离观察园区内的百年桂花树，了解桂花树的品种、特性、培育知识，以及桂花种子的调制与储藏方法。学生通过观看桂花文化体验馆的史料、图片、多媒体影片等，了解桂花的起源、分布、种类及生长环境，初步认识桂花的功效及其在食品中的运用。

其他课程：探秘桂花传浓情——食品达人我践行、探秘桂花传浓情——精油皂的制作。

 基地地址：广西桂林市秀峰区阳江路 18 号。

桂林旅游学院（营地）

桂林旅游学院位于桂林市雁山区，是港澳青少年游学基地、广西第三批自治区级中小学生研学实践教育营地。桂林旅游学院创办于1985年，2021年成为广西壮族自治区人民政府、文化和旅游部共建高校，是我国两所独立建制的全日制公办旅游本科院校之一。

校园总面积125.72万平方米，全年开放天数可达300天，每年可接待5000余名中小学生参加研学实践教育。

课程一：高尔夫运动体验（研学学段：小学、初中）

本课程中，学生通过对高尔夫球的体验与学习，培养做事认真、坚定的态度，培养果断和自信的意志，提高自我反思能力。

课程二：陶艺文化体验·传承非遗文化（研学学段：小学、初中）

本课程中，学生了解泥塑历史、技艺，增强对传统文化的热爱；学习泥塑的制作流程、用料、制作方法，观察泥塑的制作与陶器制作的异同点，培养观察能力和欣赏能力；学习泥塑的保养及其传承的意义，增强对我国非遗文化的了解，认识到保护非遗就是保护中华民族的文化血脉，宣传我国的非遗文化。

课程三：导游、旅游交通职业规划体验（研学学段：小学、初中）

本课程以导游实训室和广西典型文化遗产实训室为依托，在导游才艺、职业平等观、职业规划意识、广西文化遗产等方面对学生进行实地教学，让学生对职业发展规划、文化遗产有所认识，助力学生核心素养的养成。

其他课程："七玄乐府"的《小星星》、酒店管理职业体验——传承饮食文化·争当礼仪青年、参观广西旅游博物馆——争当家乡小小宣传员等。

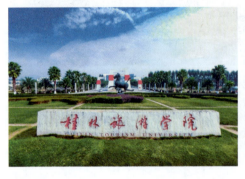

基地地址：广西桂林市雁山区良丰路26号。

桂林市乡谣里中小学生实践教育基地

桂林市乡谣里中小学实践教育基地是广西农垦集团有限责任公司立足自身优势打造的自主中高端农旅品牌项目。基地以农业为产业基础，"立足农，深耕农，提升农"，以农耕文化、自然科普、生态田园、美丽乡愁等为主题，推动农文旅融合发展，带动农业提质增效。

基地设置有高端康养度假区、户外研学基地、星空营地、丛林穿越、农事体验区、水果采摘区、知青部落、古法手作工坊等，是广西休闲农业与乡村旅游示范点、广西第四批自治区级中小学生研学实践教育基地。

基地总占地面积约 40.2 万平方米，其中农耕体验基地约 21 万平方米，蔬菜种植基地约 5.2 万平方米，民族文化教育基地约 8.3 万平方米，柑橘采摘园约 3.3 万平方米；设有多媒体教室、研学工坊、食堂等区域，拥有多功能大会议室 1 间（可接待 300 人）、多媒体会议室 1 间（可接待 30～50 人）、研学工坊 1 间（可接待 50～100 人）。基地可同时接待 500 名学生开展研学活动，餐厅可同时容纳 400 人就餐。此外，基地还拥有户外自助厨房、烧烤棚、演艺大舞台、羽毛球场、气排球场、古法制作作坊、开放式户外草坪等丰富的硬件设施。

课程：劳动最光荣·走进农业小课堂（研学学段：小学）

本课程中，学生可直接体验从简单劳动、原始劳动到复杂劳动、创造性劳动的农业生产发展过程，学会使用工具，掌握相关技术，感受劳动创造的价值，增强产品质量意识，体会平凡劳动中的伟大。

其他课程：学习农业知识 感受科技力量、探究蔬菜王国 感受蔬菜魅力、"棚"程万里、绿色健康赋能食品安全、安"橘"乐业、三产融合的现代农业发展新思路探究、我是民宿小管家 细节服务很重要、我是景区讲解员、田园风光美如画等。

基地地址：广西桂林市雁山区良环西路 18 号。

桂林泽华农业技术职业培训学校

　　桂林泽华农业技术职业培训学校是一个集古典庄园鉴赏、传统农业与现代农业的观光体验、实践与科研于一体的多功能实训基地。基地以传统园林景观与农业生产、农业观光联合开发项目为抓手，完善观光农业经营实训基地和果蔬花卉生产技术实训基地，将基地各主要功能片区、景观节点有机整合，形成完整的研学实践教育基地综合体。基地基于传统农耕文化、现代农艺技术以及众多中华优秀传统文化等特色资源，开发设计了 12 个可以满足小学、初中、高中不同学段的学生开展研学和劳动实践教育的主题课程。基地为广西第四批自治区级中小学生研学实践教育基地。

　　基地占地面积约 24.49 万平方米，共分为七大主要功能区：观光农业经营实训基地、果蔬花卉生产基地、雁山园、研学实验楼、学生宿舍、学生食堂、拓展活动场地。基地可同时接待 600 人开展研学活动，食堂可同时容纳 1000 人就餐。此外，基地还拥有户外美食长廊、拓展设备道具（滚铁环、步步高升、不倒森林、攀岩、独木桥）、开放式户外草坪等丰富的硬件设施设备。

课程一：传承农耕文化，体验现代农业（研学学段：小学、初中、高中）

　　本课程中，学生通过农事科普教育，认识农具和了解其使用方法；通过农事活动体验，知道植物生长繁殖的奥秘。

课程二：传承雁山园红色文化，体验山水园林之美（研学学段：小学、初中）

　　在研学指导师的带领下，学生欣赏园景，领略雁山园的历史文化与园林景观。

课程三：盏盏油茶香，浓浓乡土情（研学学段：小学、初中、高中）

　　本课程以油茶制作技艺为主题，以互动体验的方式，让学生了解油茶文化、油茶种类、油茶制作的方法。

　　其他课程：蔬菜伴我行，神奇的葡萄，美丽中国 我是行动者，水车的历史、作用与制作，滚铁环接力赛，探索网络经济新模式，金桂飘香，寻觅桂林美食，兰叶春葳蕤 桂华秋皎洁等。

📍🔍 **基地地址**：广西桂林市雁山区雁山镇 346 号。

红岩景区研学基地

　　红岩景区研学基地是以恭城瑶族自治县月柿种植产业为导向，融合社会主义新农村建设，乡村振兴，月柿种植，油茶种植、加工、销售为一体的综合性研学实践教育基地。基地秉承"树德育人"的教育理念，致力于培养德、智、体、美、劳全面发展的人才，做到"产、学、研、培"多元并举，推动研学实践教育事业发展。基地为广西第四批自治区级中小学生研学实践教育基地。

　　基地占地面积 5.5 平方千米，最多可同时接待学生 500 人。

　　🔸 **课程一："非遗传承——恭城油茶探究"初识油茶原材料（研学学段：小学）**

　　本课程中学生通过了解恭城油茶的传承故事，认识恭城油茶制作的原材料，并掌握恭城油茶原材料采摘、清洗、初步加工的方法。

　　🔸 **课程二："非遗传承——恭城油茶探究"油茶制作——挑战最美味道（研学学段：初中）**

　　本课程中学生了解恭城油茶制作的工具，尝试使用油茶制作工具做出一碗油茶。

　　其他课程："柿香果红，甜蜜人生"——甜蜜人生我传播、"柿香果红，甜蜜人生"——初识柿子、"柿香果红，甜蜜人生"——柿子的种植与培育等。

📍🔍 **基地地址**：广西桂林市恭城瑶族自治县莲花镇红岩村。

阳朔山水遇农园

阳朔山水遇农园是一家以自然生态为核心的研学实践教育基地。基地通过7年时间不断完善各项基础设施，夯实基地发展基础，目标是成为一家集生态科技农业、休闲旅游观光、研学劳动教育实践于一体的综合性基地。基地为广西第四批自治区级中小学生研学实践教育基地。

基地占地面积68.8万平方米，设有3间实训室、6间多媒体教室，拥有多功能大会议室1间（可同时接待200人）、多媒体小会议室1间（可同时接待30～40人），基地可同时接待600名学生开展研学教育实践活动，食堂可同时容纳1000人就餐。此外，基地还拥有户外DIY厨房、星空晚餐厅、风物集、农耕展览馆、古法豆腐作坊、户外消防演练场、开放式户外草坪等丰富的硬件设施设备。

课程一：小麦、面粉、饺子——香飘中华有美名（研学学段：小学、初中、高中）

本课程内容为传授学生手工包制饺子的技能，并让学生品尝自己包制的饺子，让学生知晓中国饮食文化的博大精深。

课程二：洁净留香自天然——手工皂制作（研学学段：小学、初中、高中）

本课程中，学生了解洗涤剂发现、发明、不断进步演变的历史过程；学会制作手工皂，提高环保意识，思考现代洗涤剂向更环保发展的方向。

其他课程：穿越古今——农耕文化与古诗文探究、一朝鲜吃遍天——学会做道菜、歌舞翩翩哪嗬嗨——学习桂林彩调等。

 基地地址：广西桂林市阳朔县白沙镇旧县村。

阳朔世外桃源景区

阳朔世外桃源景区是中外游客在桂林旅游项目中首选的旅游景区之一。景区拥有和谐的自然风光、绚丽多姿的民族文化、深厚的文化底蕴、良好的旅游环境及高质量的服务，给游客留下了深刻的印象，并获得中外游客的一致好评。同时景区独特的地域景色与民族风貌也深受摄影爱好者和影视界的青睐。景区先后获得国家 AAAA 级旅游景区、全国首批农业旅游示范点、国家级服务业标准化试点企业等 132 项荣誉。

景区还率先在同行中通过 ISO9001 质量管理体系及 ISO14001 环境管理体系两项国际标准化管理体系认证。景区于 2022 年 11 月被评为广西第四批自治区级中小学生研学实践教育基地。

> **课程：陶渊明诗词文化（研学学段：初中、高中）**
>
> 本课程从陶渊明的诗词出发，探究其文化价值。学生在研学指导师的带领下参观基地，尝试说出与所见景物相对应的陶渊明诗词，感受陶渊明对田园生活的追求与向往。

 基地地址：广西桂林市阳朔县白沙镇五里店村。

叠彩区喜耕园家庭农场（阳光生态园）

　　叠彩区喜耕园家庭农场（阳光生态园）坐落于山水甲天下的桂林漓江河畔（白石潭古村）。基地以农业种植及科普为主题，结合农耕文化和休闲娱乐，为广大市民、中小学生提供亲近自然、参与劳动体验的场所，让青少年亲切感受传统农耕、现代种植的生活乐趣。基地开辟了"农、学、游、乐"四大板块，设有拓展课程，以及种植、木工、园艺、农产品加工等工艺体验活动，全力打造集研学旅行、学生军训、综合训练和亲子活动于一体的农场式、多功能生态研学基地品牌，并成为了多所学校校外研学实践教育基地。基地为广西第四批自治区级研学实践教育基地。

　　基地占地面积约为33.3万平方米，场地可以同时容纳500人以上开展研学实践教育活动。室内活动面积超3500平方米，现已打造了15个核心区域：农耕体验区、共享厨房区、水稻种植区、农具展示区、水果种植区、果树嫁接区、户外拓展区、中草药采集区、小动物互动区、糕点制作区、育苗区、垃圾分类区、农家肥发酵区、鱼稻共生区、草鞋编织区。

> **课程：田间育苗（研学学段：小学、初中、高中）**
>
> 　　本课程中，学生学习几种常见蔬菜的育苗方法，探究蔬菜的生长习性，学习基础育苗知识，探究如何提高蔬菜苗的优质率。
>
> 　　其他课程：蔬菜的成长、探索水稻的前世今生等。

 基地地址： 广西桂林市叠彩区大河乡白石潭古村。

众联生态庄园

众联生态庄园地处桂林滨北都市区，靠近甘棠江，位于灵川镇灵滴路，距离桂林市区 25 分钟车程，距离灵川县城约 5 千米。基地占地面积约 21.7 万平方米，其中阳光玫瑰葡萄园 3.4 万平方米、脆蜜金柑园 13.5 万平方米、其他四季花果蔬菜种植园 3.5 万平方米。基地内全部安装远程遥控滴灌、喷灌及水肥一体化设施，完全实现现代化智能管理。基地坐拥漓江上游优美的生态自然人文景观，是桂林乡野田园生活体验的首选地。基地内还有农耕文化长廊、农耕体验区、垂钓区、花卉观赏区、烧烤区、景观广场等，是团建、研学的绝佳选择。基地为广西第四批自治区级中小学生研学实践教育基地。

基地可同时接待学生 1000 人，可同时容纳 1000 人就餐。基地设有 1000 平方米可容纳 200 人的多功能会议室、300 平方米的研学餐厅、1200 平方米的多功能体育馆（标准篮球场 1 个，羽毛球场 3 个、乒乓球桌 2 张、运动器具若干）、2000 平方米的露天草坪。同时根据课程要求，还设有立体套种教学区、农耕文化长廊、手工 DIY 区、果蔬种植区、智慧农业展示区、户外拓展体验区等不同区域。基地将农业植物多样性和规模化、传统农业元素和现代农业科技元素相结合，劳动、科普、研学实践资源丰富，能够全面满足研学课程的活动要求。

> **课程：科技农业之立体种植（研学学段：小学、初中、高中）**
>
> 本课程中，学生观摩学习葡萄园生态垄立体种植（葡萄—草莓—食用菌—时蔬立体种植），感受立体种植可循环农耕模式、现代农业、科技农业的魅力。
>
> 其他课程：农耕实操体验。

 基地地址：广西桂林市灵川县灵川镇灵滴路木马村委牛头村。

桂林融创国际旅游度假区
中小学生研学实践教育基地

桂林融创国际旅游度假区中小学生研学实践教育基地是一个以科学教育、幼体培育展示、大洋探秘、互动触摸、多媒体展示为主题的海洋科普教育基地。基地为广西第五批自治区级中小学生研学实践教育基地。

基地占地面积 41702.09 平方米，建筑面积 29018.005 平方米，主要建筑物有游客中心、海洋剧场、海豹剧场、大洋餐厅、雨林大厅等；主要展物及景点有松鼠、水豚、北极狐和触摸池、海龟岛、室外科普区、海豚湾、鳄鱼岛等。基地于 2020 年 12 月获"大学生实践教育基地"授牌，2021 年 9 月获"桂林市科普教育基地"授牌，2021 年 9 月加入桂林市研学旅行协会，2022 年 11 月 16 日获评国家 AAAA 级旅游景区，2023 年 1 月 31 日获评"2022 年度桂林市研学实践教育先进集体"。

基地的科普教室位于海洋剧场二楼，面积为 104 平方米，最多可同时容纳 60 名学生学习海洋知识。教室内设有高清显示器、移动投影仪、科普手册、海洋生物骨骼标本、海洋知识书籍等硬件设施。海洋剧场可作为大型研学课程的学习场地，可同时承载 1500 名学生上课，并配有 23 米 ×8 米的液晶大屏幕同步播放科普课件内容。

> **课程一：海豹的故事（研学学段：初中）**
>
> 本课程中，学生通过对海豹精品研学课的学习，保持和发展对海豹物种的好奇心和探究热情，了解与认知水平相适应的海豹知识。
>
> **课程二：歌舞精灵——鸟儿（研学学段：小学）**
>
> 本课程内容为鸟类知识科普，倡导对鸟类的热爱与保护，为学生的学习和自身发展奠定良好的基础，使学生对鸟类产生好奇心和探究热情。
>
> 其他课程：鳐鳐知多少、海中霸王——鲨鱼、憨厚的海龟朋友、海中雄狮、遨游珊瑚海等。

 基地地址：广西桂林市雁山区大雁路 398 号。

神农稻博园研学实践教育基地

神农稻博园研学实践教育基地位于桂林灌阳县东南部，是袁隆平院士超级稻超高产攻关基地，是国家 AAA 级旅游景区、自治区四星级现代农业核心示范区、桂林市五星级"稻甲天下，茶香万家"田园综合体核心区、灌江国家湿地公园核心区域。基地为广西第五批自治区级中小学生研学实践教育基地。

基地建有集湿地知识教育、生态旅游、地域文化展示、科学研究交流为一体的灌江国家湿地公园科普馆，设置有湿地农耕互动游戏桌，学生可以模拟水稻种植的全过程；设置有湿地农耕问答屏，学生可以在此答题互动。

基地农业观光研学资源丰富，农耕文化体验设施完善，农业生活设施独具特色。在充满田园风情的基地，学生可以通过实践累积农耕文化知识与自然生态环境保护知识。

基地核心区位于灌阳县黄关镇联德村，占地面积 200 万平方米，基地全年对外开放，基地的灌江国家湿地公园科普馆、稻博馆、水稻种植体验区、瓜果采摘体验区、油茶体验区等不同的核心体验区可同时接待多批次学生，基地瞬时最大接待人数为 600 人，全天最大接待人数为 2000 人，全年可接待 18 万人次参与研学。核心示范区建设有神农广场、丰收大道、古窑观景、竹林迷宫、亲水步道、科普长廊、国家湿地公园科普馆等设施。

> **课程一：湿地公园竹林探秘（研学学段：小学）**
>
> 本课程中，学生游览湿地公园竹林区，完成竞猜知识抢答比赛，探究环境保护方案，提高野外生存能力。
>
> **课程二：体验农耕，播种希望（研学学段：小学）**
>
> 本课程中，学生学习时令农作物的相关知识，运用数学计算知识，解决播种和植株生长的问题，体验刨地、整地、播种、施肥和浇水。
>
> 其他课程："禾下乘凉梦，悠悠赤子心"、湿地公园科普馆探秘、畅游农作物和水果世界、传承竹制品编织文化——我是小小编织匠、探秘传统美食——品鉴灌阳油茶。

 基地地址： 广西桂林市灌阳县黄关镇联德村。

龙脊梯田研学实践教育基地

龙脊梯田研学实践教育基地依托龙脊梯田景区建设，景区地处桂北越城岭山脉西南麓，距县城22千米。龙脊梯田景区是以龙脊壮寨梯田、平安梯田、金坑梯田景观为主，以民风民俗为辅，农耕历史悠久，壮、瑶等少数民族民风民俗氛围浓郁，具有独特的梯田自然景观，历史、自然与人文融为一体的综合旅游景区。基地为广西第五批自治区级中小学生研学实践教育基地。

龙脊梯田景区是广西21个自治区级景点之一、国家AAAA级旅游景区、国家农业文化遗产、国家湿地公园。景区的梯田因线条流畅，层叠而上，错落有致，气势恢宏，享有"世界梯田之冠"的美誉。2014年农业部农产品加工局公布的第二批中国重要农业文化遗产名单中，龙脊梯田系统位列其中，获得"全国重要农业文化遗产"的称号。同年，龙脊梯田系统被农业部评选为"中国美丽田园·梯田十大景观"之一。

基地全年开放，每期能同时容纳1000名以上学生开展研学实践教育活动，每年能集中接待2万人次以上的中小学生开展研学实践活动。

课程一：大美梯田——山水林田族（研学学段：小学、初中、高中）

本课程主要让学生了解龙脊梯田"森林—溪流—村寨—梯田"四素同构生态系统，龙脊地质环境和特点，以及龙脊人民如何利用地质资源进行生产和生活。

课程二：多彩梯田——梯田农耕（研学学段：小学、初中、高中）

本课程中，学生参加梯田农活体验，了解梯田水稻的生长过程及形态；认识并使用龙脊梯田传统农具，了解龙脊梯田开垦的工序及其特有的农耕背景。

其他课程：舌尖上的梯田——梯田民族美食、梯田上的奇妙民居——民族建筑、服饰上的梯田——龙脊民族服饰、韵律梯田——龙脊民族歌舞。

 基地地址：广西桂林市龙胜各族自治县龙脊镇和平村。

桂林市气象科普研学实践教育基地

桂林市气象局承担全市气象探测、预报预警服务、气象灾害防御及气象科普宣传等任务。2003年，桂林市气象局办公综合楼一楼大厅气象科普展馆、地面观测站等建成桂林市气象科普研学实践教育基地并对外开放，至今接待了无数大、中、小学生及社会团体和个人进行参观学习，获得了"全国气象科普教育基地""广西壮族自治区科普教育基地""桂林市青少年科普教育基地"等称号。基地为第五批自治区级中小学生研学实践教育基地。

2020年，桂林市气象局开始因材施教，针对性设计研学课程，根据受众基础定制多层次课程，应用创新技术取得了初步成效，沉浸式气象研学活动深受市民、学生、游客喜欢。

基地全年工作日开放，每天最大接待人数为500人。基地全年设有研学旅行接待中心，并配备有专业接待人员在接待中心为中小学生研学团队进行接待服务工作。接待中心配套设施完善，能提供便利服务，另设置微信公众号，展示科普读物、音像制品、研学导览图等。

课程一：气象类课程（研学学段：小学、初中）

本课程主要向学生科普气象的基本知识，包括各种常见的天气现象、常用的天气符号、预警信号及生活中的一些与气象相关的常识，激发学生对气象的兴趣。

课程二：防灾减灾课程 （研学学段：小学、初中）

本课程唤起学生对防灾减灾的关注，增强学生防灾减灾意识，推广普及全民防灾减灾知识和避灾自救技能。

其他课程：人工影响天气课程、气象与节气等。

基地地址：广西桂林市叠彩区中山北路 170 号

桂林永福罗汉果小镇研学实践教育基地

　　桂林永福罗汉果小镇研学实践教育基地位于桂林经济技术开发区罗汉果小镇。基地致力于服务与发展罗汉果大健康产业，开发并宣传罗汉果品牌，研发罗汉果大健康产品，开拓罗汉果产品市场，依托现有资源制订罗汉果产业发展规划，支持与配合永福县罗汉果协会关于罗汉果产业发展工作。基地为广西第五批自治区级中小学生研学实践教育基地。

　　目前基地建设设计年接待量为10万人次，未来基地将拓展建设规模，拓展后可实现年接待量20万人次。

课程一："探秘神果"——制罗汉果茶，传承中医技艺（研学学段：小学）

　　本课程中，学生学习罗汉果的药用价值，传承中医传统文化；了解罗汉果茶的作用，学习健康养生饮食的生活方式；掌握泡制罗汉果茶的方法。

课程二：探秘"神果"，乡村振兴我践行——甜蜜蜜罗汉果糖制作（研学学段：初中）

　　本课程中，学生了解罗汉果糖的药用价值，学习罗汉果糖的制作方法；了解罗汉果在熬制过程中的细节变化。

　　其他课程：我为"神果"做护理、罗汉果扦插践行与探究等。

 基地地址：广西桂林市永福县苏桥镇罗汉果小镇。

燕京漓泉绿色生产研学实践教育基地

　　燕京漓泉绿色生产研学实践教育基地依托燕京啤酒（桂林漓泉）股份有限公司建立。燕京啤酒（桂林漓泉）股份有限公司的前身桂林啤酒厂于1985年筹建，1987年正式投产。多年来，公司取得了良好的经济效益和社会效益，获得了中国啤酒行业杰出企业、国家级高新技术企业、国家级绿色工厂、全国轻工行业先进集体、国家级两化融合示范企业、全国五一劳动奖状、全国"安康杯"优胜单位、桂林市首家国家级工业旅游示范点、广西十佳企业、自治区和市两级先进基层党组织、自治区首届主席质量奖、桂林市首届主席质量奖等荣誉。公司投入循环经济专项资金超1.5亿元建立了包括啤酒生产、废弃物处理、污水处理、环境保护等啤酒酿造全过程的循环经济产业链，实现了污水烟尘全部达标排放、所产生的固体废弃物全部循环利用的零排放目标，走出了一条环境效益、社会效益、经济效益和谐发展的循环经济道路。基地为广西第五批自治区级中小学生研学实践教育基地。

　　基地开放时间为工作日9：00—17：00，全年开放250天，单次最大接待人数为500人。

🔖 **课程：走进绿色工厂，认识啤酒酵母（研学学段：小学、初中）**

　　本课程中学生参观绿色工厂，了解漓泉公司坚持采用漓江源头纯净无污染的天然活水酿造新鲜、好喝的漓泉啤酒；在研学指导师的引导下，结合学校、家庭生活中的现象，发现并提出对酵母在面团发酵过程中的影响和作用。

　　其他课程：认识糖和甜味剂、体验麦汁检测、探究糖化工艺流程、探究发酵工艺流程等。

 基地地址：广西桂林市象山区翠竹路29号。

梧州市示范性综合实践基地（营地）

梧州市示范性综合实践基地（营地）的宗旨和业务范围是组织和开展全市义务教育阶段学生综合实践素质教育；管理和指导全市中小学开展综合实践活动，承担全市中小学生开展综合实践活动的指导和考查任务；组织全市中小学生开展学工、学农、未成年人思想道德教育、国防教育、安全教育、法治教育、科普教育、研学旅行等综合教育实践活动；组织实施全市中小学教师的教师职业素质与业务水平提高培训；承接全市青少年课外活动等。基地为广西首批自治区级中小学生研学实践教育基地。

基地最多可同时接待学生 400 人。

> **课程：走进八桂田园，开展果树蔬菜花卉苗木嫁接繁殖实践（研学学段：小学、初中、高中）**
>
> 本课程中，研学指导师向学生讲解植物嫁接的方法，学生动手实践，进行果蔬苗木的嫁接。
>
> 其他课程：游览和识别百种奇果异瓜靓花、蔬菜花卉植物无土栽培实践体验、昆虫大王国、小农夫大梦想。

基地地址：广西梧州市万秀区夏郢镇夏郢街金鸡山五区 178 号。

梧州念念目望稻渔综合种养示范区

梧州念念目望稻渔综合种养示范区依托"公司＋院士指导站"的技术优势，探索稻田一年多造、反季节养殖、冬闲田养殖等模式，创建"稻＋N"生态共作立体高效种养模式，于2021年建成广西特色农业现代化示范区，实现龙圩四星级示范区"零的突破"。示范区为广西第三批自治区级中小学生研学实践教育基地。

基地利用龙圩区大规模的富硒产业支撑，围绕如何把产业做强、做优、做出特色开展示范区建设，大力发展富硒优质稻和特色渔业，进行稻鱼螺综合种养，建立集生产示范、科技推广、技术服务、休闲娱乐于一体的观光休闲农业、渔业示范区。

基地最多可同时接待学生1500人。

> **课程：探究渔稻共生·感受农业科技（研学学段：高中）**
>
> 本课程中，学生了解稻鱼共生的基本原理和运作模式，培养学生观察、分析和解决问题的能力；展示相关农业科技的应用，增强学生对农业科技的认知和兴趣。
>
> 其他课程：稻花香里说丰年、走进三江交汇的富硒水都、追寻爱国先辈足迹·承中华血脉、追溯苍梧历史·传承稻作文明。

基地地址：广西梧州市龙圩区龙圩镇念村稻渔科研大楼。

梧州甜蜜家生态蜂业园
中小学生研学实践教育基地

梧州甜蜜家生态蜂业园中小学生研学实践教育基地依托广西梧州甜蜜家蜂业有限公司建立。公司以"公司＋协会（合作社）＋农户＋基地＝产业化"的经营模式为发展方向，与国内蜂产品研究领域具有领先水平的西北大学建立了技术合作关系，成为西北大学食品科学研究生科研见习基地。基地为广西第五批自治区级中小学生研学实践教育基地。

基地种植有鹅掌柴、炮仗花、黄花风铃等植物，利于学生亲近大自然，使学生认识保护自然、建设绿色家园的深远意义。基地还开展"蜜源植物探秘，感悟自然生态"研学实践教育课程，有利于学生了解风土人情，促进书本知识和社会实践的深度融合，培养创新人才，推动全面实施素质教育。基地获得"中国蜂业国际影响力奖""广西中医药文化宣传教育基地"等荣誉。

甜蜜家生态蜂业园内设有蜜源植物生态园、传花授粉展示点、现代化养蜂教学点、"蜂生水起"打卡点、大型蜜源仓库、梧州市蜜蜂文化科技馆、DIY手工体验点区域。其中，梧州市蜜蜂文化科技馆是园区的主体部分，在科技馆中，有2个可容纳70～200人的会议室，可以提供团建、开会、联谊等活动。基地的瞬时最大接待人数500人，日最大接待人数2000人。

课程一：一起甜蜜过冬——蜂蜜唇膏DIY（研学学段：小学）

本课程中，学生通过在甜蜜家亲自体验、动手制作一份蜂蜜唇膏送给家人，在活动过程中养成热爱劳动的精神；研学指导师引导学生完成设计、制作、试验、淬炼、探究等唇膏制作步骤，培养学生的动手能力。

课程二：多样蜂蜜食品（研学学段：初中）

本课程中，学生参观甜蜜家实践基地、蜜蜂养殖展示区、蜜蜂文化展示科技馆，认识蜂蜜采收的过程；参与品鉴不同蜂蜜的口味，制作各种蜂蜜食品，如蜂蜜姜母茶、蜂蜜水果沙拉、蜂蜜柠檬茶等，提高动手能力，培养团队协作精神。

其他课程："聆听蜜蜂生态故事，了解蜜蜂行为习性""初探仿生智慧学科，拓展科研探索思维""取蜂蜜，做美食，解锁生活新技能""共对蜜蜂生态危机，探究永续环保预案""走基地，看加工，设计包装学销售"。

 基地地址：广西梧州市万秀区上都连路 8 号。

梧州金桂富万家中小学研学实践教育基地

梧州金桂富万家中小学生研学实践教育基地位于广西五星级乡村旅游区富万村内。富万村的农耕文化、生态文化、红色文化是本土特色文化，在地方党委、政府的高度重视和大力支持下，富万村坚持举办独具特色的稻香嘉年华、乡村稻田狂欢夜、葡萄文化旅游节等活动，在传承创新中不断提升乡村风貌，拓宽乡村发展前景。富万村先后获得"国家森林村庄""全国生态文化村""自治区级生态村"等荣誉称号。基地为广西第五批自治区级中小学生实践教育基地。

基地以打造农耕文化特色课程为主，已开发"金桂富万家水稻、金桂飘香香满园""劳动实践见真知、传承经典感受国学魅力"等多门精品研学课程。基地课程设置强调将思想道德、人文素质、身心素质，以及社会主义核心价值观置于核心地位，通过研学体验和实践逐步培养学生的探究思维和创新能力，帮助学生从不同的视角和维度分析问题、理解世界，全面提升自身综合素质。

基地全年开放，日最大接待人数 1000 人，能同时容纳 300 名学生开展研学实践教育活动。基地基础设施完善，游客中心、停车场、观景平台、路灯、农家乐、凉亭等基础设施一应俱全。基地设有展示乡村振兴战略成果的乡振展馆、忆苦思甜教育的知青园、充满历史文化韵味的农耕文化馆、中医药文化馆、六艺文化馆、舍得奕馆等，还有体验型种植园、桂树苗圃、试验田、芳草园、种植大棚、复合农田等。

课程一：金秋刈稻穗，劳动创新知（研学学段：初中）

本课程中，学生走进农耕文化馆，聆听讲解，初步认识农耕文化、农具的用途；开展水稻收割、脱粒等实践活动，提高动手能力和观察能力，培养热爱劳动、尊重劳动的正确劳动价值观。

课程二：感受国学魅力（研学学段：小学）

本课程中，学生通过简单学习国学文化增强知识底蕴，拓宽见识，了解中国国学的魅力，提升自我核心素养；听取研学指导师讲解知识，进行烧水、洗茶、泡茶等操作，学习茶艺；学习活字印刷术，锻炼动手能力，提升小组团队协作能力。

其他课程：传统技艺小工匠、悟葡萄文化、逐梦本草。

 基地地址： 广西梧州市长洲区倒水镇富万村。

梧州"鱼悦西江"生态文旅研学实践教育基地

　　梧州"鱼悦西江"生态文旅研学实践教育基地以整合泗洲岛和长洲水利枢纽的生态、科技、自然、人文等资源为主要内容，突出西江生态保护、能源开发利用、民俗文化传承、乡村田园体验等特色要素，以"生态科普＋水乡文化＋乡村振兴"为核心，以体验式研学为亮点，聚合水利、航运、渔业、农业、科技、文旅等多业态联动，全力打造成为集生态科普、民俗文化、乡村体验、红色教育、文旅研学为一体的综合性研学实践基地和乡村振兴产业融合品牌项目。基地为广西第五批自治区级中小学生研学实践教育基地。

　　基地所在的泗洲岛历史悠久，民风淳朴，拥有独特的疍家文化、下俚文化和红色文化等。同时，每年正月十五举办的泗洲下俚文化节是周边群众文化生活的一场"盛宴"。2022年，泗洲村获得"全国五四红旗团支部""第五批自治区民族团结进步示范村"等称号。

> **课程一：春耕好时节·艾香满园**（研学学段：小学）
>
> 　　本课程中，学生体验农耕生活，动手制作传统小吃美食，感受民族传统文化的魅力。
>
> **课程二："渔家港湾"疍家文化之旅**（研学学段：初中）
>
> 　　本课程中，学生可体验疍家艇上生活、渔民撒网捕鱼、鱼花养殖、鱼花售卖，还可身着疍家服饰拍照，品味疍家特色美食等，了解疍家渔民特有的水上文化和民俗传统。
>
> 　　其他课程：下俚文化·非遗传承、泗州村红色之旅、疍家传统竹编手工艺、田园农耕、长洲水利枢纽研学课程、西江鱼道生态保护等。

📍🔍 **基地地址**：广西梧州市长洲区长洲镇泗洲村。

广西海洋研究所

广西海洋研究所主要从事海洋水产养殖和海水种苗繁育，是区内最早进行海水种苗培育研究和生产的科研单位之一。研究所的科技创新成效显著，获得各类科技奖 53 项，成为广西海水养殖种业龙头企业，并于 2021 年被列入广西第三批自治区级中小学生研学实践教育基地。

基地最多可同时接待学生 300 人。

课程一：走近活化石——中国鲎（研学学段：小学、初中、高中）

本课程中，研学指导师搜集有关鲎的知识，制成多媒体课件并进行讲解；为每个小组准备一只公鲎，一只母鲎，若干鲎受精卵，1 龄鲎苗，2 龄鲎苗，3 龄鲎苗等上课教材便于学生观察实验，指导学生辨别公鲎和母鲎，以及不同时期鲎苗之间的相似点和不同点。本课程主要是让学生了解中国鲎的生物学特征、苗种繁育及苗种发育的特征等相关知识。

课程时长：120 分钟。

课程二：凝固时间的海洋精灵（研学学段：小学、初中、高中）

本课程中，研学指导师带领学生参观广西北部湾生物标本馆，介绍各个分馆的生物，简单介绍各种海洋生物标本的制作过程和不同的制作方法，并进一步引导学生从不同渠道观察、了解和搜集有关海洋灭绝生物的资料，指导学生制作一份关于某种灭绝生物的资料。课程向学生科普标本的重要性，让学生意识到保护环境对人类生存的重要性。

课程时长：参观北部湾生物标本馆 60 分钟，制作标本 90 分钟，共 150 分钟。

其他课程：北部湾的宝"贝"、神奇的发育——青蟹生命起源、成长与收获——劳动实践课、五彩斑斓的藻类世界、解密微观世界——细菌。

 基地地址：广西北海市海城区长青东路 92 号。

广西北海赤西村

广西北海赤西村依托原有的农业、文化、环境等资源，积极探索、深入挖掘，完善公共设施，研发多样化的研学课程。目前，基地已形成科学的功能分区、课程体系，具有较为完善的基础配套设施，非常适合中小学生开展研学实践活动，达到"教育＋旅游＋农业"融合的目的。

基地将研学旅行与乡村文化相融合，以丰富多彩的劳动项目为载体，为不同年龄段的学生设置不同的研学体验路线，不断增加研学的趣味性，让学生充分感受到农耕文化的魅力。基地于 2020 年被评为广西十佳研学旅行示范基地，2021 年被评为广西第三批自治区级中小学生研学实践教育基地。

基地最多可同时接待学生 1000 人。

课程：传统农业主题课程（研学学段：小学、初中）

本课程以自然认知与劳动重点为主题，通过五谷在哪里、蔬菜乐趣多、农田里的小虫虫、农耕中的动物帮手们、24 节气主题劳动等活动，使学生了解传统农业文化。

基地地址：广西北海市海城区高德街道赤西村。

北海老城景区

北海老城景区是北海城市的发源地，由珠海路、沙脊街、中山路三条街道组成，总面积400平方米。其中，国家历史文化名城核心街区——珠海路是中国岭南直线距离最长、拥有保存最为完好的骑楼建筑的街区，被国内外专家学者誉为"近代建筑年鉴"。北海老城景区拥有广西唯一一个国家安全知识和隐蔽斗争教育专门场所，以及丸一药房旧址、北钦防三地中共第一个地方支部秘密联络点旧址、解放北海标志永济隆旧址、老街红色情报交通站永泰庄旧址、北海首家景区党旗红老城红色旅游驿站等爱国主义教育基地。基地为广西第四批自治区级中小学生研学实践教育基地。

北海老城景区日最大承载量为1.8万人，研学场地可同时容纳300名以上学生开展活动。

课程一：重温红色历史主题活动（研学学段：小学、初中）

课程利用形式多样的活动对学生进行培育和弘扬革命精神，让学生在革命精神的激励下努力学习，严格要求自己，全面发展，健康成长；激励学生把缅怀革命先烈的热情化为勤奋学习的动力，将来为祖国的建设做出贡献。

课程二：民俗风情文化探秘（研学学段：小学、初中）

本课程中，学生感受骑楼文化的内涵，体会外来建筑形式对我国建筑文化的影响。研学指导师引导学生思考如何发掘北海骑楼的历史文化内涵，以及随着商业经济和旅游经济的发展，如何看待历史文物保护和经济发展之间的关系。

其他课程：北海旧海关发展史话、丸一药房的前世今生、走近非遗文化空间、大清邮局兴衰之路。

 基地地址：广西北海市海城区珠海路老街。

北海市海城区青少年学生校外活动中心

　　北海市海城区青少年学生校外活动中心（以下简称"活动中心"）是 2008 年由国家返还专项彩票公益基金扶持建设的一所综合性校外教育机构，隶属于海城区教育局。活动中心开办 10 余年以来，一直致力于青少年研学实践教育课程，将学生的研学实践教育课程与自然教育、红色教育、国防教育、科技教育、农耕教育、传承教育等紧密结合，将"游"和"学"融为一体，开发了一系列丰富多彩、特色鲜明的研学实践课程。研学实践课程有国防科技（航模飞行、机器人、3D 打印、创意空间构建、水火箭等）、生命安全教育（心肺复苏、包扎等）、劳动教育（烘焙、烹饪、鱼乐无穷、农耕等）、素质拓展（营地教育、真人 SC、团队飞盘等）、传承教育（包粽子、做月饼等）等多种形式，可满足小学至初中不同年级、不同主题、不同内容的综合实践课程及研学活动需要。活动中心为广西第四批自治区级中小学生研学实践教育基地。

　　活动中心可容纳近 500 余名学生同时开展研学实践活动。活动中心功能室配有电子白板、超短焦投影、多媒体中央控制系统等先进的多媒体教学设备。

课程一：航模飞行（研学学段：小学、初中）

　　本课程是一项集动手、动脑于一体的寓教于乐的活动，以其知识性、实践性、趣味性深受青少年的喜爱，能够充实学生生活、增强其科技创新能力。

课程二：生命教育（研学学段：小学、初中）

　　本课程能够使学生理解尊重生命的意义，以及生命与天、人、物、我之间的关系；学会积极生存、健康生活与独立发展，并通过对生命的呵护、记录、感恩和分享，获得身心的和谐、生活的幸福，从而实现自我生命的最大价值。

　　其他课程：劳动实践教育、生活体验课（包括烹饪、包饺子、做月饼、包粽子、采摘鸡屎藤、制作蝴蝶面等所有传统节日的一些传统手艺）、手工课（插花、缝帽子衣服、衍纸艺术、纸浆画等）、体验课（农耕体验、捕捞体验）。

 基地地址：广西北海市海城区吉林路与科绣路交叉口西 220 米。

防城港市
防城港应急安全体验中心

　　防城港应急安全体验中心由安徽国泰众安安全科技广西分公司投资建设运营管理。安徽国泰众安安全科技有限公司，是集安全教育体感设备研发生产、VR软件开发、安全教育课程开发、建设投资运营管理安全体验馆的综合性公司。基地为广西第五批自治区级中小学生研学实践教育基地。

　　防城港应急安全体验中心的7D影院模块通过模型板模拟演示，以超现实的视觉感受配以特殊的、刺激性的效果，以仿真的场景与特别的机关设置来模仿实际发生的事件，使学生全身心地融入剧情，体验虚幻仿真、惊心动魄的冒险旅行。

　　防城港应急安全体验中心被评为省级应急消防科普教育基地、防城港市消防教育体验基地、市级应急消防科普教育基地、防城港市中小学生研学旅行安全教育实践基地、防城港市科普教育基地、防城港市少先队校外实践教育基地等。

　　基地全年开放，每天可接待1000人次。基地设有交通安全体验馆、消防安全体验馆、自然灾害安全体验馆、居家安全体验馆、校园公共安全体验馆、预防伤害综合安全体验馆、应急救护安全体验馆、综合用电安全体验馆、多媒体教育等核心场馆及设施设备，并配套完善的教学教具，有可供学生集中学习、体验、休整的大型室内活动场所及室内外活动体育场所。

> **课程一：交通标志学习**（研学学段：小学、初中、高中）
>
> 　　交通标志是用图形符号和文字传递特定信息，用以管理交通、指示行车方向以保证道路畅通与行车安全的设施。本课程中学生学习交通标志的意义、作用，增强交通安全意识，避免缺乏交通标志认知而造成交通事故。
>
> **课程二：消防绳结**（研学学段：小学、初中、高中）
>
> 　　正确打结能够有效增加绳子承重量和防止绳子断裂，保证人身安全。课程让学生熟悉各种绳结的打法与其功能。掌握基本的消防逃生技能，提高消防安全意识。
>
> 　　其他课程：红绿灯过马路、预防溺水、烟雾逃生、虚拟灭火等。

 基地地址：广西防城港市港口区园博园6号馆。

钦州市
浦北五皇山农业科技有限公司

浦北五皇山农业科技有限公司是一家新型生态农业公司。公司基地——石祖禅茶园坐落在五皇山国家地质公园内，是一个在青山绿水间的林下经济生态园，集农业种养、林中茶叶生产加工和观光旅游于一体的生态农业示范基地。

石祖禅茶园依托乡村资源和丰富的自然资源，围绕多功能拓展、多业态聚集、多场景应用，发展文化体验、教育农园、水文研究、亲子体验、研学示范等业态，建设成可以承接大中小学劳动教育实践活动的综合实践基地、研学基地、青少年校外活动场所。石祖禅茶园先后被评为中国森林养生基地、广西现代特色农业核心示范区（五星级）、广西五星级乡村旅游区、广西休闲农业与乡村旅游示范点、广西森林康养基地、广西首批自治区级中小学生研学实践教育基地、广西劳动教育基地、钦州市中小学生研学实践教育营地、自治区文化产业基地、钦州市青少年科教示范基地等。

基地全年开放，每天最多可接待3000名学生参加研学实践活动，可同时容纳1500人就餐。基地还和钦州幼儿师范高等专科学校、桂林旅游学院合作，培养德才兼备的研学指导师，并与校方教师合作开发研学课程。

课程一：浸润在茶香里的梦（研学学段：小学、初中）

本课程中，学生通过小组合作探究，结合资料与当地实际情况，说出茶树生长所需的自然条件，茶的营养价值、经济价值、生态价值；通过亲身体验，熟悉制茶的工艺流程，进行茶礼学习，感受我国茶文化的魅力。

课程二：探寻农耕文化，体验劳动之美（研学学段：小学、初中）

本课程中，学生以小组为单位，按照垂钓、蔬菜、水果、家禽四类划分，分别在园区中寻找常见的食材拍照记录，并搜集适合其生长的自然条件及营养价值等相关资料；学会点播、除草、及采摘，体验劳动之美；品尝传统簸箕宴，领悟传统文化之美。

其他课程：探索蜜蜂世界、探索非遗文化——傩舞、千米植物科普之旅、探索石祖的来源、野生红椎林探秘等。

 基地地址：广西钦州市浦北县北通镇那新村委横岭。

广西钦州农业学校中小学生研学教育实践基地

广西钦州农业学校中小学生研学教育实践基地是以职业教育及农耕文化为核心，集休闲观光农业、科普、研学实践、劳动教育、民族文化、运动健身于一体的综合性研学实践教育基地。基地秉承"立德树人"的教育理念，致力于培养德、智、体、美、劳全面发展的人才，做到"产、学、研、培"多元并举，推动研学实践教育事业发展。基地被评为全国青少年农业科普示范基地、全国科普教育基地、广西第二批自治区级中小学生研学实践教育基地、广西首批自治区中小学劳动实践教育基地。

基地最多可同时接待学生 6000 人。

> **课程一：稻草造型的制作**（研学学段：小学、初中）
>
> 本课程中，学生与父母共同完成一个稻草造型，增进亲子间的感情，增强学生动手能力，使学生获得成就感。
>
> **课程二：绿篱的整形修剪**（研学学段：初中、高中）
>
> 本课程中，学生通过对园林绿篱的修剪，了解园林绿化工作，体验绿篱修剪的方法。
>
> 其他课程：探索四大名陶之——坭兴陶、艺术插花、中国传统插花、压花作品的制作、蛋糕的制作、瓜果蔬菜的认识等。

📍 **基地地址**：广西钦州市钦南区南珠东大街 88 号。

北部湾花卉小镇

广西国有钦廉林场自主投资建设的北部湾花卉小镇位于钦州市钦南区沙埠镇泥桥村，距离钦州市区8千米，荣获"2019年第一批广西森林旅游系列等级花卉苗木观光基地""广西五星级乡村旅游区""广西现代特色农业（三星级）核心示范区""2020年广西休闲农业与乡村旅游示范点""2021年广西森林旅游系列等级'四星级森林人家'""广西'互联网+全民义务植树'基地""钦州市科普教育基地""国家AAAA级旅游景区""广西第四批自治区级中小学生研学实践教育基地"等称号。

基地以森林生态文化观光旅游为主导产业，集森林生态科普、中小学生研学、森林花卉文化体验、森林花卉种质资源收集、森林康养休闲，以及花卉产品生产销售、示范带动等多种功能于一体，面积80万平方米，针对游客在园区的食、住、玩、赏、游进行建设，并逐渐完善了游客中心、知青馆、花卉客栈、美食文化广场、烧烤园等游客休闲游乐体验区的建设。

基地可同时接待学生500人，拥有能同时容纳500人就餐的用餐场所，建设有600平方米的室内教学区，配置有播放音频视频的设备，能同时容纳不少于50人进行室内教育学习活动。基地还有草坪、室内活动场所等开展研学的相关设施。

课程：小小农场主（研学学段：初中）

本课程基于基地自然资源和环境而设立，教学内容为指导学生进行简单的农务劳动，符合学生培养核心素养的要求。

其他课程：桑蚕宝宝的家园、兰花的能量池、大自然的环保检测员、花语秘密里的民族、藤本植物世界等。

 基地地址：广西钦州市钦南区沙埠镇圯桥村北部湾花卉公园。

北部湾大学中小学生研学
实践教育营地

北部湾大学中小学生研学实践教育营地依托北部湾大学建立。北部湾大学位于钦州市，占地面积138万平方米，建筑面积65.23万平方米，是具有岭南风格、滨海风光、东南亚风情特色的校园。学校是广西壮族自治区人民政府与国家海洋局共建高校、全国海洋文化艺术教育基地、广西社会科学普及基地和广西海洋科普基地，被认定为"十四五"期间首批自治区科普教育基地。

学校高度重视研学实践活动，积极面向社会公众和中小学推广科普教育，每年开展活动30多场，参与人数约1800人次，活动受到社会和各中小学校的好评。北部湾大学中小学生研学实践教育营地为广西第四批自治区级中小学生研学实践教育营地。

营地可同时接待学生500人。国际交流中心酒店可常年提供308个床位，暑假期间学生宿舍可腾空床位约5000个。营地有可供学生开展研学实践教育活动的场馆场地，如室内体育馆、游泳池、羽毛球馆、足球场、篮球场、网球场、大礼堂等。营地的研学场所齐全，已建成国家科技小院、海洋文化博物馆、海洋标本馆、鲸豚5D球幕影院、水族馆、中华白海豚科普馆、中华鲨科普馆、海洋科普智慧教室、坭兴陶文化馆、3D打印体验中心、无人机基地、航海模拟实验室、船舶设计与智能制造实验室等一大批研学实践教育场所。校园内现有食堂3个，单次能接待500名以上学生集中就餐。校园内设有校医院，配备专职医护人员，能够及时开展院前救护服务。校园内设置有警卫室，24小时录像监控摄像头覆盖全校各大区域，影像可保留60天以上。

课程：亲近中华白海豚（研学学段：初中）

本课程以中华白海豚为例，引导学生认识海洋生物的水生生活，了解海洋生态系统的重要地位和价值，以及保护海洋生物及生态系统的重要意义。

其他课程：色彩斑斓的微藻世界、走进3D打印快速成型科技时代、初识钦州坭兴陶文化、遨游北部湾海洋文化等。

 基地地址：广西钦州市钦南区滨海大道12号。

贵港市
贵港市覃塘区荷美覃塘景区

贵港市覃塘区荷美覃塘景区既是以"荷文化"为主题的特色农业生态湿地景区、莲藕产业（核心）示范区，也是国家 AAAA 级旅游景区。景区所在的覃塘镇于 2019 年入选广西第二批自治区级特色小镇。贵港市古称贵县，是一座具有 2000 多年历史的古郡，因自古盛产荷花，故称"荷城"，而荷美覃塘景区是"荷城"荷花种类最多、品种最全的地方之一。景区位于广西贵港市覃塘区覃塘街道的姚山村、龙凤村，处于大型水库平龙水库灌溉区，龙凤江在此蜿蜒而过，周围环境气候宜人、山清水秀、民风淳朴。景区为广西第二批自治区级中小学生研学实践教育基地。

基地最多可同时接待学生 500 人。

> **🗣 课程：诗在覃塘·荷必远方（研学学段：初中）**
>
> 本课程中，学生了解覃塘的荷文化、历史文化和自然风光，讨论与荷花相关的诗词，感受诗词中的荷花之美，培养学生审美能力和文学素养。
>
> 其他课程：荷城少年寻莲记、布山怀古·以史为镜。

📍 **基地地址**：广西贵港市覃塘区覃塘街道龙凤村平田屯。

桂平市北回归线标志公园

桂平市北回归线标志公园是集科普、文化和游乐于一体的公园，因建于北回归线经过的区域而得名，是广西青少年科普教育基地。公园内建有广西第一座北回归线标志塔，塔下有神奇的"天、地、人"传音现象。塔高 17.2 米，跨度 26 米，象征极线，彩虹般美丽的弧柱穿过象征地球的直径为 6 米的大球体，球体中间有一个 16 厘米的"窥阳孔"。该标志塔属全国第 7 座北回归线标志塔，是全球 9 个北回归线标志中唯一有强回音的标志塔。公园为广西第三批自治区研学实践教育基地。

公园内的桂平国家地质公园博物馆占地面积 800 平方米，分上下两层，是一个以陈列桂平地质地貌、地质景观为主，以展示桂平地方风情、人文为辅的博物馆。基地停车场一次可同时容纳 18 辆大巴，会议室可同时容纳学生 100 人，北回归线广场可容纳学生 800 人。基地最多可同时接待学生 800 人。

课程：走进北回归线公园·亲制手心的地球（研学学段：小学）

本课程将景区研学资源与生产生活相联系，激发学生探究科学知识的积极性。学生参加各项探究实验活动，培养养成良好的科学意识、勇于探索的科学精神；参加合作探究活动，培养团队意识，提升与自然、与人和谐相处的能力。

其他课程：身边的北回归线、北回归线上的绿色明珠、走进北回归线公园·探秘家乡地质、北回归线公园上的观星之旅等。

基地地址：广西桂平市石咀镇小汶村南梧二级公路旁。

桂平市金桂田园研学实践教育基地

　　桂平市金桂田园研学实践教育基地以田园风光、自然资源及环境为载体，以农事活动、动植物科普及田园体验等为教学课程；以农业体验为主线，设计一系列符合教学要求的课程活动，通过寓教于乐的形式提高中小学生对乡村、农业的认知；以参观游览、知识讲解等方式，将生态农业与休闲观光相结合，让青少年在实践中学习、在体验中游玩，在轻松愉快的氛围中完成农业知识和科普教育。基地为广西第四批自治区级研学实践教育基地。

　　基地全年开放，最多可同时接待学生890人，拥有金龙农家乐、旅游接待中心、种苗繁育区、生态优质香稻立体种养区、特色水果种植区、生态循环养殖区、乡村休闲旅游体验区等基础配套设施。基地的金龙农家乐内设餐厅，可同时接待200人就餐。基地设有客房30间，可接待60人住宿；设有4D影院、会议室，可供100人就座，还有艺廊、画廊、KTV歌厅、展示厅等。基地2021年接待游客总量为32.6万人次，已成为贵港市、桂平市的城郊农业旅游新景区。

> **课程：农耕体验（研学学段：初中、高中）**
>
> 　　本课程中，学生到监控室分组收集当天农业监控数据，开展数据分析活动；实地参观体验现代化农业器械使用现场，距离观察后尝试动手操作；参加米线、米糕制作，五色糯米饭、八宝饭等烹饪活动。
>
> 　　其他课程：小小农人、释迦果种植技术。

基地地址：广西桂平市西山镇、蒙圩镇附近。

西山泉研学旅行实践教育基地

西山泉研学旅行实践教育基地是一家以发展体育、拓展、康养、旅游产业为主的企业。基地主要经营范围包括住宿服务、餐饮服务、健身服务、室（内）外游乐园活动、文化旅游综合景区管理服务等。公司以打造健康养生、休闲旅游为目标，整合区内特色文化旅游优质资源，创立自主品牌。公司荣任广西体育产业协会第一届理事单位、桂平市旅游协会常务理事单位，被评为广西体育产业示范单位、国家级五星级汽车（房车）露营基地、国家 AAAA 级旅游景区、广西第四批自治区级中小学生研学实践教育基地、广西职工疗休养基地。

基地占地 32.7 万平方米，拥有一个可容纳 8000 余人的大型主会场；拥有房车营位、汽车旅馆、溪谷木屋、观星帐篷等多个个性化住宿设施；有 VR 体验馆等研学科教场地；设有 2 个游客接待服务中心、3 个急救中心、多个公共卫生间及淋浴间；还设有 3 个餐厅，可同时容纳约 600 人就餐。

课程一：探索藏在山中的美（研学学段：小学）

本课程中，学生在山中徒步行走，置身于自然，发现自然之美，提升个人审美能力。

课程二：师从自然微观生态（研学学段：初中）

本课程借助西山泉的自然生态的资源条件，结合学生学到的生物知识，创设与生物课本衔接、延伸到自然界的"第二课堂"，在学生已具备的植物分类的知识基础上，引导学生了解植物的进化过程，巩固学生对植物分类的认识。在此基础上，课程通过结合实景资源、给植物分类、加深对植物六大器官的学习、探讨中国南方植物的特点等，激发学生探索的兴趣和对神奇大自然的热爱。

课程三：天文之旅（研学学段：高中）

本课程中，学生了解前沿天文技术，感受社会经济发展的成就；通过了解古代天文历法、星座等，感受中华民族优秀的文明成果，培养家国情怀和文化自信。

其他课程：绘写自然宝藏西山泉、师从自然植物之美、体育竞技在林野、泉边搭帐，西山观星等。

📍 **基地地址：** 广西桂平市西山镇白兰村（桂平大藤峡谷文化旅游有限责任公司内）。

贵港市九凌湖景区研学旅行基地

贵港市九凌湖景区研学旅行基地通过对相关政策的解读和对中小学生行为习惯的研究，结合景区资源与本地特色研发课程体系，重点突出"研究性"和"体验性"两个核心特征。基地以"天地课堂、万物为师"为理念，以"研有所思、学有所获、旅有所感、行有所成"为研学目标，开展农耕民俗体验、自然生态科普、传统国学文化、素质拓展训练等主题性研学活动，以寓教于乐的方式培养学生观察、思考和动手实践的能力。基地依托万亩水域和特色农业资源，山清水秀、自然生态优良，设备设施齐全，安全措施规范，师资团队完善，适宜开展研学拓展活动。基地为广西第四批自治区级中小学生研学实践教育基地。

基地房建、水、电、通讯、餐饮等基础设施配套齐全，安全运行，室内可单次接待 500 名以上学生开展研学实践教育活动，户外瞬时承载量为 4000 人以上。

课程一：探秘九凌植物乐园（研学学段：小学、初中、高中）

本课程依托九凌湖景区优良的自然生态环境及丰富的园艺苗木资源，引导学生探究泉源湖区水生态环境、观察并学习植物品类与生长规律、互动体验苗木培育等。

课程二：神农寻百草，九凌话养生（研学学段：初中、高中）

本课程依托景区"国药壮医园"中药材种植基地，引导学生探索认知各种中药材的种植、炮制、功效，以及沿途野生花草的药用价值科普，体验国药壮医与养生文化等。

其他课程：快乐的诗书耕读农园、我是农耕小能手、上善若水·九凌探秘、"相约九凌，我心自由飞翔"等。

基地地址：广西贵港市覃塘区石卡镇九凌湖旅游风景区南岸。

广西谊宾食品有限公司

广西谊宾食品有限公司始创于1996年（下面简称"谊宾"），公司坐落于广西贵港市西江产业园区内，占地面积约2.3万平方米。成立至今，秉承"食品安全，质量第一"的生产经营理念，扎根、深耕食品行业26年，致力打造"谊宾品质"良好企业信誉，不懈提高客户满意度，运用现代化管理，用心做产品，真诚做服务，提高企业竞争力。企业在不断发展的同时，热心支持公益事业，积极回报社会，已成为传统与创新相结合的具有独立法人资格的多元化品牌企业。公司主要业务分为酒店、食品两大板块，是集餐饮、食品研发、生产、运营于一体的老字号企业。公司为广西第四批自治区级中小学生研学实践教育基地。

公司每年接待中小学生开展研学实践教育活动人数不少于3000人，能够同时容纳300多名学生开展研学实践教育活动。

> **课程一：味道记忆中的文化（研学学段：小学）**
>
> 本课程中，学生学习糕饼的制作过程，体验糕饼文化和传统节日文化。学生在感受传统文化独特魅力的同时，学会团结协作，体会劳动的价值和意义。
>
> **课程二：味道记忆中的魅力（研学学段：初中）**
>
> 本课程中，学生在高级烘焙师的带领和指导下，了解食品生产模具与实操的方式，懂得糕饼模具的历史及其包含的中国吉祥文化，培养民族认同感和自豪感。
>
> 其他课程：味道记忆中的秘密、粽香里说传承、月满时话团圆、我是糕点师等。

 基地地址：广西贵港市港北区西江产业园区西江三路与西江一路交汇处西南角。

贵港梦幻冲口生态景区研学实践教育基地

贵港梦幻冲口生态景区研学实践教育基地依托贵港梦幻冲口生态景区建立。该景区是以百香果、鸡嘴荔枝、沃柑等水果种植为主导产业的现代农业核心示范区，也是广西最大的百香果连片种植基地。景区内松林、参天古树、村史馆、村落彩绘星罗棋布。景区保留下来的水上舞狮文化、乡村孝道民俗文化、乡村农耕渔家文化流传至今，是贵港临江渔文化和农耕文化结合的典范和缩影，具有丰富的研学价值。基地为广西第五批自治区级中小学生研学实践教育基地。

基地在景区设有集非遗文化、劳动科普教育与红色爱国教育于一体的体验场地，并且不断开发更多研学项目，以满足学生研学需求。

基地于2022年获贵港日报蒲公英工作室授予的"美育实践基地"称号，获第二批"自治区中小学劳动实践教育基地"称号，被选为"广西格律诗教育研学旅行实训"基地。

基地全年开放，有室外活动场所及村史陈列馆、醒狮训练馆等各类场馆。基地最大接待人数为6750人/天，可同时容纳2915名学生开展研学实践教育活动。

课程一：醒狮散魅力·非遗乐传承（研学学段：高中）

本课程通过醒狮非遗制作、展览、文创、研学科普、乡村艺术等文旅业态，向学生展示醒狮文化，让学生在现实情境中培养解决实际问题的能力，帮助他们将书本知识应用于现实。

课程二：走进港南·解读醉美荷城（研学学段：高中）

本课程中，学生通过亲自走进研学基地看、走、摸、听、做、尝，全面学习与"荷"有关的知识；学生通过对土壤、水流、植物、地形等地理方面的实验与探究，提升对家乡环境与地理学科的兴趣，提高区域认知、综合思维、人地协调观等素养。

其他课程：来自大自然的三封信、绘写美丽冲口、为"荷"在纳米、醒狮印记、中华孝德等。

 基地地址：广西贵港市港南区东津镇石连村冲口屯。

广西贵港扬翔新食记
中小学生研学实践教育基地

　　广西扬翔股份有限公司是一家从农场到餐桌的技术服务企业，致力于为公众提供实在、便利、健康、安全的美食体验。公司为广西第五批自治区级中小学生研学实践教育基地。

　　公司高度重视内生力与科研创新，秉承"科技改变养猪业"的理念，持续与华中农业大学、中国农业大学、中山大学等院校及国内外科研机构进行产学研深度融合，搭建科研平台，促进科技成果转化。公司基于一体化发展沙盘模型、数字平台、智能设备等，通过视频现场连线等现代化手段，让学生可以自行体验运用大数据制作食品，享受食品制作的过程。

　　公司全年开放，基地内有休息场地、餐厅，可以为学生提供优质健康的餐饮服务，单日最大接待人数达2000人。基地建设有大型科技展厅、集群式楼房智能化猪场展厅、智慧养猪展馆、生物安全方面展示基地等，还设置有大型培训教室10个。其中，培训教室最多可同时容纳1000人培训，可以满足不同的教学形式需求。

> 🔴 **课程：中华小当家（研学学段：小学、初中、高中）**
>
> 　　本课程中，学生在研学指导师的带领下参观基地的食品加工生产链，了解食品加工的完整工序；学生在实践场地内动手加工食品并品尝。
>
> 　　其他课程：味道、养猪产业链、扬翔乡村振兴。

📍 **基地地址**：广西贵港市港南区江南工业园区城东大道与工业一路交会处东北角。

玉林市

广西壮族自治区玉林市示范性综合实践基地（营地）

广西壮族自治区玉林市示范性综合实践基地（营地）于 2011 年 12 月立项建设，是 2011 年全国首批 20 个示范性综合实践基地项目之一。基地位于玉林市北流城南教育集中区，占地面积 86666.67 平方米，建筑面积 17632.72 平方米，总投资 8000 万元。基地于 2017 年 12 月被评为第一批"全国中小学生研学实践教育营地"，2020 年被评为"广西学校安全教育实践基地"，2022 年被评为"第一批自治区中小学劳动教育实践基地"。

基地设有室内实践区、户外拓展训练区、综合训练区、生活技能区四个功能区域。室内实践区建有地震馆、心理团队活动馆、公共安全教育馆、模拟法庭教育馆、消费者权益馆、茶艺体验馆、陶艺体验馆、手工编织体验馆、多米诺体验馆、3D 打印馆、创新思维馆、机器人创意馆、航模体验馆、科普知识馆、天文地理馆、音乐室、阅览室、生活技能馆等 18 个功能场馆，每个场馆可容纳 60～65 人。

基地建有食堂 1 栋（可容纳 900 人就餐）、宿舍 2 栋（含有 900 个床位），基地最多可同时接待学生 800 人。

课程一：奇妙的芒编（研学学段：小学、初中）

本课程中，研学指导师向学生讲述芒编的基础知识、编织技法、编织设计等知识，学生尝试自己设计并编制出一个芒编编织品。学生在手工体验中学会寻找规律解决问题，了解勤劳智慧的祖先创造出来的文化财富的同时激发学生热爱家国之情，在手指与线条的交错之间体验艺术创造的魅力。

课程二：我劳动我快乐（研学学段：小学）

本课程中，学生通过实践体验种植栽培、采收农作物等活动，体会劳动的辛劳与快乐，培养劳动观念及热爱劳动的习惯；通过小组协作，培养奉献精神，领悟团体沟通、协商与合理分工的重要性，感受团队合作的力量。

课程三：军事拓展（研学学段：小学、初中）

本课程通过开展一系列的军事拓展活动，如探索之门、东南亚雨林、巴比伦臂膀、希腊圣火、穿越猛玛洞、掀翻艾尔斯、因纽特狩猎场、巨柱传说，使学生掌握基本的运动技能，培养学生的竞争意识、合作精神。

 基地地址：广西玉林市北流城南教育集中区。

广西中农富玉国际农业科技有限公司

广西中农富玉国际农业科技有限公司为广西首批自治区级中小学生研学实践教育基地，其位于国家农业公园——广西"五彩田园"现代特色农业（核心）示范区。基地由"中国现代农业技术展示馆（广西农业嘉年华）"和"海峡两岸（广西玉林）农业合作科技示范园"两大研学科普实践教育基地组成。基地农业植物具多样性和规模化，现代农业科技元素鲜明，科普、研学、劳动实践资源集中且丰富，是全国科普教育基地和广西壮族自治区中小学生劳动实践教育基地。

基地由占地面积16万平方米的中国现代农业技术展示馆和70万平方米的海峡两岸农业合作科技示范园组成。两馆内拥有国内外最先进的技术116项、专利23项，以不同的技术手段栽培各类植物1000多种。两馆设有多媒体教室、普通教室、研学教育专用学生公寓、食堂等区域，拥有多功能大会议室2间（每间可同时容纳120人）、多媒体会议室1间（可同时容纳30～50人）、普通教室6间（每间可容纳50～80人）。基地可同时容纳2000名学生开展研学活动，食堂可同时容纳1000人就餐。此外，基地还拥有户外DIY野炊、烧烤长廊、流动科普馆、篮球场等丰富的活动场所。

> **课程：水稻种植管理体验（研学学段：小学、初中）**
>
> 本课程中，研学指导师向学生讲解水稻种植的管理方法，学生进入稻田中对水稻进行除草、施肥等操作，体验农务劳动的乐趣。
>
> 其他课程：中药植物辨识、蜂蜡唇膏DIY、草帽彩绘等。

基地地址：广西玉林市玉州区324国道与G59呼北高速入口交叉口西南200米处。

容县雅秀峡旅游投资有限公司

容县雅秀峡旅游投资有限公司依托广西容县松山镇寻阳村雅秀屯古村落，建有占地面积约60.7万平方米的乡村文化研学基地，基地森林覆盖率超过85%，拥有林业部门认定的古树名木超过60株，保存有完整的200年历史的泥砖炮楼、100年历史的祠堂和中西结合的民国建筑。明朝著名地理学家徐霞客曾夜宿村口，撰文盛赞雅秀是幽静的峡谷，其村民热情好客。清白传家的祖先遗训使雅秀峡成为容县传统家风家训教育示范基地，雅秀峡先后被评为自治区四星级乡村旅游区、广西休闲农业和乡村旅游示范点、广西首批自治区级中小学生研学实践教育基地、广西侨胞之家、玉林市乡村振兴示范村和容县扶贫车间。

基地最多可同时接待学生400人。

课程一：非遗编织（研学学段：小学、初中）

雅秀峡村民家家户户都有芒编的传统，学生通过对芒编的历史、作用的学习，加深对非遗的认识；通过动手制作小篮子，让学生体会芒编的乐趣。

课程二：水稻抛秧技术（研学学段：小学、初中）

对学生传授抛秧、种菜、种红薯等种植方法，让学生体会劳动人民的伟大和艰辛，从而达到尊重农民、尊重劳动，珍惜粮食的目的。

其他课程：地瓜栽培教学。

基地地址：广西玉林市容县松山镇寻阳村雅秀峡景区。

龙泉湖休闲生态园中小学生研学实践教育基地

  龙泉湖休闲生态旅游园中小学生研学实践教育基地依托广西龙泉湖休闲生态园建立。基地以生态文明建设为抓手，以标准化、规模化、品牌化、特色化、生态化、田园化为要求，依托区域内部及周边丰富的湿地资源、历史人文景观和特色生态文化内涵，整合古村、人文、森林、湿地、农业、遗迹等构成要素，以生态旅游可持续发展为方向，以建设优质旅游目的地为目标，从"山水田林路、一产二产三产融合、生产生活生态、创意科技人文"等多个维度，进行高起点、高标准的规划，打造集自然生态科普、人文生态体验、乡村田园游览和户外休闲运动于一体的湿地生态旅游示范区。基地最大接待学生人数达 2000 人。

  基地为广西第二批自治区级中小学生研学实践教育基地，广西龙泉湖休闲生态园为广西第三批自治区级中小学生研学实践教育营地。

> **课程一：走进龟鳖的世界（研学学段：小学）**
>
>   学生通过互动，了解龟鳖与中国优秀传统文化；了解龟鳖饮食文化；了解龟鳖神话故事及成语讨论。学生参观黄沙鳖的孵化、养殖、日常管理、捕捉、包装运输。
>
> **课程二：探究现代养殖产业"黑科技"——"稻鳖共生的生态养殖模式"（研学学段：初中）**
>
>   研学指导师向学生讲解稻鳖生态养殖模式的关键技术。学生通过参与农事活动，进行田间种植体验，亲自投放鳖苗入田，体验捉鳖乐趣。
>
>   其他课程：探究现代养殖产业"黑科技"——鳖藕共生的生态养殖模式、"深耕现代养殖产业，助力乡村振兴"、有趣的二十四节气、认识农具·农业科技初体验、我是彩绘小能手等。

 基地地址： 广西玉林市福绵区沙田镇六龙村。

玉林容县天行健中小学
研学实践教育基地

　　玉林容县天行健中小学研学实践教育基地以自然生态为基础，结合当地的特色，推出传统文化和劳动教育相关的活动，认为生活即教育，自然皆课堂。同时，基地以温泉课程为基础，将地热能、地质科学等课题深度化。基地被评为广西第三批自治区级中小学生研学实践教育基地，获得 2021 年度中小学研学实践教育工作先进单位的称号。

　　基地总面积为 20000 平方米，可以同时承接 800 名学生开展研学活动，同时容纳 600 名学生用餐；户外活动场地可同时容纳 800 人活动；会议室可同时容纳 600 名学生，单个会议室最大可同时容纳 350 名学生；拓展区域（温泉区）可同时容纳 800 名学生。

> **课程：初识温泉，感受大自然之魅力（研学学段：小学、初中、高中）**
>
> 　　本课程中，研学指导师进行知识讲解，加强学生对自然资源的重视，同时让学生更清楚地了解可再生资源和不可再生资源的相关知识。
>
> 　　其他课程：地热与温泉、地球赋予的能量及财富、地质构造成就了温泉、中国传统文化——社交礼仪等。

　　基地地址：广西玉林市容县 009 乡道与 008 乡道交叉口北 240 米。

玉林市福绵区福桂源农业发展有限公司

福桂源中小学生研学实践教育基地隶属玉林市福绵区桂源农业发展有限公司，主要经营休闲农业观光旅游开发，种植多种无公害蔬菜及荔枝、百香果、青柚、番石榴等水果，为多所学校提供绿色、环保、安全的农产品，并承担18所中学、幼儿园的配送任务，是福绵区的"菜篮子"工程承担单位之一。基地拥有良好的交通环境及丰富的农业科普研学资源，吸引着玉林市及广西区内的考察团队前来参观学习。基地先后被广西日报、玉林电视台、玉林晚报等各大媒体报道，为玉林市扶贫产业的发展起到了良好的带头作用。基地为广西第三批自治区级中小学生研学实践教育基地。

福桂源中小学生研学实践教育基地占地面积约33.3万平方米，其中蔬菜大棚2万平方米、无公害蔬菜园3.3万平方米、丝瓜园2万平方米、百香果园3.3万平方米、大青枣园2万平方米、番石榴园3.3万平方米、火龙果园3.3万平方米、青柚园2万平方米、荔枝园0.67万平方米。基地设多媒体教室、普通教室、生态餐饮区、草坪拓展区、农耕文化展示园、果蔬科普长廊、农产品展示区、农业种植区等区域，拥有多媒体教室2间（能容纳120人的大型多媒体会议室1间，10～20人的小型会议室1间），普通教室6间（每间可接待70人）。基地可同时接待1000名学生开展研学活动，食堂可同时容纳200人就餐。

课程一：认识蔬菜文化，尽展地域风采（研学学段：小学、初中、高中）

本课程通过蔬菜科普研学来激发学生热爱劳动的精神和树立食品安全的意识，同时，改善学生挑食偏食的普遍现象，帮助学生建立正确的饮食习惯。

课程二：寻觅水果文化，助力产业发展（研学学段：小学、初中、高中）

本课程通过基地水果的生态种植与加工、农村土地合理利用和规划的实践活动，引发学生对新农村发展的思考，磨练学生良好的表达能力和自主思考的能力。

其他课程：乐在烹饪、寻味广西、体验智慧农业、感受时代变迁、果蔬伴成长、乐趣福桂源等。

 基地地址：广西玉林市福绵区石和镇平坡村。

博白县桂牛·水牛小镇

　　博白县桂牛·水牛小镇是广西大规模奶水牛产业基地之一，更被称为广西桂牛奶水牛现代特色农业示范区，是广西桂牛水牛乳业股份有限公司下属旅游项目。小镇以奶水牛养殖、牧草种植、奶制品深加工产业为基础，是以水牛文化为主题、客家文化为底蕴的现代特色乡村旅游区，同时也是公司开展水牛文化科普研学活动的中心场地。基地被评为自治区三星级现代特色农业示范区、广西四星级乡村旅游区、广西五星级生态牧场。基地为广西第三批自治区级中小学生研学实践教育基地。

　　基地规划总面积200万平方米，主要分为科普园区、花山、草海、水果采摘园、烧烤区、餐饮民宿区、农业大棚采摘区、亲子牧场八大板块。其中科普培训基地占地24.3万平方米，总建筑面积13800平方米。基地已建有科普大楼1栋（包括科普展厅，科普培训教学厅，科普会议厅等）、蕴含客家建筑文化的科普学员住宿区、科普餐厅、奶水牛饲养体验厅、水牛奶DIY体验厅及新型牧草培育体验大棚；已建成有机果园、有机蔬菜园及有机花卉基地，共14.4万平方米。基地现有室内空间最多可同时容纳400人，户外空间最多可同时接待400人，基地整体最佳接待量为400～500人。

> **课程：我是小农夫（研学学段：小学、初中）**
>
> 　　本课程中，研学指导师向学生讲解种植业与畜牧业的基本知识，学生分别对农作物进行施肥、除草，以及喂养牲畜。
>
> 　　其他课程：水牛奶科普、牧草的种植、绳结情缘等。

基地地址：广西玉林市博白县白花村。

玉林容县润达家具有限公司

　　玉林容县润达家具有限公司是容县较早发展弯板终端家具的企业，已经打造成容县弯板企业的典型和行业的"标杆"，也是广西第三批自治区级中小学生研学实践教育基地。

　　基地最多可同时接待学生 900 人。

> **课程：小木工大学问（研学学段：小学、初中、高中）**
>
> 　　本课程可以让学生了解弯曲胶合板家具的生产流程、木工工艺在家具制造中的作用、榫卯结构在家具的应用、虹桥原理等，从而使学生知道木工工具在家具中的应用，以及家具的演变、制作、结构等知识。

📍**基地地址**：广西玉林市容县九龙工业园九龙大道 6 号。

玉林市博白宝中宝广博中小学生研学实践教育基地

玉林市博白宝中宝广博中小学生研学实践教育基地拥有积极高效的管理团队，坚持"规范办学、诚信办学、特色办学、优质办学至上"的办学方针，坚持"理事会领导、校长负责、民主管理、严谨治学"的管理体制。基地内外部资源丰富，交通便利，是广西第四批自治区级中小学生研学实践教育基地。

基地占地面积约2万平方米，最多可同时接待学生3500人。基地有功能齐全的游泳池（可同时容纳200人）、农耕地和生态园（可同时容纳500人），供师生了解农耕，体验农耕文化生活。基地除拥有舞蹈室（可同时容纳50人）、画室（可同时容纳50人）、多功能智慧教室（可同时容纳50人）、学校计算机房（可同时容纳50人）外，还拥有可容纳500人同时进行拓展的场地。

课程一：玉林非遗知多少，乡土乡情探秘行（研学学段：小学）

本课程可以让学生了解羽毛画的历史起源，了解羽毛画在玉林非遗文化中的地位与作用。学生学习并了解羽毛画的文化内涵，亲手制作羽毛画，体验动手制作羽毛画的乐趣。

课程二：非遗文化遗产，中华民族的瑰宝（研学学段：初中）

本课程通过非遗工匠的创新实操讲解，引导学生编制芒编，传承和发展非遗文化。学生可近距离认识芒编，欣赏芒编，探索芒编背后深刻的文化内涵，享受芒编所带来的愉悦，感受非遗文化的魅力。

课程三：对话非遗传承人，匠心活化老手艺（研学学段：高中）

本课程中，学生了解玉林独特的配茶小吃，感受非遗茶泡的魅力。学生可以亲手制作茶泡，品茶、品茶泡，了解茶文化。课程以研学引导学生感受玉林这个城市的文化底蕴，践行非遗教育。

其他课程：中医发展协奏曲·五行生克论平衡、酒店行业我知道·细节服务很重要、探秘广博水果园·奇趣欢乐研学行、春种秋收奥妙多·二十四节气象新、溺水警钟时常鸣·安全教育记心中等。

 基地地址：广西玉林市博白县博白镇人民北路 239 号。

玉林市兴业葵峰中小学生
研学实践教育基地

广西葵峰富硒生态农业开发有限公司在位于海拔 800 多米的葵峰山，种植有 133 万平方米的茶树。葵峰山的土壤富含大量的硒元素，山坡翠谷，云雾飞飘、数夜珠露滋润，所产茶叶无污染且富含人体必需的硒元素，是人体补充有机硒的绝佳途径。

玉林市兴业葵峰中小学生研学实践教育基地占地面积约 300 万平方米，主要开发富硒茶、富硒油茶、富硒农作物及种植中草药等。基地设有多媒体教室、生态餐饮区、文化科普长廊及展厅、制茶车间、采茶实践体验区、种茶实践体验区、茶艺室、研学教室、劳动体验区、研学接待中心等区域，可同时接待 2000 名学生开展研学活动。基地为广西第四批自治区级中小学生研学实践教育基地。

课程一：动动你的双手，体验种茶乐趣（研学学段：小学、初中）

本课程将立德树人的教育目标融入种茶实践活动中，为学生深入了解茶叶种植知识与方法提供了完整的课程体系，增强学生热爱家乡、热爱劳动的责任感和认同感。

课程二：寻茶之芳香，享劳之成果（研学学段：小学、初中）

本课程结合学生的心理特点，带领学生走进千亩有机茶园。以中国茶文化为核心内涵，通过参与实践、交流与表达、展示与评价等活动环节，加深学生对中国茶文化的热爱。

其他课程：采撷富硒好茶、传承制茶技艺、探秘葵峰蔬菜园、感受趣味研学行、茶人雅韵·品茗悟道、品富硒好茶、习茶艺礼俗、富硒好茶·"匠心"独造等。

 基地地址： 广西玉林市兴业县山心镇葵峰村。

玉林市陆川龟岭谷中小学生研学实践教育基地

　　玉林市陆川龟岭谷中小学生研学实践教育基地获评"广西第四批自治区级中小学生研学实践教育基地"，内设有竹编、草编、歌会、赛龙舟、刺绣、木雕、戏剧等表演和种植、养殖、耕种捕捞、推磨、育苗、栽培等农事体验活动。基地聚焦中小学生发展核心素养，根据小学、初中、高中不同学段学生的学情及需求，开发了以龟文化、金花茶、国防科技为主题的9个研学课程。基地研学实践课程以体验式教育为主，旨在培养学生突破自我、合作创新等意识。2020年，基地获"广西四星级乡村旅游区"和"自治区森林旅游康养基地"称号。

　　基地占地面积约133万平方米，设有户外拓展项目和休闲体验场所。基地全年开放，瞬时最大承载量为3100人，日最大承载量15200人。基地配备研学旅行接待中心、停车场、休息室、医务室等配套设施，能同时容纳300名研学旅行学生用餐，设有1个晴雨棚，可容纳500人。基地内设有与研学实践教育活动相匹配的教育教学设施，拥有6个研学教室，可同时提供300个学生进行研学活动。

　　课程一：探寻龟岭谷秘境·乐享龟趣促成长（研学学段：小学）

　　本课程中，学生可以从学习探究、思考讨论、互动体验三个方面来感受龟岭谷龟文化的文化底蕴，着重对龟文化及龟的生态特征进行学习。

　　课程二：解锁中草药奥秘·弘扬国粹共健康（研学学段：初中）

　　本课程中，学生可以体验油茶、金银花的采摘与加工，掌握油茶、金银花药用价值，学习中草药文化特点及其价值。

　　其他课程：龟甲古迹传千古·龟趣经济新发展、奇趣乌龟养殖员·探索职业新体验、亲近自然寻茶趣·弘扬传统探茶道、探寻自然振兴路·携手同行共致富、国防连着你我他·安宁维系千万家、开创时代新长城·全民同心筑国防等。

 基地地址：广西玉林市陆川县沙坡镇高庆村平田坡水库面牛坪塘。

玉林福达香料中小学生研学实践教育基地

　　玉林福达南香料中小学生研学实践教育基地以"中国八角看广西、广西八角看玉林""无药不过玉林，寻香必至玉州"为目标，以"玉林香，天下享"为教育使命，以"科普香料文化和知识"为教育宗旨，依托玉林国际香料交易市场，规划打造了玉林香料展览馆、研学教室、综合活动馆等功能场所，开设了舌尖上的香料、卤料与食品安全、香料文化等一系列研学实践教育课程。基地为广西第五批自治区级中小学生研学实践教育基地。

　　基地建立了完善的研学实践教育服务体系，与玉林本地及周边的小学、中学、研学机构、培训机构达成良好的合作关系，为学生提供一个研学实践教育大课堂，积极打造出独具特色的研学新高地。

　　玉林福达香料研学基地具备室外研学实践活动场所，有研学专用教室。基地全年开放，最大接待学生人数为2000人。基地设有普通研学教室和特色主题研学教室，如香料文化主题教室、香料DIY手工教室、药食同源教室等并配套相关的教学设备和规章制度。基地内拥有7间研学教室，可同时容纳1500学生开展研学实践活动，有专门主题研学教室和研学拓展大厅。依托现有的研学资源，基地可以划分为不同的研学体验区，如香料职业体验区、香料市场体验区、香料展示科普体验区等。基地内现有餐厅可以为中小学生提供优质健康的餐饮服务。

> **课程一：探寻八角的一生（研学学段：小学）**
>
> 　　本课程指导学生认识香料中的八角，了解八角的用途；学生实践体验学习八角知识，了解基本的香料知识。
>
> **课程二：古时香方，今日新作（研学学段：初中）**
>
> 　　本课程围绕玉林国际香料交易市场深度学习香料文化，通过实践体验学习知识，学生能了解基本的香料知识并学习香料制作的美食特点，辨别其中的食品安全。
>
> 　　其他课程："走进福达香料，探寻香料之秘"、寻味烧烤的灵魂——孜然、卤料包我会做、"享卤料之美味，探香料之发展"、一起来做香包、"明辨真假，识香本质"。

 基地地址：广西玉林市陆川县北部工业集中区。

玉林福达克拉湾中小学生研学实践教育基地

玉林福达克拉湾中小学生研学实践教育基地以克拉湾水上乐园为基础，充分利用项目现有场地和设施，进行研学实践教育场所改造和搭建，打造出海洋科普教室、海洋生态教室、研学主题教室、户外运动区等功能场所。基地以"趣探索、赋新能、助成长"为使命，建立研学实践教育服务体系，打造水主题的运动、科技、安全、拓展四大实践教育课程体系，为学生提供研学实践教育大课堂，打造出独具特色的研学新高地。

基地被评为广西第五批自治区级中小学生研学实践教育基地，是一个研学场所齐全、课程主题鲜明、管理体系健全的中小学生研学实践教育基地。

基地全年开放，最大接待学生人数为1500人。基地具备室外研学实践活动场所及研学专用教室。基地以体验式教育为主，为学生提供动手、动脑、健身、健心体验的综合教育课程，并且接待中心配套设施完善，能提供便利服务。

课程一：开启奇妙之旅，共护水资源（研学学段：初中）

本课程以全方位解读水资源为主，带领学生进行一水多用等实践活动。通过加强对烹饪的各方面了解和学习，引导学生了解水资源的作用和用途，让学生自主动手参与水资源保护的建言献策，激发学生对水资源的探索欲望和学习热情。

课程二：有力量的水（研学学段：初中）

本课程以全方位解读水的各种力为主，带领学生进行浮力实验、压力实验等实践活动，将实验原理和实践活动融入研学课程开发中，对学生进行科学文化教育。通过实验，引导学生了解水的相关科学知识原理及生活中常见的现象，同时加入形容水的成语或谚语的学习，让学生自主动手完成科学小报和相关实验。

其他课程：我是水质净化小能手、走进水世界，探究水奥秘、乘风而来的浪花、一朵浪花的自我介绍、水上安全知识知多少、我是水资源小卫士、探秘蓝色星球里的水世界。

 基地地址： 广西玉林市玉东新区江滨东路9号。

龙镇村中小学生研学实践教育基地

　　龙镇村中小学生研学实践教育基地以"营造生态、自然、优美的宜业宜居环境"为宗旨，是一座集研学教育、旅游、休闲、娱乐于一体的生态文化公园。研学教育实践活动以增强体验性、趣味性、探究性为目标，不断完善教育措施、完备硬件设施；不断加强校企合作，让学生在校所学与基地实践有机结合，让学校和基地的设备、技术实现优势互补、资源共享。基地为广西第五批自治区级中小学生研学实践教育基地。

　　2022年，基地被评为自治区中小学劳动教育实践基地、玉林市中小学劳动教育实践基地。

　　基地各个活动区域可同时容纳1000人以上开展研学旅行实践教育活动，学生餐厅可同时接待300名学生用餐。基地全年开放，最大接待学生人数为1500人。

> **课程一：观宗祠学家风（研学学段：小学）**
>
> 　　本课程通过设计听旨、看古宅、学家风等活动，让学生通过网上搜集资料初学、动手体验、互动交流探讨、成果展示评比等学习方式，了解古建筑特色，学习优秀的萧氏家风家训，传承传统文化，激发学生对家乡的热爱之情。
>
> **课程二：探究沙田柚的奥秘（研学学段：初中）**
>
> 　　本课程通过设计听旨、观柚、摘柚、制作学艺等活动，探秘容县沙田柚肉甜水足的原因，从而增强学生的观察能力、动手操作能力。
>
> 　　其他课程：住宅有学问、探寻一粒米的前世今生、家乡的"名片"。

 基地地址：广西玉林市容县自良镇龙镇村。

百色市
广西高新农业产业投资有限公司

广西高新农业产业投资有限公司的中小学生研学实践教育基地以百色国家农业科技园区的80万平方米核心区为中心，覆盖34万平方米芒果智慧庄园、20万平方米现代化育苗工厂、6.6万平方米大湾区蔬菜基地等产业基地，辐射敢壮山文化遗址、二都暴动纪念公园等生态和文化基础资源，依据百色市田阳区百育镇"园镇一体化"发展规划，践行乡村振兴战略，以夯实产业基础、推行科技兴农、弘扬革命传统、传承民俗文化为主要方向，推出不同主题研学实践路线和课程。基地为广西首批自治区级中小学生研学实践教育基地。

基地最多可同时接待学生290人。园区建设有接待中心、实验楼、院士科研站、杧果文化长廊、杧果壹号馆、杧果酒/杧果干加工基地、特色药用植物展示园、中国热带农业科学院实验楼等功能区，以及酒店、特色民宿等服务设施，能够满足各类团队活动的需求。

课程：我为百色农业发展助力（研学学段：初中）

本课程中，学生体验杧果、沃柑等农产品生产加工流程，了解百色园区的农业产业发展优势及其产业地位。课程还包括学生团队拓展互动小游戏，培养和加强学生的团队协作能力。

其他课程：走进院士工作站、我是新型小农。

📍 **基地地址**：广西百色市田阳区百育镇广西百色国家农业科技园区。

田东县天成有机农业核心示范区研学教育基地

　　田东县天成有机农业核心示范区研学教育基地建有 100 万平方米的果蔬有机量化生产基地及 4 万平方米的智慧育苗工厂，大量引进和投用现代先进设施设备，使用高规格温室大棚，水肥一体化喷、滴灌，全程机耕等农艺技术，旨在建成智慧农场，引领广西农业向智慧农业发展。基地获得广西现代特色农业核心示范区、广西农业产业园区、广西大数据与农业深度融合重点示范项目等荣誉。基地最多可同时接待学生 390 人。基地为广西第二批自治区级中小学生研学实践教育基地。

课程一：农业现代科技（研学学段：初中、高中）

　　基地引进了农业机械、自动化灌溉、无人运输车、田间监测、物联网等先进农业机械设备和管理技术，能够实现农田气象墒情采集、精量播种、水肥一体化精准自动化滴灌、精准植保。本课程通过现场的演示操作和讲解让学生重新认识农业产业，扭转学生心目中"面朝黄土背朝天"的传统农耕和农民形象，了解农业的现代科技。

课程二：农业生产实践（研学学段：小学、初中、高中）

　　本课程主要提供实践场地，让学生亲自动手参与蔬菜的生产各个环节，包括播种育苗、蔬菜移栽、采摘等，全面提高学生的动手能力和思想觉悟，让学生懂得珍惜粮食。

　　其他课程：农业科普、农业历史。

 基地地址：广西百色市田东县江城镇供固村。

百色欢乐小镇

百色欢乐小镇是广西百色智东文化旅游投资有限公司出资建设与经营管理的旅游开发项目之一。智东公司于 2016 年开始以"文化旅游产业 + 新型城镇化"为主题进行了欢乐小镇规划建设。2018 年百色欢乐小镇一期建成运营，获评国家 AAAA 级景区，并在百色市委市政府、百东新区管理委员会和相关部门的大力支持下建立研学实践基地。百色欢乐小镇分期建设，现主要运营项目有星河水上乐园、星河雪世界、星河湾汤泉、星河度假酒店、星河奇幻港、星河都市时光、星云双塔、百东户外越野公园。基地最多可同时接待学生 300 人。

课程一：认识百东新区，展望家乡发展（研学学段：小学、初中、高中）

本课程通过图文和视频的形式展示百东新区的建设发展成就，引导学生加强对家乡发展的自豪感。学生通过动手绘画既能加深认识，又能培养自身的想象力和动手能力。

课程二：冷暖自知，酸碱适宜（研学学段：高中）

星河湾汤泉是百色地区第一家真正意义上的温泉旅游休闲中心。本课程通过对水的物理特性和化学特性的实验，加强学生的动手能力和知识巩固。

其他课程：体验式防溺水教育、"科技·生活·创意——科技之光，地球之美"。

基地地址：广西百色市右江区南百二级路旁百东新区 BD05-12-02 地块（百东企业服务站）。

凌云县金字塔茶山景区研学实践教育基地

　　凌云县金字塔茶山景区研学实践教育基地是以茶文化为核心，集茶叶种植、采茶与制茶体验、民族风情体验、生态农业观光、休闲娱乐等特色旅游于一体的综合性茶文化研学实践教育基地。基地内，游客可以在凉风习习的茶仙亭、茶圣亭、茶王阁上感受茶道之美，品一碗茶姑奉上的凌云名茶，欣赏翠碧茶山的旖旎风光，聆听壮族、汉族、瑶族的原生态山歌。基地于2018年被评为广西生态旅游示范区，于2022年入选广西第四批自治区级中小学生研学实践教育基地。

　　基地有机茶园总面积约120万平方米，年产绿茶10吨、红茶15吨、黑茶30吨、白茶1吨，在国内同行列中处于领先地位。基地可接待800名学生同时开展活动，预计未来最多可接待2000名学生同时开展活动。

课程一：寻茶趣——小小采茶师（研学学段：小学）

　　本课程中，研学指导师向学生讲解各类农具的使用方法，学生进入茶园采摘茶叶。

课程二：茶叶加工体验（研学学段：高中）

　　本课程结合生物、物理、语文的相关知识，让学生学习茶叶加工的制作方法并体验加工茶叶。

　　其他课程：茶园规划师、有机茶叶种植、探秘白毫茶、"习茶艺，悟茶道"等。

基地地址：广西百色市凌云县加尤镇央里村那力屯。

广西平果时宜农业中小学生研学实践教育基地

广西平果时宜农业中小学生研学实践教育基地建于 2018 年，集桑蚕生产、经营、科研、文化于一体，实行育、繁、推一体化，是广西规模化种桑养蚕及桑蚕资源深度开发经营的科技企业。基地位于平果市坡造镇龙板村感笔屯，交通便利。基地建立以来先后被评为百色市农业产业化重点龙头企业、人工饲料养蚕示范点、产学研战略合作基地、大学生实习实践基地、桑蚕机械研发基地、广西现代蚕桑高质量发展试验示范基地、后续扶持产业种桑养蚕实训基地。基地为广西第五批自治区级中小学生研学实践教育基地。

基地建设有集工业旅游、生产研发、品牌展示、商务休闲、科普教育于一体的桑蚕丝绸文化园，园内设接待大厅、科普教育区、发展历程区、企业荣誉墙、丝品生活馆、生产演示区、养蚕体验区、党建活动室。基地全年开放 200 天，最多可同时接待学生 350 人。

课程一：蚕宝宝的一生（研学学段：小学）

本课程引导学生从蚕的"卵—幼—虫—蛹—成虫"5 个阶段对蚕进行细致观察和研究，让学生在学习养蚕的方法和亲历养蚕的过程后，对养蚕活动进行一个回顾、梳理和思考。

课程二：研习蚕桑文化，传承丝绸文明（研学学段：初中）

本课程根据中小学阶段学生的知识需求和身心特点，以蚕桑文化为课题背景，结合自然与科学课的知识，通过研习桑蚕文化，追寻古代丝绸文明之路，以自然教育和体验式教学的方式让学生增长知识、提升能力、历练品格。以古人之智慧，铸当代之匠才，传承优秀的蚕桑农耕文化，给学生开辟一块丝绸文化的认知土壤，让学生体验丝绸之路，感受蚕桑文化之旅。

其他课程：神奇的蚕丝被、蚕丝工艺传承、产业带动乡村振兴、小小黄金菇中的大学问。

 基地地址：广西百色平果市坡造镇龙板村感笔屯。

广西梧州农业学校

广西梧州农业学校是广西壮族自治区级农业农村厅直属的公办中等职业技术学校，于2019年与广西农业职业技术学院、广西机电职业技术学院联合举办全日制大专层次高等职业教育。学校开设有计算机应用、汽车运用与维护、畜禽生产技术、园艺技术等14个专业，其中计算机应用、畜禽生产技术为自治区示范专业。学校先后被评为国家级重点中等职业学校、广西中等职业教育示范特色学校、全国第三批国防教育特色学校、广西第三批自治区级中小学生研学实践教育基地、自治区中小学劳动教育基地等。

基地最多可同时接待学生400人。学校拥有实习实训教学场馆3万多平方米，专供农类专业实验实习的田地7.2万平方米，拥有专门图书馆、藏书室、采编室、阅览室和电子阅览室，有藏书10万余册，各种报纸杂志310种。

课程一：蔬菜栽培体验（研学学段：小学）

让学生参与蔬菜栽培的全过程，认识蔬菜，体验劳动的乐趣。

课程二：植物识别与护理（研学学段：初中）

了解常见植物种类和基础种植护理知识。

课程三：动物饲养体验（研学学段：高中）

了解常见动物饲养护理技巧和基本疾病防治。

其他课程：动物是怎样生活的、认识蔬菜、走进动物世界、感受千年农耕文化、学学宠物护理知识、人与宠物相处的快乐。

 基地地址：广西贺州市八步区建设东路156-1号。

富川生态高值农业科技示范园

富川生态高值农业科技示范园以园林景观服务区、农业种植区、道路工程、水域整治、湿地恢复、果蔬大棚及生态餐厅为主导方向，以高科技研发、规模化生产、产业化经营、标准化管理为发展基础的产加销、贸工农一体化的生态林农企业，兼备科研教育、典型示范、学生研学及农业观光旅游等多功能综合发展的农业生态园。园区中的研学基地以培养综合素质为核心，以农业科普教育为特色，增强青少年的劳动实践能力，提高学生户外生活能力和创新精神为目的。基地展示厅集无土栽培生产、旅游观光、科普教育为一体，主要展示 30 种栽培模式和约 150 个优良品种。

基地为广西第四批自治区级中小学生研学实践教育基地。基地占地面积 58 万平方米，拥有两个 9600 平方米的科技展示厅，可以同时容纳 300 人开展研学实践活动；一个 5700 平方米的生态餐厅，可以同时容纳 800 人用餐；两个户外劳动实践种植区，占地面积分别为 1642 平方米和 1444 平方米，可以同时容纳 100 人开展劳动实践活动；会议室 1 间（可同时接待 30～50 人）、普通教室 1 间（可接待 20～30 人）。

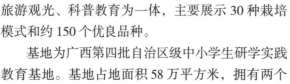 **课程一：让我们一起种菜吧——阳台菜园（研学学段：小学）**

富川生态高值农业科技示范园中有一处美丽的阳台菜园展示区，学生在研学指导师的讲解下初步认识阳台菜园，分组合作，搭建自己的阳台菜园，种植自己喜欢的蔬菜，亲身体验劳动的快乐。

课程二：蔬菜病虫害防治（研学学段：高中）

本课程中，学生可以在大棚内查看病虫害情况，了解蔬菜发病症状，可以在研学指导师的讲解下寻找病虫害标本，还可以在园中使用灯光诱捕，诱虫纸贴、喷雾杀虫等防治方法。

其他课程：富川脐橙实践活动、蔬菜育苗体验、水培蔬菜体验课、无土栽培实践活动、种植蔬菜劳动体验等。

 基地地址：广西贺州市富川瑶族自治县富阳镇铁耕村。

贺州市青少年学生校外活动中心
（营地）

  贺州市青少年学生校外活动中心坐落在贺州市园博园，为广西第四批自治区级中小学生研学实践教育营地。营地坚持"格物致知，知行合一"的理念，开设茶道文化、非遗瑶绣、经典阅读、国学书法、安全体验、应急救护、数字地理、航模创意、创客空间、3D 设计制作、户外拓展、体育竞技、无人机飞行等实践课程。营地施行"3+2"与"2+1"模式：中学生每期研学实践为 5 天，其中 3 天在营地开展活动，2 天在营地周边进行研学实践；小学生 2 天在营地开展实践活动，1 天在周边进行研学实践。

  营地一期工程规划占地面积约为 33341 平方米，建筑面积 18512.27 平方米，有室内综合实践区、室外劳动实践区、综合训练区、生活区四大功能区域。营地可容纳 2000 人开展校外综合实践活动，可同时接待 600 名学生住宿，食堂可同时接待 1000 人就餐。

> **课程一：初探瓦当**（研学学段：小学、初中、高中）
>
>   通过研学课程，学生可初步了解瓦当是一种立足于实际社会需求的课程。在瓦当课程的学习中，学生可以自由发挥想象力，尝试各种创意和设计，从而提高创造力和独立思考能力。同时，学生在项目合作中也能锻炼自己的领导能力和沟通能力，促进自身个性特点的发展，树立自信心和责任感。
>
> **课程二：非遗瑶绣**（研学学段：小学、初中、高中）
>
>   学生通过课程学习，可以了解到随着社会的变迁和科技的发展，非遗瑶绣在当代不仅延续了传统工艺，还融入了现代元素，在图案设计、材料选择、工艺技术等方面进行了创新；一些传统瑶绣作品逐渐融入时尚元素，成为服装行业与家居用品行业的新宠，为瑶绣在时代潮流中的传承注入了新的生机与活力。学生在课程中可以认识到保护和传承瑶绣不仅仅是对文化传统的尊重，更是对当地经济的有力促进。
>
> **课程三：创客设计**（研学学段：小学、初中、高中）
>
>   学生通过创客设计，充分认识到运用技术、工程与艺术的知识和技能对实际问题的解决能力。课程将传统的 DIY 精神与现代科技手段相结合，强调个体的创造力和实践能力，内容与科学、技术、工程、数学密切相关。

 基地地址：广西贺州市八步区莲塘镇东鹿村园博园规划区。

河池市

河池市宜州区青少年综合教育实践学校（营地）

河池市宜州区青少年综合教育实践学校（2016 年前称"宜州市青少年综合教育实践学校"）成立于 2010 年，是经宜州市人民政府批准设立的中小学生校外活动、教育、培训的专业机构，是广西首家专注为不同成长期的青少年学生提供体验教育服务和解决方案的专业营地。营地为广西首批自治区级中小学生研学实践教育营地。

营地综合实践区及户外实训区占地面积约为 3.3 万平方米。营地建有办公大楼、学员宿舍公寓、高空拓展综合训练场、水上活动乐园、多功能厅、风雨训练棚、模拟法庭、学员澡堂，以及禁毒、反邪教、消防、交通等主题教育展馆，另有天文气象、手工、机器人等实验器材及地面拓展训练项目等系列基础配套设施。营地最多可同时接待学生 680 人。

课程一：探访刘三姐故居（研学学段：小学、初中）

课程主要内容为参访刘三姐故居，通过布置定向任务让学生了解刘三姐生平及其山歌特点、传承现状，学生可以体验民族传统体育运动，与歌王学唱山歌及观看实景剧等活动。

课程二："怀远风炉"陶艺（研学学段：小学、初中）

本课程由广西传统工艺孵化中心陶艺馆执行馆长、南宁师范大学传统工艺研究院特聘高级工艺师颜多福老师亲自授课，课程主要内容有风炉的兴衰与思考、风炉的技艺学习，可以提高中小学生的审美及艺术素养，是集绘画、书法、雕塑、装饰、人文于一体的综合性研学实践活动。

课程三：仫佬剪纸（研学学段：小学、初中）

本课程由仫佬族第四代非遗剪纸传承人、中华文化促进会剪纸艺术委员会会员、广西民间文艺家传统工艺专业委员会委员罗华清老师亲自授课。本课程旨在让学生感受民间艺术的魅力，培养学生的动手、动脑能力，对艺术的鉴赏、创新能力。让学生体验仫佬剪纸，并透过引导思考环节，让他们思考剪纸意志锤炼的过程，把耐心、细心、专心的劳动习惯融入其他学习中。

其他课程：传统园林设计、宜山趣水、刘三姐国际研学、领导力与责任心、黑洞力量等。

 基地地址：广西河池市宜州区庆远镇马安村。

河池市金城江区青少年社会实践教育基地（营地）

　　河池市金城江区青少年社会实践教育基地由河池市金城江区教育局、河池市金城江区青少年学生校外活动中心主办，为广西首批自治区级中小学生研学实践教育营地。

　　营地最多可同时接待学生1200人。

课程一：参访红军广场、传承红色基因（研学学段：小学、初中）

　　本课程中，学生可以参观红七、八军整编阅兵广场及红七军营地，了解红七军的历史沿革和邓小平、韦拔群等老一辈无产阶级革命家在广西领导各族人民英勇斗争的光辉历史。

课程二："洞见六甲"探洞课程（研学学段：初中）

　　本课程中，学生可以学习速降技巧与自我保护方法、研究性学习溶洞的形成及特点；了解石钟乳、石笋和石柱的形成；了解生物建造学说。

课程三：挑战自我高空组合课程（研学学段：小学、初中）

　　本课程主要有断桥、晃桥、高空抓杠、生死相依等项目，通过活动提高学生身体的灵活性，提高学生的感知力和认知力，增强学生面对挑战时应具备的生存能力和适应能力，让学生可以适应变化，主动变化，从而提升学生的综合素质。

　　其他课程：高峡出平湖、紧急救护、核心价值观体验课、劳动教育、植物作画、品格教育、无线电定向运动。

基地地址：广西河池市金城江区六甲镇六甲街40号。

桂合泉现代农业产业园

桂合泉现代农业产业园于 2018 年 5 月开始建设，园区占地面积 15 万平方米，主要包括户外体能素质拓展区、传统农耕文化展示厅、二十四节气文化展示区、蚯蚓葡萄立体种植园、水稻种植基地、火龙果种植基地、种牛繁育基地、传统窑鸡场所、党建活动室等功能区。园区是一处集传统农耕文化、现代大棚立体种植、利木赞种牛繁育基地、肉牛养殖及休闲农业观光于一体的综合实践教育基地。

基地为广西第四批自治区级中小学生研学实践教育基地。园区内设有 7 个可容纳 30～200 人的研学活动场所，设有户外素质拓展区，配备有多种可供学生进行素质拓展的设备，还设有可同时接待 500 人用餐的餐厅。基地最多可同时接待学生 1000 人。

课程一：探索黄牛的起源与进化（研学学段：初中）

本课程中，学生通过参观产业园的黄牛养殖基地，了解中国黄牛起源为原牛，原牛在新石器时代开始驯化，驯化后的黄牛在外形、生物学特性和生产性能等方面都发生了很大变化；了解黄牛从役用牛到食用牛的变化过程，以及通过现代养殖技术养殖后，食用牛的肉质及营养价值的变化。

课程二：探寻牛的精神（研学学段：高中）

本课程中，学生参观黄牛养殖基地，大致了解黄牛的养殖过程，了解黄牛的体格及其性能特征；体验农事活动，了解黄牛的历史农耕文化，感受黄牛在传统的农业生产、农村生活、农民生计的重要作用。

 基地地址： 广西河池市都安瑶族自治县高岭镇龙洲村内东屯。

来宾市

来宾市示范性综合实践基地学校
（营地）

　　来宾市示范性综合实践基地学校是一所直属来宾市教育体育局管理的公立学校，主要建设有室内综合实践区（教学综合楼）、学生食堂、学生公寓楼、拓展训练区和军事活动体验区、交通知识普及示范区、生活体验区和室外劳动实践区等。营地为市内各中小学校提供校外综合实践活动平台，承担全市中小学生开展综合实践活动的指导任务，开展丰富多彩的综合实践活动。

　　学校为广西首批自治区级中小学生研学实践教育营地。营地占地面积约为8.6万平方米，建筑面积2.1万平方米，最多可同时接待学生700人。

> 🔴 **课程：研学血色昆仑关，传承民族抗战魂（研学学段、小学、初中）**
>
> 　　本课程中，学生在研学指导师的带领下参观科普历史长廊，了解国防知识和我国的红色历史。在参观的过程中，学生可以从一张张泛黄的图片、一件件锈蚀的物件中真切感受到昆仑关战役的惨烈，学习军人为保家卫国、不怕牺牲、勇往直前的精神。

📍 **基地地址**：广西来宾市兴宾区水韵路68号。

广西合山国家矿山公园东矿园区

广西合山国家矿山公园东矿园区由合山市盛合旅游开发有限责任公司经营管理，位于322国道线原合山矿务局东矿，占地面积约26.67万平方米，现已建成广西合山国家矿山公园博物馆、井下采煤体验区、矿山公园主碑、主题火车餐吧、蒸汽机车头、选煤楼遗址、矿山设备遗迹展示馆、28铁轨·十里花廊等主要景点，是以展示人类矿业遗迹景观为主体，体现矿业发展历史内涵，具备研究价值和教育功能，可供人们游览观赏、进行科学考察与科学知识普及的旅游景区和研学实践教育基地。

基地被评为国家AAAA级旅游景区、广西第三批自治区级中小学生研学实践教育基地、首批广西少先队校外实践教育基地。基地设计开发有6个研学课程，其中初中课程"探秘八桂'光热城' 研学我国能源结构"被评为"广西十佳文博研学课程"。

基地游客中心可同时接待200人，主碑广场可同时接待2000人，矿山博物馆可同时接待200人，设备遗迹展示馆可一次性接待300人，多媒体教室可同时容纳100人，火车餐吧可同时容纳100人。

> **课程：探秘八桂"光热城" 研学我国能源结构（研学学段：初中）**
>
> 本课程中，学生可以了解和掌握地壳运动与地质构造、岩层特性及煤炭等矿物关系的基本地学知识；了解煤的形成、开采、运输及合山市煤炭枯竭过程，提高学科素养，引导学生关注可持续发展。
>
> 其他课程："研学百年老矿，探究煤炭成因"——自然生态主题研学课程（第一阶段）、"制作蜂窝煤球，培养劳动习惯"——劳动教育主题研学课程（第一阶段）。

基地地址：广西来宾市合山市岭南镇原矿务局东矿园区。

来宾市国家现代农业产业园研学实践教育基地

来宾市国家现代农业产业园研学实践教育基地建于 2018 年，实施主体为广西来宾现代农业投资集团有限公司。基地规划涉及凤凰、桥巩、良江、正龙、大湾 5 个乡镇，总面积约为 1.8 亿平方米，常住人口约 10.8 万人，主导蔗糖、特色柑橘、畜牧养殖等产业，有柑橘标准化种植基地、大棚蔬菜基地和铁皮石斛基地等。基地的金凤甜源甘蔗种业现代化示范区甘蔗种植面积 133 平方千米，其中有"双高"糖料蔗基地约 40 平方千米，国家级区域性甘蔗良种繁育基地约 667 万平方米，装备农业机械 80 多台（套），配套建设有 3000 多平方米标准化甘蔗健康种茎工厂（包含两条种茎生产线）和 3000 多平方米农机库房，具备实施甘蔗生产全程机械化示范项目基础条件。基地为广西第四批自治区级中小学生研学实践教育基地。

基地接待中心单次可接待 200 人，有约 1800 平方米、可同时容纳 80 多辆车的停车场。金凤甜源甘蔗种业现代化示范区可一次性接待 500 人；瑶仙草铁皮石斛基地一次性可接待 500 人；大棚蔬菜基地一次性可接待 500 人。

> **课程：走进金凤甜源甘蔗种业现代化示范区，研学繁育糖料蔗良种（研学学段：初中、高中）**
>
> 本课程中，学生可以认识桂中区域发展的优良桂糖系列品种，了解甘蔗良种繁育技术；了解工厂化甘蔗健康种茎生产的过程与方法；了解世界、中国、广西糖业的历史和发展现状。
>
> 其他课程："走进金凤甜源糖料蔗生产示范基地，研学甘蔗全程机械化""走进数字甘蔗示范应用基地，探秘数字农业生产技术""走进现代农业产业园，探究大棚蔬菜种植秘密""走进金凤甜源蔗海，探究世界蔗糖作物分布规律及糖文化""走进再润生态科技公司，研学微生物修复技术服务绿色农业"等。

 基地地址：广西来宾市兴宾区现代农业产业园西侧路与之江路北端连接线处。

来宾职业教育中心学校中小学生研学实践教育基地

来宾职业教育中心学校是国家级重点职业学校、国家中等职业教育改革发展示范学校、全国职业教育先进单位。学校教育资源丰富，有非遗壮锦瑶绣技艺、民族音乐、民族舞蹈、民族乐器、民族体育、酒水调制、中华茶艺、礼仪形体、制糖工艺、中式烹饪、安全技术、智能制造、电工电子、汽车维修、电子商务、轨道交通、旅游服务、服饰工艺等122个生产性专业实训室，以及蔗糖博物馆、甘蔗良种繁育基地、工匠学院、技能大师工作室等情境式学习体验中心。

基地功能完善，设备先进，可以为学生研学提供丰富的优质资源。2022年，基地被评为广西第四批自治区级中小学生研学实践教育基地。基地自2019年9月运营至今，共开展研学活动28期，参加活动学生人数达8252人。

基地最多可同时接待学生1000人。基地分为室内、室外活动区。室内实践活动区有计算机房、篮球训练馆、舞蹈室、音乐室、茶艺室、蔗糖博物馆、来宾市乡村振兴基地直播室、模拟动车站、壮锦瑶绣民族文化馆，还有室外实践训练区（足球场）、竞技比赛区、生命安全教育区、学军学农活动区、交通知识普及示范区等5个室外实践活动区。基地能够满足学生2～5天研学实践教育需求。

课程一：优秀传统文化教育（研学学段：小学、初中、高中）

本课程中，学生可以先在校内进行服装工艺制作体验，学习壮锦手工制作技艺和瑶绣技艺；然后到忻城县莫氏土司衙署、壮锦手工制作坊、红糖手工制作坊，探究我国土司典章制度，体验壮锦、红糖手工制作工艺；最后到金秀瑶族自治县瑶族博物馆、瑶绣手工制作坊，探究"世界瑶都"的奥秘，体验非遗的传承工艺瑶绣制作等。

课程二：我爱家乡，与文明同行（研学学段：小学）

本课程中，学生可以探究本地农作物甘蔗及衍生产品制糖产业，在校内的蔗糖博物馆参观学习，体验制糖工艺。学生可以通过了解甘蔗的科普知识、参与相关任务，观察、品尝甘蔗，以及参观博物馆、制作冰糖葫芦等活动环节，感受家乡美、劳动美、技术美。

其他课程：弘扬劳模精神，厚植工匠文化。

 基地地址：广西来宾市兴宾区水韵路 68 号。

广西忻城驰程研学实践教育基地

广西忻城驰程教育信息咨询服务有限公司运行的广西忻城驰程研学实践教育基地是来宾市首个专业安全科普教育基地，项目占地面积约 16.6 万平方米，第一期于 2020 年 9 月 2 号开始建设，2021 年 6 月 3 日开放运营。基地可承接消防大队救生演练、党建活动、少儿军事夏令营、青少年防溺水游泳培训班、乡村防溺水救生员培训班、检察院组团安全知识科普教育、学校教师团建、中小学生安全主题研学等多项团体活动。基地被评为广西劳动教育实践基地、广西第四批自治区级中小学生研学实践教育基地、广西生态环境宣传教育实践基地、忻城县消防科普教育馆、忻城县社会科学普及基地、广西忻城防溺水训练基地。

基地全年开放，拥有集体大型研学活动场地 4 个，分别为安全科普教育培训馆、驰程劳动实践基地场地及游乐中心（原泮水生态公园）、户外拓展场地、中小学生防溺水培训馆。基地的合作场地有 4 个，分别为莫土司博物馆、薰衣草庄园、乐滩竹海景区、红河游轮观光游。基地单日可接待学生 1000 人以上，餐厅环境整洁优美，空气清新，可容纳 1000 人同时用餐。基地配备有专业接待、讲解人员为中小学生研学团队开展接待、培训工作服务，另设置有二维码标识用于展示科普读物、音像制品、研学导览示意图等。

课程：珍爱生命，谨防溺水（研学学段：小学、初中、高中）

本课程设计了实验验证、防溺水救护演练等研学情景，让学生通过培养科学观察能力，形成科学思维，增强学生珍爱生命、自我保护和参与救险的基本技能。

其他课程：全民消防，安全至上、奇妙的绳结、雕梁画栋、土司文化研究、我和蔬菜交朋友、创意画蛋壳等。

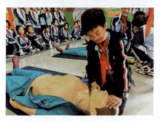

 基地地址： 广西来宾市忻城县城关镇古学路 169 号。

广西虎鹰研学实践教育基地

广西虎鹰研学实践教育基地践行"绿水青山就是金山银山"的绿色生态发展新理念，打造"森林中的工厂，工厂中的园林"，融绿色、环保、低碳、高效、节能为一体。基地有充满人文气息的信息化、智能化工厂，设有生态环境科普、节能低碳教育、劳动实践等研学课程。基地为广西第四批自治区级中小学生研学实践教育基地。

基地可同时接待学生 1200 人，同时容纳 500 人就餐。基地分为职工疗养功能区，工业旅游功能区，运动健身、休闲娱乐、研学实践功能区，果园种植功能区，农家乐烧烤、垂钓功能区，有机蔬菜种植及养殖基地、自然风光观赏区和文化长廊展示及研学实践区，建有室内体育馆、室内游泳池等。

课程一：探秘合山虎鹰水泥厂，研学石灰石华丽变身（研学学段：高中）

本课程中，学生可以运用高中地理学科有关工业布局原则的知识，分析合山虎鹰水泥厂的区位因素，将书本知识与实际应用相结合，夯实文化基础。

课程二：走进合山虎鹰水泥厂，探秘 DCS 系统的神奇作用（研学学段：高中）

本课程中，学生可以在亲身实践中探究 DCS 控制系统在现代化水泥生产等工业中应用的重要意义，培养求真务实的科学精神，提高学习现代科学的兴趣。

其他课程：走进虎鹰果园当一名果树小专家、研学工业余热变成电、研学工业废渣又变宝、探究水泥厂碧绿蓝天的奥秘。

 基地地址：广西合山市转型工业园马安片区五塘村。

合山市贡模研学实践教育基地

　　合山市贡模研学实践教育基地由合山市盛合旅游开发有限责任公司创建，基地位于合山市河里镇马安村贡模屯。马安村贡模屯是合山市唯一的瑶族聚居地，民俗文化浓郁。基地基础设施完善，居民区、观景区、研学实践活动区、文化活动区、产业发展区等功能区分布合理。基地为广西第四批自治区级中小学生研学实践教育基地。

　　基地最多可同时接待 2000 人，可同时容纳 500 人就餐。基地内的民族大广场可以容纳 500 人以上开展研学教育实践活动。基地建设有面积为 810 平方米的四合院，内设研学旅行接待中心、餐饮服务、展销厅、会议室、培训室等，周边有停车场、休闲步道、凉亭等休闲公共设施，能够满足学生集中教学、活动、体验的需求，功用齐全、布局科学合理。基地有接待中心，有专业的研学旅行工作人员负责接待和导引，配有与研学实践教育活动相匹配的教育教学设施（含软件），各项教学用具器材性能完好。

> **课程：走进贡模探究"旱改水"的重要意义（研学学段：初中、高中）**
>
> 　　本课程让学生通过实地考察，了解"旱改水"的内涵，探究合山市河里镇贡模移民新村实施"旱改水"土地提质工程的实施过程及其重要意义。
>
> 　　其他课程：走进贡模探究库区移民幸福新生活的奥秘、走进贡模瑶族移民村感受民族团结、"我来学打犁，感受田间劳动的艰辛"、我是种菜的小能手、我是非遗小传人。

 基地地址：广西来宾合山市河里镇马安村贡模屯。

崇左市
广西扶绥龙谷湾旅游休闲度假区有限公司

广西扶绥龙谷湾旅游休闲度假区有限公司具有良好的基础设施和环境，配备有完善的研学教学设备、生活设施、安全设备等。基地合理配备与中小学生研学实践活动规模适应的讲解、服务等研学指导师和工作人员，持续提升基地服务能力水平，能够保障中小学生研学活动的正常、安全开展。同时基地也将加大研学实践课程建设和线路研发力度，与学校教育相衔接，充分体现特色化、差异化，注重实践性、教育性，不断提升研学教育品质，切实为中小学生户外教育发展服务。

基地为广西首批自治区级中小学生研学实践教育基地。基地最多可同时接待学生 800 人。

课程一：一日研学课程（研学学段：小学、初中）

本课程中，学生走进"远古的呼唤"主题区，还原远古时代的文明印记，在研学指导师的讲解中了解古生物的繁衍历程和生活起源与进化所产生的重要意义。

课程二：三天两晚研学课程（研学学段：小学、初中）

本课程中，学生参加纪律训练、应急技能、感恩德育等课程，锻炼自主思考与动手能力，在学习科普与自然课程知识的同时树立正确的人生观。

 基地地址：广西崇左市扶绥县岜盆乡祥宁路 1 号。

广西石埠乳业数智生态牧场中小学生研学实践教育基地

广西石埠乳业集团成立于 1995 年，是广西第一家民营乳品企业，广西第一家 AAAAA 级畜禽现代化生态养殖场和广西唯一一家获得国家级休闲观光牧场荣誉的乳品企业。石埠乳业深耕乳业 29 年，始终秉承"品乳如品人·人品如乳品"的企业宗旨，先后荣获"国家级现代农业产业技术示范基地""国家级奶牛养殖标准化示范牧场""国家级休闲生态观光牧场"等荣誉。基地为广西第五批自治区级中小学生研学实践教育基地。

广西石埠乳业集团于 2017 年开始创建中小学生研学实践教育基地，基地位于崇左市扶绥县的生态观光牧场，以打造智慧农业、现代科技农业为出发点，多产业链布局实施奶牛科技养殖。基地依托崇左当地地域特色，结合石埠乳业生态观光牧场特有的产业资源，开发出了科技与人文有机融合的研学实践教育课程，通过探究、制作、体验等方式，助力中小学生综合素质教育的提升。

基地全年开放，最多可同时接待学生 1500 人。基地的公共休息设施布局合理，数量充足，设计精美，有自身特色；在有危险隐患地带或区域均设有安全防护措施，如防护栏、安全提示标识标语等，数量合理、设置规范。基地配备餐厅、医务室、接待中心、多功能教室等。

课程一：调配营养饲料，探究养牛生态循环（研学学段：小学）
本课程中，学生体验喂牛乐趣，识别饲料种类。

课程二：走进数智牧场，了解牛奶生产自动化（研学学段：初中）
本课程中，学生观摩牛奶生产，领略科技创新魅力。
其他课程：解密荷斯坦气候、探究养牛生态循环、探究乳品工业自动化。

 基地地址：广西崇左市扶绥县渠黎镇。

国防科工板块

广西科学院

广西科学院内有广西最大的生物标本馆、广西科学院院史展厅及野外科研基地等。2015 年起，广西科学院基于科研与科普内容，设计了海洋和喀斯特地区研学课程与线路，并编写了科学院科普系列丛书。广西科学院结合海洋研究、海洋生物研究、红树林研究、珊瑚礁研究和植物研究等工作，在亚洲地区的海洋教育领域享有一定的知名度，并与日本、韩国等亚洲的国家及地区共享滨海夏/冬令营线路与资源。

基地为广西首批自治区级中小学生研学实践教育基地。基地包含院内生物多样性标本馆、海洋生物标本馆、珊瑚和红树林标本馆、院史展厅、实验室等，室内建筑面积 2500 多平方米，可供学生参观与学习。基地位于涠洲岛的广西水生生物联合研究站，以及位于北海、防城港的多个滨海红树林研究基地都可开展科考研学。基地最多可同时接待学生 100 人。

课程一：北部湾滨海潮间带海洋生物调查（研学学段：小学、初中、高中）

本课程中学生可以参与北部湾潮间带生物调查，认识科学调查方法，了解广西沿岸的潮间带生物分布特征，学习整理调查报告及分析调查结果；在研学过程中感受广西沿海的风土人情和京族等沿海少数民族的文化风俗。

课程二：探秘红树林（研学学段：小学、初中、高中）

本课程中学生到广西沿海红树林自然保护区，了解红树林生态知识与红树林保护工作，调查红树林的底栖生物，认识广西沿海的红树林资源，探访红树林的奥秘。

其他课程：涠洲岛综合自然考察——地质地貌、涠洲岛综合自然考察——海洋生物、涠洲岛综合自然考察——夜观、海洋环境保护——海洋垃圾、北部湾海洋渔业资源调查——海鲜市场等。

 基地地址：广西南宁市西乡塘区大岭路 98 号。

广西绿邦国防教育训练基地

广西绿邦国防教育训练基地成立于 2015 年 4 月，先后被评为中小学素质教育综合实践基地、中小学劳动教育实践基地、广西航空体育飞行基地、学生军训基地、广西第二批自治区级中小学生研学实践教育基地和广西中小学劳动教育实践基地。基地一直承担全民国防教育、民兵训练、新兵役前训练、学生军训、中小学研学、冬/夏令营、党政机关和企事业单位军事拓展培训等工作任务，先后为 160 余所学校累计 140 余万人次提供校外实践活动服务。

基地占地面积约 6.5 万平方米，户外实践场地面积 20 多万平方米，单批次可同时容纳 3500 人学习生活。基地建有综合训练场、室内篮球场、千人食堂、学生宿舍楼、多功能教室、研学教育展厅、航空科普馆、消防科普馆、民族民俗馆、内务展示馆、公共安全馆、心理健康辅导室等配套设施；建有 25000 平方米的综合训练场和 20000 平方米的各类客房、宿舍、营房和会议室，每间宿舍均配有独立卫生间、空调；设有可容纳 200～400 人的多种规格会议室，标配有高档扩音设备和超大 LED 显示屏。

课程一：重温红色记忆（研学学段：小学、初中、高中）

本课程中，学生参观基地的广西革命斗争史馆、中国国防建设史馆、中国共产党党史馆，了解党的丰功伟绩和人民军队的历史贡献，明白历史和人民是怎样选择了中国共产党、选择了社会主义道路，增强对党和军队的理论认同、情感认同和实践认同，树立正确的人生观、价值观和世界观。

课程二：军营"豆腐块"的故事（研学学段：小学、初中、高中）

本课程中教官讲解军人整理内务的重要意义，讲清军人整理内务的标准和要求，讲明军营"豆腐块"被子是怎样叠成的，组织学生自己动手整理房间内务、学会叠置"豆腐块"被子。

课程三：我是神枪手（研学学段：初中、高中）

本课程中教官讲解轻武器知识、射击原理和射击要领，现场演示 95-1 型模拟步枪的操作使用，组织学生逐一体验射击的全过程，利用激光模拟设备展开红蓝对抗。

课程四：我是护旗兵（研学学段：初中、高中）

本课程中学生观看天安门国旗护卫队升旗仪式视频，研学指导师讲解国旗法规、国旗文化、国旗礼仪，现场教授护旗升旗的技能。

课程五：技术侦察兵猎狐行动（研学学段：高中）

本课程中研学指导师讲解无线电相关知识，帮助学生掌握无线电测向机的操作使用技能，并组织学生借助测向机的引导找到深藏的"狐狸"电台（无线电信号发射器）。

其他课程：核生化武器知识及其防护、无线电通信的奥秘、重走长征路——长征精神教育、世界级非遗工艺——景泰蓝掐丝制作等。

基地地址：广西南宁市武鸣区东盟经济开发区永兴南路9号。

广西蓝盔国防教育实践基地

广西蓝盔国防教育实践基地以国防教育和爱国主义教育为宗旨，以传承和传播部队文化为目的，竭力打造"正规化、军事化、系统化"的国防特色教育培训基地。

基地开设军旅生活体验、参观、培训等多项课程，致力于普及和推广爱国主义教育，增强学生的国防意识，振兴国防精神。基地还拥有导入体验式教学及心理辅导课程。

基地的"二万五千里长征精神"文化体验园被列为南宁市江南区党建打卡点。基地还被评为广西第二批自治区级中小学生研学实践教育基地。基地最多可同时接待学生 400 人。

课程一：长征精神文化体验（研学学段：小学、初中、高中）

本课程中，学生亲身体验长征途中的第五次反"围剿"、湘江战役、遵义会议、飞夺泸定桥、四渡赤水、爬雪山、过草地等一些重要的经典场景，切身体会革命前辈长征途中的苦难与辉煌，激发学生爱国主义情怀和家国情怀。

课程二：边境巡逻执勤（研学学段：小学、初中、高中）

本课程模拟中越边境和国界碑的巡逻路线，研学指导师给学生讲解管边控边的知识，让学生亲身体验边境巡逻执勤。

课程三：基础养成训练（研学学段：小学、初中）

课程通过基本的队列、内务、战术队形、手语、仪表仪容、用餐纪律等内容的学习和训练，带领学生认识军营，了解"普通一兵"的一日养成情况，培养学生的服从意识、号令意识、纪律意识。

其他课程：基本军事技能训练、重走长征路、校园"五防"教育、劳动实践、新时期的南泥湾"军民大生产"、坦克及装甲车辆的维修保养等。

 基地地址：广西南宁市江南区江西镇维罗街 2 号。

广西科技馆

广西科技馆作为现代化的科普场馆和青少年科技活动中心，是广西科普教育的龙头和展示广西的窗口龙头，也是中国与东盟各国开展科技交流、科普活动和青少年科技教育的重要平台。以"探索、科技、创新"为主题的广西科技馆，对提高公众科学文化素质、促进社会经济发展和科技进步具有十分重要的意义。

广西科技馆于 2021 年 2 月入选广西第二批自治区级中小学生研学实践教育基地，以此为契机，利用场馆资源，发挥科普教育优势，开发了一系列不同主题的研学活动，迅速成为全区中小学校开展研学活动的热门场馆。

基地最多可同时接待学生 2000 人。

课程一：百变巴克球（研学学段：初中）

本课程中，学生可以了解常见的物质、物质的性质、物质的运动与相互作用；了解不同物质具有不同的物理性质，如磁性、稳定性；认识机械运动及描述方法，了解力与力的相互作用规律。

课程二：多肉手作（研学学段：小学）

课程通过让学生"动手做"锻炼其动手能力，培养其重视证据和逻辑的思维习惯；让学生参与制作、欣赏作品，体验到"做"的乐趣。

课程三：快递鸡蛋（研学学段：小学）

本课程中，学生通过测量、描述物体的特征和材料性能，了解人工世界是设计和制造出来的；意识到使用工具可以更加精确、便利、快捷；了解设计的一系列步骤，完成一项工程设计需要分工与合作，需要考虑很多因素，任何设计都会受到一定条件的制约。

其他课程：可爱的糖云朵、我是弓箭手、永生花、碰"磁"、铁丝回旋舞、纸杯蛋糕、爆米花——向传统工艺致敬、纸鸢、水晶粽、充气小车冲冲冲、雨中求生的蚊子——从自然到仿生、面部识别、触手可及、声生不息——从认识声音开始、声生不息——探究声波灭火的奥秘、擒拿带电精灵、温泉蛋。

 基地地址： 广西南宁市青秀区民族大道 20 号。

南宁市科技馆

南宁市科技馆是一座集科学传播、科普教育、研学实践、休闲旅游为一体的大型综合性科普场馆。场馆以"人与未来"为主题，设有科学乐园、自然乐园、航天世界、智能世界、虚拟世界、科学生活、运动健康等 7 个主题展厅，以及职业体验城、青少年科学工作室、科学会堂、科普展览中心、4D 科技影院等配套设施。南宁市科技馆被评为中国发明协会"燎原计划"中小学创新创造教育科创研学基地、国家基层科普行动计划重点项目科普教育基地、广西第二批自治区级中小学生研学实践教育基地等。

基地最多可同时接待学生 400 人。

课程一：探究电池——制作盐水动力小车（研学学段：小学）

课程引导学生探究原电池，并以盐水、金属片为主要材料制作盐水动力小车，激发学生好奇心。学生了解日常生活中使用的电池的分类、结构；将不同金属材料与盐水组成原电池进行探究实验，利用电表或用电器进行观察测量，了解电池的原理，探究影响电池的因素；制作趣味性较强的盐水动力小车，加深对盐水电池的认识和理解，培养动手能力。

课程二：平衡中的秘密——奇妙的重心（研学学段：小学）

重心是指地球对物体中每一微小部分引力的合力作用点。地球上的任何物体都要受到地球引力的作用，本课程可以引导学生感受平衡的重要性。

课程三：眼睛看不到的微小世界——显微镜探秘（研学学段：小学）

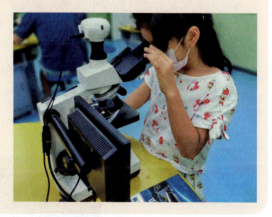

本课程中，学生可以通过显微镜发现肉眼看不到的微观世界，探究难以置信的图案和结构美。学生可以在实验中充分发挥主观能动性，了解微观世界；观察微小生物或微观结构，了解光学显微镜的结构及使用方法；利用光学显微镜观察不同材料样本，如池塘里的水样、昆虫、植物或日常接触到的各种材料；记录观测结果，学会借助多渠道获取答案。

 基地地址：广西南宁市青秀区铜鼓岭路 10 号。

航天北斗科普基地

　　航天北斗科普基地围绕"学习北斗精神，探索宇宙空间；培养航天爱好，提升科学素养"的宗旨展开一系列研学活动，被评为全国科普教育基地、全国北斗科普基地、广西第四批自治区级中小学生研学实践教育基地、南宁市科普教育基地等。

　　基地自对外开放以来，围绕北斗全球卫星导航系统、国家重大航天工程，以及航天知识开展场景式、体验式、沉浸式的科普、研学、科技创新交流活动和校园活动，同时还开展北斗专题讲座，普及航天北斗科学知识、弘扬航天北斗科学精神、传播科学思想和方法。基地发挥航天北斗科普资源作用，积极推进科普工作社会化、群众化、日常化。基地面向社会和公众开放，是具有科普功能和教育功能的示范性场所。

　　基地占地面积约 2500 平方米，一楼设有科技北斗科技展厅、多媒体视频展示区；二楼设有操作体验区、模拟发射室；三楼设有深空探测体验区、月球车 / 火星车沙盘、3D 全息投影演示区及户外趣味活动体验区。基地可同时接待学生约 200 名，拥有户外大型集合场地及训练场所等设施设备，并设有食堂，可同时满足 200 ~ 300 人用餐。

> **课程一：探秘北斗**（研学学段：小学、初中）
>
> 　　本课程通过北斗七星、古代司南及现代导航系统模型的讲授，引领学生思考人类从古至今探索方向及确定位置的方法，让学生们了解北斗导航系统的导航定位功能、发展历程及北斗系统在各行业的应用，感受"北斗智慧"和"中国力量"。
>
> **课程二：解读国家重大航天工程**（研学学段：小学、初中）
>
> 　　本课程主要以展示中国重大航天工程及其航天器为主，着重讲解中国空间站、嫦娥探月工程、火星探测、东方红一号卫星的组成及其功能特点、启动的时间地点、关键人物及其重大贡献，并总结每个航天工程取得的重要突破性成就、加深学生对宇宙空间的了解，培养学生探索太空的兴趣。
>
> 　　其他课程：了解长征系列运载火箭、玩转太阳能火星探测车、航天器（北斗）模拟发射体验。

　　📍🔍 **基地地址**：广西南宁市高新区新际路 10 号和德科创中心园区 C15 号楼。

南宁轨道交通运营有限公司中小学生研学实践教育基地

南宁轨道交通运营有限公司多次被评为"工人先锋号""青年安全生产示范岗""安全文化建设示范企业""质量管理先进单位"。公司运营的研学实践教育基地是在"研学＋休闲家业""研学＋校本知识"的基础上进行拓展的"研学＋交通运输""研学＋文明出行""研学＋劳动教育""研学＋能帮就帮（南宁精神）""研学＋职业启蒙（职业生涯规划）""研学＋青少年健康成长"的新模式。基地为广西第五批自治区级中小学生研学实践教育基地。

基地每期能同时容纳 100 名学生开展研学实践教育活动。基地有可供学生集中见习、体验、休整的场馆场地，包含食堂、会议室、运动场、党建文化展示中心、实验室等，功用齐全、布局科学合理。

课程一：神奇的地铁大揭秘（研学学段：小学）

本课程中，学生可以沉浸式学习了解各类地铁知识，探寻地铁运营的秘密，在体验和探究中培养学生的科学精神和创新能力。

课程二：我是地铁小司机（研学学段：小学）

本课程中，学生参观南宁地铁车辆段，近距离感受地铁运行的幕后工作，体验科技创新成果为人们出行带来的便利。通过让学生在列车模拟驾驶台学习地铁驾驶，将理论知识应用实践，提高学生的实践动手能力。

其他课程：地铁的"能量"哪里来、交通工具的华丽变身、我是小小地铁人等。

 基地地址： 广西南宁市青秀区云景路 83 号。

广西邦众国防拓展训练基地

广西邦众国防拓展训练基地是一个以现代化国防教育、红色文化教育、爱国主义教育、军事拓展、耕读文化等为发展方向的基地。基地的研学课程类型有军事国防教育、素质拓展、红色文化教育学习、亲子农耕体验、冬夏令营等。基地为广西第五批自治区级中小学生研学实践教育基地。

基地由"一堂"(1个可容纳千人就餐的大饭堂),"二室"(2个400平方米的多功能会议室),"三场"(综合体育训练场、模拟障碍场、水上游乐场),"四区"(原耕读大学农耕体验区、战术对抗区、装备体验区、办公区),"五舍"(VIP雅舍、研学培训宿舍、军训宿舍及2个休闲餐舍)组成。基地最多可同时接待学生1600人。

课程一:特战小英雄(研学学段:初中)

本课程中,学生倾听老兵的故事,了解家乡英雄的事迹;近距离学习和接触体验轻武器,培养勇于担当的品质;通过团队合作准备午餐,培养动手能力,学会简单食谱制作。

课程二:国家安全(研学学段:初中)

本课程中,学生参加军事技能训练,增强体质,锻炼坚韧品质,培养遇到问题无惧艰难、勇于迎难而上的担当精神;学生团队合作准备午餐,提高自身动手能力,学会简单制作菜品。

其他课程:我是小军医、收纳整理小能手——内务整理、学生军事训练汇编课程、学生军事拓展训练计划、军人精神、砺兵与砺人等。

 基地地址:广西南宁市兴宁区五塘镇邕梧路331号。

柳州工业博物馆

　　柳州工业博物馆是国家 AAAA 级旅游景区，占地面积 11 万平方米，总建筑面积 6 万平方米，设计以红色为基调，设计主题寓意为"追忆激情燃烧的火红年代"。柳州工业博物馆是一个集工业历史文化、工业遗产保护、工业文化旅游、生态文明展示于一体的特色博物馆，是国内首个城市工业博物馆，是宣传柳州工业文化的重要阵地，是树立城市形象和弘扬大国工匠精神的重要窗口。基地为广西首批自治区级中小学生研学实践教育基地。

　　柳州工业博物馆拥有可供学生集中学习、体验的场馆场地，并配有必要的教育教学用具、器材，性能完好，每次能同时容纳 150 名学生开展研学旅行实践教育活动。

课程：追忆火红年代，争做优秀队员（研学学段：小学、初中）

　　课程内容主要包括经典党史教育、柳州近现代历史、柳州生态环境保护、基础语言训练、讲解技巧、讲解礼仪及播音主持等方面的专业培训和指导。学生可以学习建党以来的柳州工业历史及党史教育红色历史故事，并且通过研学游参观红色教育基地、制作手工制品等活动，牢记红色文化，树立正确的价值观，提高动手能力。

　　其他课程：爱党爱国爱家乡、逐梦制造强国、以工业为荣——与新中国共同成长的柳州工业等。

基地地址：广西柳州市鱼峰区柳东路 220 号。

柳州科技馆

　　柳州科技馆是以国防科技为核心的研学实践教育基地。基地研学实践教育活动面向全市中小学校义务教育阶段学生，在常设展厅开展适应学校学科方向、课程标准的研学实践课程，为学校开展素质教育服务。基地为广西第三批自治区级中小学生研学实践教育基地。

　　基地目前拥有展厅主题参观、深度看展品、主题讲解、趣味科学表演、科普讲座、科学工作室六大类别，25项配套学习单元，50个课程。一至四层展厅有357件展品，3条主题讲解经典路线，涵盖宇宙奥秘、经典力学及生命学科领域知识；4部趣味科学表演剧涉及20多个科学实验原理，内容覆盖电磁、力学、生命与健康等诸多学科；专题科普讲座；还有青少年科学工作室，可针对性开设不同研学课程（有天文工作室、VR工作室等）。基地最多可同时接待学生100人。

> **课程：小小建筑师（研学学段：小学）**
>
> 　　本课程中学生首先了解建筑行业的工作内容，选择自己想体验的工作内容，研学指导师随后介绍工地内的各种工程器械，学生在掌握这些工程器械的使用方法后尝试自行搭建房屋。
>
> 　　其他课程：小小飞行员、地震与抗震。

 基地地址：广西柳州市鱼峰区龙湖路11号。

上汽通用五菱汽车股份有限公司宝骏基地

上汽通用五菱汽车股份有限公司宝骏基地中小学生研学实践教育基地以汽车文化为核心，是集现代化工厂、智能制造的生产车间及无人驾驶为一体的综合性研学实践教育基地。

基地被评为国家AAAA级旅游景区、花园式工厂、园林式单位、智能工厂示范单位、广西科普教育基地、广西第四批自治区级中小学生研学实践教育基地。

基地总占地面积约297万平方米，拥有多功能大会议室1间（可同时接待300人）、多媒体会议室2间（可同时接待30～50人）、普通教室4间（每间可接待20～30人）。基地可同时接待1000名学生开展研学活动，食堂可同时容纳600人就餐。此外，基地还拥有户外烧烤亭、羽毛球场、气排球场、开放式户外足球场等丰富的硬件设施。

课程一：柳州汽车工业的发展（研学学段：小学、初中）

本课程通过深入参观体验，带学生认识汽车的生产制造流程及汽车文化的起源；通过趣味探索、现场观察、静态式体验汽车等，带领学生走进现代化汽车工厂——上汽通用五菱宝骏基地企业文化馆、总装车间了解柳州汽车工业的发展和现状。

课程二：汽车研发的秘密——碰撞实验室（研学学段：小学、初中、高中）

学生在碰撞实验室专家、工程师导师的带领和指导下，深入实验室观察及触摸实验室假人、现场观看真车碰撞实验，认识汽车研发的秘密，懂得汽车驾驶、乘坐安全常识，了解碰撞实验的真正意义。

其他课程：汽车的设计与制造、汽车发展史、无人驾驶技术的运用、我是汽车知识小达人等。

 基地地址：广西柳州市鱼峰区宝骏大道8号。

桂林市

桂林福达股份有限公司

　　桂林福达股份有限公司（以下简称"福达公司"）是一家以高端制造业为主的国家高新技术企业，也是全国智能制造示范企业、国家级绿色工厂、中国汽车零部件龙头企业。福达公司旗下有 3 家公司和 1 个互动体验中心纳入到研学线路中，企业有多名技师获得"广西工匠""桂林工匠""北海工匠""隆中工匠"等荣誉，是中国改革开放以来经济社会、民族工业发展的缩影和"智能制造"典型的代表企业。基地为广西首批自治区级中小学生研学实践教育基地。

　　福达公司占地面积约 66.7 万平方米，拥有工业研学互动体验中心、职工之家、体验中心，设备功用齐全。基地课程开发围绕福达公司的优势资源，已开发 2 个主题 13 门研学课程，其中劳动课程 8 门、研学课程 5 门，覆盖小学、初中、高中不同学段，课程充分发扬工匠精神，激发中小学生拼搏奋斗、创新精神的内驱力。基地有完整的课程方案、专业的教学执行队伍，队伍中教师资格证、研学指导师资格证、导游证、安全员资格证持证比例达 80% 以上，研学课程具有系统性、科学性、知识性、趣味性、专业性。基地可同时接待 600 名学生开展研学实践教育活动及集中用餐。

　　课程一：初探工业机器人，争当大国工匠（研学学段：小学）

　　本课程中，学生参观中国制造的工业机器人，了解液压机械手臂机器人的工作原理，解读工匠精神，争做最美劳动者。

　　课程二：探究锻造工艺流程（研学学段：初中）

　　本课程中，学生在研学指导师带领下参观了解我国现代化工业锻造工艺，学会用流程思维规划自己的学习，提高学习效率。

　　课程三：游标卡尺的运用与实践（研学学段：高中）

　　本课程中，学生了解游标卡尺的制作流程，将其与在校所学的游标卡尺使用方法相结合，思考游标卡尺的运用。

　　其他课程：探索什么样的人才更具有竞争力、寻找学习的动力、绘制我的彩虹人生等。

基地地址：广西桂林市临桂区西城经济开发区秧塘工业园秧十八路东侧。

桂林航天工业学院（广西航空航天科学研学基地）

　　桂林航天工业学院是广西高校中唯一一所布局有航空航天类本科专业的院校，为中国宇航协会理事单位、CDIO工程教育联盟成员单位、广西航空航天学会理事长单位、应用技术大学（学院）联盟会员单位、航天应用技术大学联盟副理事长单位，是教育部国防教育特色学校、自治区级国防教育基地。2022年，被评为广西第四批自治区级中小学生研学实践教育基地。

　　基地占地面积68.7万平方米，教学科研仪器设备总值2.46亿元，有基础实验室、专业实验室、实训场所等210个，含各类实验室85个，自治区级实验教学示范中心1个，自治区级虚拟仿真实验中心1个。图书馆建筑面积4.27万平方米，馆藏纸质图书187.27万册，电子图书208.58万册。基地场地开阔，单次可接待中小学生200～300人。

> **课程一：展翅翱翔**（研学学段：小学）
>
> 　　本课程中，学生可以了解飞机外形结构的特点，通过讨论交流、动手操作等方式，探索飞机飞行的奥秘。
>
> **课程二：冲上云霄**（研学学段：小学）
>
> 　　本课程中，学生可以了解航天、航空、飞行器等相关知识，了解飞机的基本构造，了解航空航天的发展进程，培养对科学的兴趣和责任，树立学习目标。
>
> 　　其他课程：鹰击长空、玩转航模、无人机航拍、空乘职业体验等。

 基地地址：广西桂林市七星区金鸡路2号。

兴安红色传承·国防教育研学营地（广西澳鸿红文化传播有限公司）

兴安红色传承·国防教育研学营地由广西澳鸿红文化传播有限公司运营，是兴安县首家被桂林市机关工委认定并授牌为青少年校外活动"红色传承·国防教育实践基地"，2020年被评为广西第四批自治区级中小学生研学实践教育营地。

营地周围分布有兴安乐满地、红军长征突破湘江烈士纪念碑园、光华铺阻击战遗址、界首红军堂、兴安灵渠研学基地等，周边这些丰富的红色文化资源，与该营地遥相呼应，相得益彰、互为补充，为广大中小学生研学旅行提供了得天独厚的基础条件。

营地最多可同时接待2000人，总占地面积约13.3万平方米，有面积为800平方米的食堂和可容纳150人的烧烤屋；可同时容纳500多名学生集中食宿。营地有2个多媒体会议室和1个党员活动会议室，分别可容纳150人、80人和120人，可以开展室内会议、培训、学习、看电影等活动。

> **课程一：军姿及队列基本动作训练**（研学学段：小学、初中）
>
> 本课程对学生进行站军姿和列队训练，培养他们养成良好的集体意识和团队合作观念。
>
> **课程二：军事装备体验**（研学学段：小学、初中）
>
> 本课程组织学生集合列队进行士气培训和战况模拟体验，包括战车阅兵、军事装备（坦克、迫击炮、火箭筒）现场教学及操作示范展示。
>
> 其他课程：生活劳动、团队拓展游戏等。

 基地地址：广西桂林市兴安县。

桂林军事文化博览园研学实践教育基地

桂林军博园文化旅游开发有限公司响应国家号召，积极开展"红色旅行"教育，打造了"爱国主义教育＋军史文化博览"的桂林军事文化博览园研学实践教育基地。

基地的拓展培训主要分为军事基地拓展、会务拓展、商务拓展、企划内训。军事基地拓展是在户外拓展的基础上融合军事项目，将军事理念与拓展技术，军事思想与企业经营管理相结合的一种独特的体验式培训模式，是军事科普、国防教育、爱国主义教育和军旅生活体验的理想场所。

基地被评为广西第五批自治区级中小学生研学实践教育基地、桂林市雁山区退役军人思想政治教育基地、桂林市研学旅行协会会员单位、桂林市红色旅游协会副秘书长会员单位。

基地全年开放，每天最大接待人数为 4000 人，拥有 6 个研学教室，分别可容纳 400 人、168 人、126 人、112 人和 64 人（2 间）。

课程一：国防在我心，共筑强军梦（研学学段：初中）

本课程中，学生可以通过庄严的升旗仪式，参观军事博物馆，聆听军事专家讲解中国军事国防发展史，实地感受了解中国国防的发展；通过观看、触摸和聆听军事专家的讲解，实地感受和体验军事坦克，了解我国的军事装备发展。

课程二：科技强国，青春担当（研学学段：初中）

本课程组织学生学习军事格斗技巧，开展军事格斗训练，磨练意志，了解中国航空军事的发展成就，共同探讨对军事科技的理解和认识。

其他课程：增强国防教育，传承红色基因、追寻红色足迹，传承红色精神、科技赋能，强国有我、牢记英雄使命，传承伟大精神。

基地地址：广西桂林市雁山区大雁路 398 号。

梧州市
新主题圣文雅居青少年成长营地

　　新主题圣文雅居青少年成长营地设有一系列自由组合、有规范的研学课程，学生可从课程中学到课外知识，具有一定的教育意义。其中以军事特训、自然探索为主题的课程，能够进一步提高学生自理能力，培养青少年的团队精神，增加青少年的自然科学知识及学习野外自救技能等，最终使学生达到锻炼坚强意志品格、快乐安全度过美好时光的目的。

　　基地为广西第二批自治区级中小学生研学实践教育基地。基地最多可同时接待学生人数为1200人。

 课程：户外求生（研学学段：小学、初中）

　　研学指导师向学生讲解在户外求生的基本知识，学生分组进行户外求生体验。

 基地地址：广西梧州市万秀区高旺路圣文园。

梧州市泺喜教育科技基地

梧州市泺喜教育科技基地总面积约 3000 平方米，是梧州市提高全民科学素质的大型科普基地。基地被评为国家基层科普行动计划重点项目科普教育基地、全国青少年电子信息科普创新教育基地、国家基层科普行动计划重点项目科普教育基地、广西第四批自治区级中小学生研学实践教育基地、广西科普教育基地。

基地充分利用中国流动科技馆的展品设备，以科学教育为主要功能，通过科学性、知识性、互动性相结合的体验式活动，开设人工智能公开课及各种研学实践教育课程，弘扬科学精神，普及科学知识，激发学生对科学的兴趣和好奇心，在潜移默化中提高全民的科学素养。

基地可同时接待学生 300 人。基地建筑面积约 3000 平方米，其中二层设有流动科技馆展品展览区、科技影院，三层设有科学乐园体验、科技与生活展示、青少年科技教育课堂、书吧等功能性区域，此外还设有短期展厅、教室、科普报告厅。

课程一：流动科技馆影子展品展览及体验（研学学段：小学、初中）

本课程中，学生参与操作反映光影知识的各种互动展品，体验光与影的神奇和美妙。

课程二：科技及竞赛体验（研学学段：小学、初中、高中）

本课程包括足球机器人对抗赛、无人机障碍穿越、人形机器人表演、脑控赛车对决、机甲大师、火星移民、未来工程师、脑科学体验等 10 个项目。

📍 **基地地址**：广西梧州市万秀区西江路 3 号。

东兴市东兴镇竹山村

　　"中华之端，边海渔村"。竹山村历史悠久，在先秦时期属百越之地，汉朝时为合浦郡辖地，因盛产竹子而得名。竹山村地理位置优越，位于中国大陆海岸线最西南端，地处中国海陆相连的北仑河出海口，与越南芒街市隔江相望。这里风光旖旎，四季如春，游客可倾听海浪拍岸的涛声，赏尽海、陆、天融为一体的绝色风景。

　　东兴市东兴镇竹山村依山傍海，自然资源丰富，历史文化底蕴深厚，自然和历史人文资源丰富，是一个爱国主义教育基地。基地集"边、海、古、奇、生态"于一身，主要有大清国一号界碑、竹山古街、竹山古战场、国家级海洋自然保护区——北仑河口红树林生态区、红树林博物馆、古榕部落等景点，为研学活动提供了丰富的资源。竹山村 2010 年被授予"广西特色景观旅游名村"，近年来还先后荣获"全国乡村治理示范村""全国最美休闲乡村""广西特色名镇名村"等荣誉称号。基地为广西第二批自治区级中小学生研学实践教育基地。

　　基地可同时接待学生 2000 人，可容纳 1000 人同时用餐。基地内设施完善，建有 200 米塑胶跑道及人工草皮足球场等设施，可供研学活动使用。基地全年开放。

课程：增强国防意识，争当边关小勇士（研学学段：小学、初中）

　　本课程以边境丰富的国防资源为蓝本，通过"沉浸式"的国防教育实践方式，让学生近距离感受国防安全的重要性，增强国防意识，从小树立青少年报效祖国的意识，培养保卫祖国的强大后备军。

　　其他课程：探秘生态红树林，树立环保新理念；探索贝壳奥秘，踏浪赶海逐梦时光；寻红色足迹，致敬红色传奇；民族团结大家庭；欣赏绿意盎然，绽放生态之美。

　　基地地址：广西防城港市东兴市东兴镇竹山村。

钦州市
广西中小学生海防研学实践教育基地

　　广西中小学生海防研学实践教育基地是钦州市唯一以海防教育为题材的爱国主义教育基地。基地可开展政府机关、企事业单位党建联谊活动、中小学海防题材爱国主义教育活动及中小学生"三防"教育活动、海上民兵训练任务及各类海上演习训练等。基地于2021年被评为广西中小学生研学实践教育基地。

　　基地拥有6500多平方米的户外场地，分为党建文化板块、爱国主义教育板块、军事拓展实践板块、军事设备展示板块及其他教育板块。基地与钦州市军分区、钦州市海上综合保障连（广西鸿翔船务有限公司）联合接收中国人民解放军赠送军事装备：歼七型战斗机（空军装备部提供）、59–1式130加农炮、63式107火箭炮、59式坦克、63A水陆坦克（陆军装备部提供），这些军事装备均用于国防和爱国主义教育。

　　基地可同时接待学生1200人，基地餐厅可容纳300人同时就餐。基地总面积占地约8000平方米，建筑面积400平方米。基地周边有钦州市中华白海豚科普馆、伏波庙、海防码头、三娘湾海滨浴场、房车基地、露营基地、西汉古村落、廉政教育基地、海边民宿及三娘湾海豚酒店等景点和配套设施，是集吃、宿、行、学、游、研为一体的集中化研学之地。

> **课程：海防研学**（研学学段：小学、初中、高中）
>
> 　　本课程通过集体旅行的方式，以劳动教育、爱国主义教育为主线，以"五爱"（爱自己、爱家、爱他人、爱校、爱国）教育为基本内容，让学生可以体验国防文化，感受海防教育，培养劳动实践能力，感受美丽乡村及家乡的魅力，从而激发爱自然、爱家乡、爱祖国的思想感情。

 基地地址：广西钦州市钦南区三娘湾风景区游客中心南侧。

百色红色传承教育基地

百色红色传承教育基地是一家由部队自主择业干部联合创办的综合性教育培训机构，隶属广西尧程教育科技集团有限公司旗下的子公司。

基地以红色文化为牵引，是集研学旅行、国防教育与训练、劳动教育实践、国旗文化培训和团建拓展、冬夏令营、会议会务、康养旅居、休闲娱乐、大型活动于一体的综合性教育培训基地。

基地先后被评为百色学院实践教学战略合作基地、广西第三批自治区级中小学生研学实践教育基地、广西大中小学劳动教育实践基地、广西十佳研学旅行示范基地、百色市职工疗休养点。

基地占地面积 10 万平方米，基础设施完善，有功能区、生活保障区、军事拓展区、实践教学区、农耕文化区、休闲活动区。基地建有标准住宿楼 6 栋，营地住宿楼 2 栋，设有单人间、双人间、三人间和集体宿舍，每间集体宿舍可保障 8～10 人住宿。基地最多可同时接待学生 1200 人。

课程一：军备学堂（研学学段：小学、初中、高中）

本课程结合基地内展示装备开展国防军备科普、飞机和坦克发展史科普、枪支武器科普，展示坦克制作，体验射击等。

课程二：野战炊事（研学学段：小学、初中、高中）

本课程中学生可以分小组搭建无烟灶，进行野外生火、净水、煮食物，更直观地了解无烟灶，贴近行军生活。

其他课程：战术学习。

 基地地址：广西百色市右江区红传路。

凭祥友谊关

凭祥友谊关始设于汉朝，至今已有2000多年的历史，汉初叫雍鸡关，经数次更名，1965年改为友谊关。友谊关是中国九大名关之一，关楼上的"友谊关"三个大字由陈毅元帅题写。友谊关见证了历史的变迁，1885年，冯子材老将痛歼来犯的法国殖民侵略军，取得了镇南关大捷。1907年，孙中山

先生在友谊关的金鸡山上举行了著名的镇南关起义。1949年12月11日，解放军挺进凭祥，将红旗插上镇南关，标志广西全境解放。基地现在已扩展至凭祥境内的金鸡山、平而关、法卡山等边境红色基地，用丰富的红色资源教育学生珍惜来之不易的和平生活，以及学习革命先烈忘我的牺牲精神。

基地为全国中小学生研学实践教育基地。基地最多可同时接待学生500人。

课程一：边关爱国主义教育基地研学（研学学段：小学、初中）

本课程组织学生到友谊关、金鸡山、平而关和法卡山等爱国主义教育基地开展研学活动，主要介绍研学点的红色历史。学生倾听研学指导师的介绍，同时做好笔记并畅谈学习的感想。

课程二：红领巾讲解员培训及比赛（研学学段：初中）

本课程组织学生到友谊关、金鸡山、平而关和法卡山等爱国主义教育基地开展研学活动，并参加讲解员培训班，由资深讲解员培训讲解的技巧和注意事项，组织学生开展研学基地演讲比赛，并让学生作为小小讲解员为友谊关景区游客开展讲解服务。

其他课程：友谊关研学实践、金鸡山研学实践、法卡山研学实践。

 基地地址：广西崇左市凭祥市友谊镇卡凤村友谊关景区。

自然生态
板块

南宁青秀山风景区

南宁青秀山风景区是集旅游观光、休闲娱乐、文化交流、科普科研于一体的研学实践教育基地，素有"壮乡凤凰""绿城翡翠""邕城文脉"之美誉，是南宁市对外文化交流的窗口，同时也是南宁植物园最大的组成部分，以热带、亚热带植物景观为特色，植物种类达8000多种，建成13个特色植物专类园。

南宁青秀山风景区为全国中小学生研学实践教育基地、国家生态环境科普基地、2021—2025年全国科普教育基地、"大思政"科学精神专题实践教学基地、全国自然教育学校（基地）、中国野生植物保护协会生态教育基地、2022—2025年中国风景园林学会科普教育基地、2023—2028年中国植物学会科普教育基地。基地举办的"植物认知和压花科普活动"于2020年获得由中国林学会及国家林业和草原局颁发的梁希科普奖、由广西壮族自治区文化和旅游厅授予的"十佳"文博研学课程。

南宁青秀山风景区以生态植物园为依托，设立了青秀山自然课堂，培养了17名专职科普人员，并从拥有园林及相关专业背景的技术人员当中挑选并培训了45名兼职科普人员，每年招募及培训社会志愿者100人，打造了一支专兼结合、素质优良、覆盖广泛的科普工作队伍。基地规划面积135万平方米，有青秀山兰园草坪、东盟园草坪、东区草坪、竹园草坪、环山秀坪等开阔的户外场地，基地最多可同时接待学生2000人。

课程一：兰花的璀璨（研学学段：小学、初中、高中）

课程通过植物科普认知、科普手工体验、特色趣味拓展活动让学生认识兰花，并了解兰花的生存环境、形态特征等知识，让学生的认知不止步于课本，在自然环境中学到各种有趣的知识，激发学生对自然的认知兴趣。

课程二：广西学生军爱国主题教育活动（研学学段：小学、初中、高中）

学生扫墓祭先贤，表达对革命烈士的崇高敬意和深切怀念；参观史料陈列室，了解广西学生军组建背景和英雄事迹；体验强渡金沙江、支援前线、无敌战车等项目。

课程三：探索大自然，研学青秀山（研学学段：初中、高中）

学生在户外参加精心设计的植物科普、认知寻宝、手工DIY、团队拓展等活动。课程可以发掘学生的潜力，从而凝聚团队合力，让学生在特定的环境中去思考、去发现、去领悟。

课程四：植物认知和压花科普活动（研学学段：小学、初中、高中）

课程通过植物压花基础知识讲座，走进大自然实地认知压花植物材料，制作压花镜子、压花扇子、压花相框、压花台灯等手工艺品，让学生了解植物，喜爱植物，进而产生保护生态环境的情感。

课程五：探索植物盆景学（研学学段：小学、初中、高中）

课程通过参观盆景展、参加盆景艺术和盆景制作的理论知识讲座、现场体验制作盆景的形式，将园艺体验与生态艺术融为一体，提升学生发现美、感受美、体验美、鉴赏美、创造美的能力。

课程六："大思政"教育活动（研学学段：小学、初中、高中）

学生走进中国共产党人精神谱系园，聆听革命先辈艰苦奋斗的历史故事，学习中国共产党人精神，增强爱国情怀；走进廉洁文化主题园，学习竹子代表的谦逊、刚正的品质，了解历代邕城名人雕塑故事，传承中华民族气节。

 基地地址：广西南宁市青秀区凤岭南路6-6号。

南宁市良凤江国家森林公园

南宁市良凤江国家森林公园于 1992 年 9 月经林业部批准建立,是广西首批国家级森林公园、全国科普教育基地、广西首批自治区级中小学生研学实践教育基地、广西十大森林康养基地、广西第三批中医药健康旅游示范基地。公园在 2012 年晋升为国家 AAAA 级旅游景区,先后被评为全国文明森林公园、全国文明单位、全国绿化模范单位。

公园主要包括植物王国、菩提山庄、游乐世界 3 部分,囊括山、水、林、湖、草等自然生态系统,生物多样性丰富,植被覆盖率达 85%,拥有 1700 多种植物和 200 多种动物,其中国家级保护植物有 85 种。公园也是华南最大的植物标本园之一,素有"植物王国""首府绿肺""森林浴场""天然氧吧"的美誉。

基地最多可同时接待学生 3000 人。

课程一: 探秘植物王国(研学学段: 小学、初中、高中)

课程中,学生近距离观察植物的生长状态,了解自然植物的基本知识和生存智慧,认识不同植物的形态特点、生活习性与作用价值。课程通过探究学习、艺术创作、互动体验等形式,提高学生的思考探索能力,培养团队协作精神,并增强对环境文化的理解,让学生形成尊重自然、顺应自然、保护自然的生态文明意识。

课程二: 森林自然手工(研学学段: 小学、初中)

课程中,学生亲身体验植物印染、植物拓印、非遗扎染等手工制作,了解森林的生态环境和生物多样性,进一步加深对自然的认识和了解,提高想象力、创造力和动手实践能力,同时提高对自然环境的保护意识。

 基地地址: 广西南宁市江南区友谊路 78 号。

广西南宁大王滩经济开发中心

广西南宁大王滩经济开发中心是集湿地观光、科普研学、休闲旅游于一体的著名旅游景区，是大王滩国家湿地公园的管理服务区及科普宣教区，也是广西首批自治区级中小学生研学实践教育基地。

基地拥有大王滩国家湿地公园、大王滩水利枢纽工程、劳动实践教育基地等得天独厚的系列资源，是进行湿地生态、水利水电等研学项目及劳动教育的极佳场所。基地设有湿地保护、水利水电、劳动实践、环境保护、非遗文化、水土保持六大系列寓教于乐的研学课程，以及劳动教育课程及亲子研学系列活动等。

基地总面积 100 多万平方米，拥有大王滩风景区游客服务中心、凤凰湖酒楼、枕涛阁青年旅社、大王滩酒店、停车场、旅游商店、健康步道、湿地公园休闲区、拓展区、烧烤区等配套设施或区域，以及水利水电科普基地（"电力梦工厂"大王滩水电站）、农耕基地、湿地科普长廊、湿地学校、湿地科普宣教中心等宣教场所；配套各种规格的客房、会议室，也设有多功能厅、书吧、棋牌室、烧烤场、室内外球馆等多种类型的活动场地，可同时容纳 1300 人开展活动。

课程一：一度电宝宝的诞生和旅行（研学学段：小学）

课程中，学生探究水力发电的奥秘，了解电力传输路线及安全用电知识；制作小型发电模型及进行各类用电实验；参观"电力梦工厂"（国家绿色小水电示范电站——大王滩水电站）。

课程二：小农夫耕种记（研学学段：小学、初中）

课程中，学生学习农作物的相关知识，并亲自种植农作物，欣赏大王滩绿水青山的优美自然环境；在土地大课堂的劳动实践中协同合作、迎接挑战、开拓创新，深度体验农耕劳动的乐趣，达到弘扬农耕文化、传播农耕知识、锻炼及提高身体素质的目的。

课程三：湿地神奇植物奇遇（研学学段：小学）

课程中，学生了解湿地的各类功能和湿地对人类和地球生态的重要性；认识湿地公园的植物，观察湿地植物的生活环境和作用；制作别出心裁的主题植物艺术品。

其他课程：水电能量之旅、小小水利工程师、智慧水利工程师、湿地生存大挑战、我脚下的土地、我是小厨神、"你的色彩"非遗大师扎染课堂等。

基地地址：广西南宁市良庆区那马镇大王滩风景区。

广西大明山旅游开发集团有限责任公司

　　广西大明山旅游开发集团有限责任公司是广西首批自治区级中小学生实践教育基地。基地依托广西大明山国家级自然保护区内丰富的动植物资源与景观资源，致力打造国内一流的生态科普类研学基地。基地始终秉持"目标明确、体验丰富、培养能力，增加使命"理念，发挥大明山丰富的研学资源、完整的课程体系、完善的基地设施、专业的管理团队等优势，围绕不同年龄段学生的特点，开展特色研学实践活动，落实立德树人的根本任务，引导中小学生亲近自然、认识自然、热爱自然，着力提高青少年的生态意识、探究能力、实践能力和创新精神。基地先后获全国野生动物保护科普教育基地、中国生态学会生态科普教育基地等荣誉称号。

　　基地最多可同时接待学生 300 人。基地设有广西自然保护实训基地，内设多媒体循环播放系统，可播放科普视频；有山体沙盘，可立体式展示大明山基本形态。基地的自然保护教育中心设有 1 个自然讲堂，总面积达 545 平方米，能容纳 150 人同时上课；科研中心设有 1 个野生动植物标本展示馆（约 393 平方米），馆藏标本共有 344 个；山脚访客中心有 200 平方米的多功能自然教室，能容纳约 200 人同时上课。基地的户外活动空间达 6 万平方米，设有 7 条科普路线，科普路线上设有科普讲解牌 30 余个，可容纳 500 人同时开展户外研学活动。基地有餐厅 1 家，可接待 147 人餐饮。

> **课程一：滑翔伞飞行（研学学段：小学、初中）**
>
> 　　课程中，学生可了解人类的飞行梦及滑翔伞的起源发展，认识飞行器分类及其飞行原理，实物学习滑翔伞装备及空中交通规则，使用模拟器模拟滑翔并体验滑翔伞飞行。
>
> **课程二：小小护林员（研学学段：小学、初中）**
>
> 　　课程中，学生可了解大明山国家级自然保护区的发展历程，掌握红外监测相机使用方法，了解动物疫源、疫病，学习外来入侵物种调查方法，体验护林员巡山护林工作。
>
> 　　其他课程：神奇中草药、穿越北回归线、夜观大自然、昆虫总动员、水的秘密等。

基地地址：广西南宁市武鸣区两江镇明山路大明山风景旅游区。

南宁市花卉公园

南宁市花卉公园为广西首批自治区级中小学生研学实践教育基地，是集花卉生产展示、文化传播、观赏体验、科普教育于一体的市级专类公园，有花卉科普展示中心、水生花卉景观带、月季园、幽兰苑、荫生植物园、莲香园、香花园、黄钟花园等 12 个特色花卉景观区。

公园坚持公益性原则，不定期举办科普研学及花艺课堂活动，并联合学校及社区开展科普进校园、科普进社区等活动；积极落实"双减"政策，将劳动教育融入研学教育活动中，致力于培养德、智、体、美、劳全面发展的新时代人才。公园先后获得广西少先队校外实践教育基地、南宁市民族团结进步示范单位、自治区文明单位等称号。

基地最多可同时接待学生 1000 人。

课程一：我为城市美一天（研学学段：小学、初中）

在技术人员的带领下，学生参与花卉生产的各项劳动生产活动，树立正确的劳动观，崇尚劳动、尊重劳动，增强对劳动人民的感情。

课程二：植物花青素的秘密（研学学段：小学、初中）

课程引导学生通过课前思考、参与体验、动手制作等方式，了解植物花青素的奇妙知识及其在壮族草木印染技艺上的应用。

其他课程：花艺课堂。

基地地址：广西南宁市西乡塘区安吉大道 31 号。

广西高峰森林公园

广西高峰森林公园是集运动健身休闲、森林康养度假、科普文化体验为一体的大型城市森林公园，于2021年2月5日被中国林学会命名为第五批全国林草科普基地。基地是广西第三批自治区级中小学生研学实践教育基地。

公园占地面积1200万平方米，是国家AAAA级旅游景区，也是广西首个互动式体验森林公园，现拥有游客中心、党史馆、林业馆、林下产品展示馆、油茶膳坊教室、灵芝种植基地等10多个研学实践教育场馆。

基地最多可同时接待学生1000人。

课程：五感体验植物世界（研学学段：小学、初中）

在研学指导师的讲解下，学生通过触摸、观察、闻嗅等方式了解植物的各类特征，并将其记录下来。

其他课程：打开动物盲盒、践行"绿水青山就是金山银山"等。

 基地地址：广西南宁市兴宁区邕武路168号。

广西龙虎山自然保护区

　　广西龙虎山自然保护区位于广西南宁市隆安县境内，总面积 2255.7 万平方米，是森林和野生动物类型自然保护区。保护区的主要保护对象是以猕猴、石山苏铁、毛瓣金花茶、珍贵药用植物为主的野生动植物及石灰岩生态系统。基地是集生态体验、环保教育、实践操作于一体的综合性研学目的地，依托龙虎山丰富的自然资源和独特的生态环境，通过实地观察、体验式学习等方式，让学生亲近自然、了解自然，提高环保意识和生态保护意识。基地是广西第三批自治区级研学实践教育基地。

　　基地最多可同时接待学生 500 人。

> **课程：脆弱的地质奇观**（研学学段：小学、初中）
>
> 　　学生参观趣石林，认识园区内的地质构造和景观类型；结合研学手册内容和实验观察，了解景区地质形成原理和形成周期；探讨石林的脆弱性与消亡的原因，学习保护地质构造和景观的知识、方法及重要意义。
>
> 　　其他课程：小山沟里山大王、小动物看大世界。

 基地地址：广西南宁市隆安县乔建镇与屏山乡境内。

七坡林场

　　七坡林场成立于1952年，是广西壮族自治区林业局直属的大一型林场、正处级公益二类事业单位，被评为全国十佳林场、国家林业重点龙头企业、全国绿化模范单位、全国林业信息化示范基地、广西森林经营示范林场，也是广西第三批自治区级研学实践教育基地。

　　七坡林场现有林场经营面积80万亩，森林蓄积量580万立方米，森林覆盖率82.3%。七坡林场依托生态资源优势，倾力打造森林研学教育基地，建设了林下经济科普馆、林下经济示范区、示范区科普教室等基础设施，设立了大棚无土栽培、森林消防、中草药识别、水肥一体化等研学课程，旨在通过研学教育基地让更多青少年来到林场了解林业相关知识，培养生态文明发展意识。

　　基地最多可同时接待学生2000人。

课程一：探秘林下中草药（研学学段：小学）

　　本课程让学生认识自然界中一些常见的中草药，初步了解中草药防病、治病的功效及服用方法，培养亲近大自然、热爱大自然的情感，激发探索大自然的兴趣。

课程二：星空观测（研学学段：高中）

　　本课程让学生观察春季中星空相对位置是否存在变化，通过交流课前观察的发现，认识春季显著的代表星座，初步了解星空及其变化规律，认识星空在宇宙中相对的位置，同时初步树立以大宇宙来宏观认知星空的观念。

　　其他课程：植物的根、有用的茎。

 基地地址：广西南宁市江南区友谊路吴圩段26号。

龙潭公园

龙潭公园是国家生态旅游示范区、国家重点公园、国家 AAAA 级旅游景区、自治区民族团结进步教育基地、自治区科普教育基地，也是广西第三批自治区级中小学生研学实践教育基地。龙潭公园先后荣获"广西民族风情旅游示范点""柳州市社会科学普及基地""柳州市生态林业科普基地"等荣誉称号。

基地秉承"奉献爱心，收获希望"的教育理念，将教育根植于爱，通过开展丰富多彩的研学教育活动，向学生普及生态环保、民族文化等方面的知识，培育德、智、体、美、劳全面发展、综合素质高的学生，做有温度的教育，传递爱与希望，更好地推进研学实践教育工作高质量发展。

龙潭公园研学基地规划面积 1084 万平方米，现建成区面积 316 万平方米，其中包含侗寨约 1250 平方米（可容纳 1000～1200 人）、瑶寨约 700 平方米（可容纳 500～700 人）、苗寨约 1000 平方米（可容纳 800～1000 人）、自然生态馆约 300 平方米（可容纳 100～200 人）。基地可接待约 3000 名学生开展研学活动。

课程一：非物质文化遗产——扎染（研学学段：小学、初中）

通过研学指导师的讲解，学生用纱、线、绳等工具，对织物进行扎、缝、缚、缀、夹等多种形式组合后进行染色，在此过程中了解扎染的工艺、历史和发展。

课程二：侗族簸箕画（研学学段：小学、初中）

侗族簸箕画从开始编织簸箕到完成一幅簸箕画的每一道工序都是纯手工制作。学生在研学指导师的指导下按要求自行创作并完成作品。

其他课程：沙画、山鸟、吉祥花、傩面画、侗族木楼、植物拼贴画、鸟笛等。

📍🔍 **基地地址**：广西柳州市鱼峰区龙潭路 43 号。

柳州市都乐公园研学实践教育基地

柳州市都乐公园研学实践教育基地是一个集喀斯特溶洞奇观、生态山林景观、南国田园风光和佛教文化于一体的综合性风景名胜区。公园于1978年建立了全国第一座凿山勒石立碑的现代书法碑林，现存摩崖石刻共51块；1980年修建墨香斋，内有书法碑廊，碑廊分为都乐碑林、国际友人书法碑廊和龙城书法碑廊，共有碑刻84块，为研学教育提供了宝贵的传统文化资源。公园是广西第五批自治区级中小学生研学实践教育基地、广西科普教育基地及广西生态环境宣传教育实践基地。

都乐公园全年对外开放，景区单日最大承载量为4.9万人次。都乐岩洞单日最大承载量为2000人次，可同时容纳300人参观游览。基地拥有可供学生集中学习、体验、修整的场地，每期可容纳400名学生开展研学实践教育活动。

课程一：石头的奥秘（研学学段：小学）

课程以溶洞内景观的形成过程为主题，引导学生认识钟乳石，分辨石笋、石化、石柱及不同形态的石头，探索大自然滴水成石的奥秘，让学生热爱大自然、尊重大自然。

课程二：植物识别大探秘（研学学段：初中）

学生对照学习内容和植物标本，领取植物识别任务卡，在规定时间内到规定区域探秘植物世界，对照植物形状描述，填写任务卡。课程可以培养学生的观察力、专注力，激发探索兴趣。

其他课程：会生长的石头、石刻文化、种植体验课程、贴画及书签制作等。

基地地址：广西柳州市鱼峰区柳石路西七巷289号。

广西桂林花坪国家级自然保护区

广西桂林花坪国家级自然保护区（以下简称"花坪保护区"）总面积151.3平方千米，海拔1000～1500米，年平均气温15.8℃。花坪保护区内广袤的原始森林终年常绿，四季花开，是一个浩瀚神秘的大自然博物馆。花坪保护区内生长着1505种野生植物，还栖息着315种野生脊椎动物和677种昆虫。奇峰林立的花坪保护区是广西的瀑布之乡，有大小瀑布百处之多，是旅游、避暑、探险、考察的好去处，也是全国中小学生研学实践教育基地。

花坪保护区目前已建成花坪自然博物馆1栋（2000平方米）、花坪生态文明教育基地多功能展示厅1间（100平方米）、银杉管理站宣教室1间（50平方米）、银杉管理站野外活动体验中心1处（500平方米）、信息化指挥中心1间（35平方米）。同时，增建了珍稀植物认知园1处（1000平方米）、银杉模式标本纪念石碑1处（10平方米）和银杉无人机观景台一座（100平方米）。基地最大接待学生人数为500人。花坪保护区还与周边学校展开合作，建立了花坪自然保护区数字移动保护区宣教室两处，分别在桂林市飞凤小学和桂林市临桂区冠信远辰实验小学。

课程一：4.5千米森林小径探秘（研学学段：初中、高中）

本课程旨在让学生通过实地观察，了解天然林的林分组成结构(乔木—灌木—草)，以及通过自然选择形成这种稳定结构需要很长的时间；并认识一些比较常见的植物和传粉昆虫，了解植物和昆虫的共生关系。本活动与中学的生物、生态文明教育、综合实践活动等课程相结合，可让学生将学到的理论知识应用到实践活动中，通过实践达到更好的学习效果。

课程二：揭开银杉神秘面纱（研学学段：小学、初中、高中）

本课程旨在让学生认识银杉和华南五针松，并认识到保护银杉的重要性和建立保护区的必要性。学生可运用学习到的生物知识去观察植物，用物理学相关知识解释红外相机的工作原理，让学生认识到理论知识如何应用到实际工作并解决工作上的难题。

其他课程：亲近大自然、拓展和体验。

 基地地址：广西桂林市临桂区世纪东路 32 号。

桂林理工大学地质博物馆

　　桂林理工大学地质博物馆前身为成立于1956年的桂林地质学校标本陈列室，以收藏地质标本、传播地球科学知识和弘扬科学家精神为建馆初衷。新馆于2016年建成开放，坐落在桂林理工大学雁山校区逸夫楼，属于桂林理工大学和桂林市共建的地质博物馆。博物馆室内展陈面积约4000平方米，围绕生命起源与演化、行星地球、陨石与深空探测、地质作用、地质环境、珠宝玉石和地质学家精神传承等主题开设10个展厅，还设有1个3D影厅、1个地学科普实训中心，展板、展墙592块，虚拟仿真和多媒体互动设备76套，展柜128个。馆藏实物标本5万余件，系统展出了古生物化石、陨石、矿物、岩石、矿石和宝玉石等珍贵标本6000余件。博物馆被评为全国中小学生研学实践教育基地、全国科普教育基地、中国地质学会地学科普研学基地、广西壮族自治区科学家精神教育基地。

　　桂林理工大学地质博物馆可同时接待学生100人。

> **课程：初始陨石，感悟苍穹**（研学学段：小学、初中、高中）
>
> 　　本课程依托国内陨石与行星科学界杰出的研学指导师团队，以揭秘天外来客、探索宇宙奥秘为主题，采用参观考察和互动体验的方式，带领学生近距离接触陨石、观察陨石、鉴定陨石，学会区分陨石和地球岩石的方法。学生通过了解、掌握陨石的鉴定方法，迅速辨别鉴定真假陨石标本，并在研学指导师的指导下制作陨石薄片，借助显微镜对球粒陨石进行岩石类型划分，培养对常见物品和自然产物按照一定的标准进行类型划分的能力。
>
> 　　其他课程：发现隐藏在身边的古生物化石，矿物颜料作画，矿物晶体的"种植"，恐龙骨骼化石模拟挖掘、装架和展示，矿物硬度大比拼，琥珀磨制宝石DIY。

 基地地址：广西桂林市雁山区雁山街319号桂林理工大学内。

广西壮族自治区中国科学院
桂林植物园

广西壮族自治区中国科学院桂林植物园（以下简称"桂林植物园"）由我国著名植物学家陈焕镛先生和钟济新先生于1958年创立，是中国科学院早期建立的十大植物园之一，与广西壮族自治区中国科学院广西植物研究所实行一体化建制。因独特的地理位置和广西丰富的石灰岩植物资源，桂林植物园在全国生物多样性保护布局及中国科学院的学科布局中占有不可或缺的地位，是国内唯一一座以石灰岩植物资源迁地保护为目标的植物园，是一座集科研、科普和游览于一体的综合性植物园。

园区占地面积73万平方米，已建成裸子植物区、棕榈苏铁区、珍稀濒危植物园、杜鹃园、金花茶园、广西特有植物园、喀斯特岩溶植物专类园等13个专类园区。现已引种保存植物5100多种，其中包括迁地保护的国家珍稀濒危植物400多种，被誉为"国家战略性植物资源贮备的活体基因库"和"广西植物王国"。

桂林植物园始终把传播和普及科学知识、传播科学思想、弘扬科学家精神作为己任，充分利用自身优势面向社会公众尤其是青少年开展形式多样的科普及研学实践活动，先后被评为全国科普教育基地、全国中小学生研学实践教育基地。

园内建设有13个专类园区，能同时容纳300名学生开展研学实践教育活动；设有食堂及招待所，可为研学活动的开展提供食宿保障；建有科学馆、生物科普馆、实验室、科普教室及华南第二大标本馆——广西植物标本馆等，可供学生集中学习、体验、休整的场馆场地。

（1）展教区域——科学馆

科学馆一楼右侧建设了3个科普教室，面积约160平方米；科学馆二楼整层设置了喀斯特植物研究成果展和广西植物研究所历史成果展，占地约456平方米。

（2）展教区域——生物科普馆和实验室

生物科普馆位于园林园艺研究中心二楼，拥有300平方米展览面积，展出大量的植物标本、化石标本以及图文并茂的展板。园林园艺研究中心三楼还有一个约150平方米的培训教室和实验室。

（3）展教区域——广西植物标本馆

广西植物标本馆馆藏维管束植物标本50万份，共收录国内外植物物种约12000种，为我国华南地区第二大植物标本馆，也是中国岩溶植物标本收藏最为丰富的植物标本馆。

课程一：植物腊叶标本采集与制作（研学学段：小学、初中）

课程通过到大自然中采集植物、制作植物标本等实践活动，让学生走出教室、走出学校、走向大自然，使学生获得积极体验，形成对自身、自然和社会的整体认识。在活动中，学生学会鉴赏一般植物和名贵植物，促进德、智、体、美、劳在实践活动中形成，提高学生动手操作能力与实践能力。在活动过程中教师抓住重点，借助多媒体教学，发挥学生的主动参与性，通过体验制作腊叶标本，学生在尝试探究活动的过程中积累了科学探究的经验，养成主动探究的习惯，逐步形成从事探究活动必备的能力。

课程二：花粉的奇妙旅行（研学学段：小学、初中）

花粉传递的过程是成熟花粉粒的一段奇妙旅程。课程通过引导学生识别风媒花和虫媒花，培养学生的观察、实验和思考的能力，帮助学生了解传粉昆虫的种类，并懂得归纳昆虫访花的偏好，培养学生善于思考和总结归纳的能力。

其他课程：桂林本土植物群落多样性调查与分析、探索植物进化奥秘、多彩的植物世界、植物标本——留住植物最后的美、植物蒸腾作用探究、植物的御寒智慧、花粉的奇妙旅行、夜观昆虫等。

 基地地址： 广西桂林市雁山区雁山街 85 号。

广西猫儿山原生态旅游有限公司

广西猫儿山原生态旅游有限公司管理的广西猫儿山国家级自然保护区是个林丰木秀、空气清新、生态环境极佳的地方，是漓江、资江、浔江的发源地，是一座名副其实的"天然绿色水库"。基地是广西首批自治区级中小学生研学实践教育基地。民间有"没有漓江，就没有桂林；没有猫儿山，就没有漓江"之说。人们把猫儿山称为"漓江的心脏""桂林山水的命根子"，保护猫儿山的自然资源就是保护"桂林山水的命根子"。

猫儿山国家级自然保护区地质历史悠久，植被起源古老，生物物种丰富，特有种类较多，一直被生物学家视为广西生物多样性的丰产地。近10年来，猫儿山自然保护区不断加强科普宣教功能，推动保护区科研成果转化为自然教育活动产品，研发符合保护区特色的研学课程。位于猫儿山脚下的研学基地建有综合楼1栋、设有会议室2个、大型餐厅2个、住宿楼2栋，有设施设备齐全的训练场地。

基地最多可同时接待学生1500人。

> **课程：科普教育及环保教育**（研学学段：小学、初中、高中）
>
> 课程结合猫儿山国家级自然保护区生物多样性的特点，对学生开展科普教育；结合猫儿山作为三江（漓江、浔江、资江）源头的特点，对学生开展环境保护及热爱母亲河、热爱家乡、热爱祖国的相关教育。

 基地地址：广西桂林市兴安县华江瑶族乡高寨村。

芦笛景区研学基地

　　芦笛景区研学基地是以自然生态为核心的研学实践教育基地。芦笛景区研学基地先后被评为广西第二批自治区级中小学生研学实践教育基地、全国五佳研学旅游洞穴、桂林市四星级研学实践教育基地。

　　芦笛景区研学基地岩洞总面积约 1.4 万平方米，小游园面积约 1800 平方米，林荫广场面积约 500 平方米，停车场面积约 10000 平方米，研学教室约 300 平方米。基地全年开放，最多可同时接待学生 1000 人。

> **课程一：我的第一本溶洞日记（研学学段：小学、初中）**
>
> 　　课程通过研学实践活动，引导学生主动思考，全面调动学生的视、听、嗅、味、触觉，去感受、去认知、去领悟芦笛岩的奥秘；同时感受生命的希望、生活的美好，并以此获得全面的成长。
>
> **课程二：状元"福地"出状元（研学学段：高中）**
>
> 　　广西第一位状元赵观文出生在芦笛景区所在地。2017 年 9 月，芦笛景区立赵观文的石像及刻录有其生平故事的石刻墙。学生通过了解赵观文读书、考状元的经历，懂得勤奋好学是中华民族的传统美德，在学习过程中要发扬孜孜不倦、勤学好问的精神，才能自立、自强，将来做一个对社会有用的人。

📍 **基地地址**：广西桂林市秀峰区芦笛路 1 号。

桂林荔浦荔江湾景区

桂林荔浦荔江湾景区是集休闲度假、互动娱乐于一体的景区，也是广西第二批自治区级中小学生研学实践教育基地。景区主要由形象的鹧鹰山、象鼻山、五指山、龙头山、白石山、红马、白马山和珠江支流——荔江河及沿河两岸的生态田园风光组成。荔江湾有"水中水，山中山，桂林山水第一湾"的美誉，还有"洞中九寨"之称。

景区最多可同时接待学生 300 人。

> 课程：手工操作间——传承非遗经典，体验创意制作（研学学段：小学、初中、高中）
>
> 课程中，学生学习、了解荔浦纸扎工艺艺术，体验纸扎工艺的制作流程；学习并体验荔浦双料制陶技艺。
>
> 其他课程：挖掘荔江湾"地质奇迹"、传承非遗经典——了解学习广西文场。

 基地地址：广西桂林市荔浦市青山镇大石古桥头。

桂林古东旅游有限公司
（桂林古东景区）

桂林古东景区围绕民俗文化传承、手工制作与展示、生态保护、蔬果植物种植等主题开展研学活动，是广西桂林农业基地校外实习基地、国家 AAAA 级旅游景区、广西科普教育基地、广西青少年生态环保科普示范基地、桂林市研学旅行协会会员单位、广西第三批自治区级中小学生研学实践教育基地。

基地总占地面积 548 万平方米，可容纳 600 人开展研学活动，而且室内学生均活动面积不小于 3 平方米。基础设施配套有游客中心、大型停车场、各类休闲游乐设施，可满足玩、学、吃、购各项要求。

课程：草编（研学学段：小学、初中、高中）

学生现场观看红军穿草鞋长征的历史视频及草编的发展历史，感受红军精神，认识稻草及其特性，了解和使用草编工具；现场观摩研学指导师编织草鞋，掌握编织草鞋的技巧，亲手编织与美化草鞋。

其他课程："神奇"的蘑菇、碳中和体验馆。

 基地地址：广西桂林市灵川县大圩镇古东村。

桂林华之冠旅游开发有限公司

  桂林华之冠旅游开发有限公司的漓江冠岩地下河景区位于桂林市南29千米处的漓江地段，是桂林漓江喀斯特世界自然遗产的核心区、国家重点风景名胜区、国家 AAAA 级旅游景区、广西十佳景区、国家重点研发项目"漓江流域喀斯特景观资源可持续利用关键技术研发与示范"参与单位、国家级科研项目重点研究示范区，也是广西第三批自治区级中小学生研学实践教育基地。

  基地可同时接待 300 人开展研学活动。

 课程：冠岩地下河探秘（研学学段：小学、初中）

  课程中，研学指导师向学生讲解地下河的知识，学生实地观察地下河所在地。

  其他课程：水如何塑造喀斯特地貌、我们的喀斯特怎样可持续发展等。

 基地地址：广西桂林市雁山区草坪回族乡草坪街 193 号。

桂林漓江逍遥湖

　　桂林漓江逍遥湖是桂林旅游东线的一颗明珠，也是广西第三批自治区级中小学生研学实践教育基地。景区占地面积 200 万平方米，游览线路长约 3 千米，属于以山林、山溪、山间之湖组成的自然生态景区，是观光游览和休闲度假的好去处。

　　景区最多可同时接待学生 6000 人。

课程：虫子时光（研学学段：小学）

　　课程内容包括蝴蝶生命周期、昆虫在大自然中的角色、分辨爬行动物、丛林音乐、创意摄影等，学生可以学习专业的昆虫知识，了解昆虫的特性。

　　其他课程：探究大自然的"朋友"、踏访逍遥楼 研建筑艺术。

 基地地址：广西桂林市灵川县大圩镇上茯荔村。

地球记忆自然博物馆

地球记忆自然博物馆建筑面积约1万平方米，收藏了来自世界各地的珍稀标本5000余件，以"天外来客"陨石和"地球精华"化石、宝石原石为特色展陈。展陈中有红宝石、月球陨石、南丹陨石、世界顶尖的西瓜碧玺、自然金等"镇馆之宝"标本。博物馆集科普性、知识性、观赏性和娱乐性于一体。研学实践教育中心依托桂林理工大学博士教授团队精心打造了"揭秘天外来客""走进神奇的矿物世界""做小小古生物学家""宝石定制工作坊"等系列青少年研学课程，可满足小学、初中、高中不同学龄段学生的研学和劳动实践需求。博物馆是广西第三批自治区级中小学生研学实践教育基地。

基地有研学教职工团队共33人，其中拥有教师资格证、导游证、研学指导师培训资格证等证书的研学指导师11名。此外，基地还拥有一批对博物馆非常熟悉的导游讲解员，同时聘请桂林市内一些退休老师、民间工艺师等进行教学实践指导活动，并制定了合理的管理制度。

基地建立了紧急救援体系，设有一般伤病医务室，备有一般应急用药品及设备，并与荔浦市马岭镇中心卫生院签订了医疗救护协议，该院为基地配备了应急专业医务人员，基地内部救援电话对外公布并确保畅通有效。

课程一：矿物晶体的生长密码（研学学段：小学）

美丽的矿物晶体的形成需要合适的物质来源、温度、压力和空间。学生通过课程认识和了解矿物晶体形态的三大类型，建立矿物单体和集合体概念的感性认识，学会利用"明矾"等原材料实验模拟水晶的结晶和形成过程。

课程二：揭开古生物化石的秘密（研学学段：小学）

地球历史上经历了5次大规模生物种群灭绝事件，学生通过课程了解古生物化石形成的必要条件，了解地球生命演化历史上的5次生物大灭绝及其灭绝的原因，参与模拟恐龙化石发掘，并将发掘出来的恐龙骨骼化石按照规律组装成一个完整的恐龙骨骼模型。

 基地地址：广西桂林市荔浦市马岭镇银子岩景区内。

广西千家洞圣宝旅游开发有限公司

广西千家洞圣宝旅游开发有限公司的千家洞文旅度假区地处广西东北部的桂林市灌阳县，是以"瑶族发祥地千家洞"的瑶族历史传统和儒释道三圣文化为核心，以"流淌着的瑶族史诗"千家洞暗河水洞、"中国最美休闲乡村"小龙村等自然景观为主要载体，集文化展示、山水游览、康养旅居、民俗体验、研学教育、演艺会展于一体的综合旅居地，也是广西第三批自治区级中小学生研学实践教育基地。

千家洞文旅度假区总规划面积约166.7万平方米，可供学生集中学习、体验、休整的研学基地场馆场地主要包括：1号游客中心及停车场（1500平方米）、度假区各处户外场地（1200平方米）、国学大厅（600平方米）、灌阳民俗馆（300平方米）、农耕文化展示厅（400平方米）、盘王古寨洞穴演艺厅（500平方米）、亲民餐厅等户外场地和室内会议场馆（3500平方米）。基地可同时接待学生600人，可容纳600人就餐、300人住宿。基地内配有与研学实践教育活动相匹配的教育教学设施（含软件），各项教学用具、器材性能完好。基地室内室外有录像监控设备，全天候、全方位录像，影像资料保存15天以上，基地内通信畅通，标识规范，安全防护措施到位。

课程：一滴水（研学学段：小学、初中、高中）

课程以"亚洲第一水洞"千家洞为主要载体，依托千家洞国家级自然保护区的原生态景观和世界瑶族发祥地的深厚文化底蕴，结合千家洞文旅度假区内的大型喀斯特溶洞进行地质科普。

其他课程：小小地理学家；走进千家洞，做民族团结的使者；科考千家洞；讲好瑶族故事，做民族文化的传播者；"瑶"望"千"年——探秘世界瑶族发祥地。

 基地地址：广西桂林市灌阳县灌阳镇苏东路6号。

桂林荔浦自然保护地保护中心研学实践教育基地

荔江国家湿地公园为全国重点建设国家湿地公园，公园内自然资源丰富，农耕和民俗文化底蕴深厚，具有较高的美学、观赏和科研价值；现已建设成为集湿地保育与修复、文化科普、生态旅游、湿地农业等功能于一体的国家湿地公园。

2020—2022年，荔江国家湿地公园积极创建申报各类研学和科普基地，先后被评为广西第四批自治区级中小学生研学实践教育基地、广西生态环境宣传教育实践基地、中国生态学学会生态科普教育基地、桂林市科普教育基地等。

位于荔江国家湿地公园内的桂林荔浦自然保护地保护中心研学实践教育基地总面积699万平方米，建设有观鸟屋、休憩驿站、宣教长廊等基础设施设备。有面积12000平方米的广场可供活动休整；室内研学接待以荔江生态科普馆为主，建筑面积3729平方米，配套有游客服务中心、研学教室、自然书吧等，能同时接待300名学生开展研学实践教育活动。基地有多功能自然教室1间，配备有授课专用桌椅、投影仪、音响话筒，能同时容纳100余人；同时还配备有水质检测仪、单筒和双筒望远镜、照相机及无人机、无线蓝牙讲解设备等教学设备；自然书吧摆放有以生态为主的各类书籍供阅读学习。

课程一：荔江诗篇——沿喀斯特"动脉"，追寻湿地诗篇（研学学段：小学、初中、高中）

课程通过馆内讲解、馆外实地参观、现场制作等方式，让学生沉浸式体验自然之美。

课程二：岩溶奇境——黑暗中的世界（研学学段：小学、初中、高中）

课程结合户外实地参观溶洞，让学生沉浸于喀斯特的神奇世界中，更好地体会喀斯特独特的研学观赏魅力。

其他课程：美荔家园——荔水万年，因水而兴；神奇荔浦，芋满天下——弘扬优秀地域文化，传承千年农耕精神；乡村振兴之路——感知家乡变化，探寻保护荔江湿地之法；山河生灵——"碧玉簪"上碧连天。

 基地地址：广西桂林市荔浦市荔城镇南环路荔江生态科普馆。

广西桂林会仙喀斯特国家湿地公园

广西桂林会仙喀斯特国家湿地公园（以下简称"会仙湿地"）位于桂林中部偏西的喀斯特峰林平原，处于桂东北漓江、柳江分水岭地带，是天然的喀斯特湿地试验场。中国地质科学院岩溶地质研究所、中国科学院广西植物研究所、广西师范大学、桂林理工大学等高校和科研院所在会仙湿地都开展了国家级、省部级研究项目。

会仙湿地建设有湿地宣教馆，拥有近千平方米展厅，同时建设有湿地自然学校，长期开展湿地科普和自然教育。从 2021 年开始，会仙湿地管理中心联合善研研学团队，以会仙喀斯特湿地系统对象，由喀斯特地质、湿地生态、植物、动物、古运河、美术、儿童心理、自然教育等专家团队经过调查、资源挖掘，根据会仙湿地保护地性质，共同设计开发 7 个主题核心课程，将会仙湿地研学与自然教育有机融合，形成"多种平台融合共生，异业联盟服务共赢"的会仙研学模式。会仙湿地是广西第四批自治区级中小学生研学实践教育基地。

会仙湿地针对研学活动，聘请专家团队进行了湿地资源调查、课程设计和开发、研学指导师培训、研学教室改造建设、湿地植物园设计及实施，并进行了研学运营相关准备。研学组织机构及配套健全，有专门机构（专人）负责中小学生研学实践教育工作。会仙湿地能够同时接待 500 名以上学生开展研学教育活动；所在地交通便利，能够满足开展研学实践教育活动的交通需求。

> **课程：野翅膀**（研学学段：小学、初中、高中）
>
> 课程通过外出观察的方式，让学生了解鸟类的生活习性，更好地保护湿地鸟类。
> 其他课程：喀斯特初体验、奇妙的喀斯特湿地生态系统、向水而生——湿地植物、虫虫精灵、古桂柳运河、湿地家园——农耕文化。

基地地址：广西桂林市临桂区会仙镇桂林会仙喀斯特国家湿地公园。

桂林市观赏石协会地质科普研学基地

桂林市观赏石协会地质科普研学基地以"大自然瑰宝——矿物晶体""地球演化——古生物化石""宇宙形成——陨石"三个主题为主线，集收藏、参观于一体，系统展开以知识课堂、户外实操、现场体验、互动问答等形式为主的科普教育实践活动。基地重视实操性、科学性、创新性、趣味性，让学生在产生探索世界好奇心的同时体验亲自发现、动手创造的乐趣，拓展课堂以外更深层次的知识，推动研学实践教育事业发展。基地是广西第四批自治区级中小学生研学实践教育基地。

基地室内总面积 3800 平方米、室外活动场地 2000 平方米、户外科普体验活动基地 20000 平方米，其中主展馆 900 平方米、艺术展馆 1200 平方米、科普馆 1700 平方米。室内区域划分为地质标本展示区、互动体验区、课堂区、生活区、休息区等区域；展示区域分为矿物展示区、化石展示区、宝石展示区。基地可同时接待 300 名学生开展室内研学活动，3 个化石户外实践区可同时接待学生 200 人，1 个矿山（洞）户外实践区可同时接待学生 100 人。基地各种软硬件设施设备齐全。

课程一：寻找远古生命遗迹，爱护生存环境——古生物化石研学（研学学段：小学、初中、高中）

课程以桂林国际泥盆纪——石炭纪界线辅助层剖面为切入点，以多个化石采集地实地考察、观赏石协会博物馆化石标本现场观摩及化石专家课堂为探究学习内容，让学生获得地层知识，拓展视野，了解地球生命演化史、地球环境变迁史，认识生命传承的智慧和意义；让学生将爱护环境的理念根植于心中，建立地球主人翁的责任感和使命感。

课程二：探秘矿物前生今世，接力科技发展——矿物晶体研学（研学学段：小学、初中、高中）

课程以矿山矿洞勘探、洞内认识及寻找矿物、各种矿物的特性、矿洞爆破、矿洞内作业工具工作原理为探究学习内容，让学生获得地学知识，认识矿物的地质形成条件，拓展矿物在生活、工业、科技中的运用，对身边的矿物产生关注和探索的好奇心，结合各学段课本学到的自然、地理、物理知识来解读探究过程中遇到的各种现象，使认识和实践更加全面，引发对矿物运用于科技、影响未来生活的思考。

 基地地址： 广西桂林市象山区平山北路 2 号。

天目地学博物空间研学基地

天目地学博物空间研学基地是以古生物化石和矿物晶体为实物载体，将地学知识与科普研学有机结合，广泛开展一系列研学及产学活动，实现"学""玩""研"相统一的研学实践基地，也是广西第四批自治区级中小学生研学实践教育基地、中国古生物学会全国科普教育基地。

基地占地面积近 10000 平方米，由天目地学旗下桂林天目地学科技产业有限公司、天目地学（深圳）产业发展有限公司和天目地学（三亚）实业发展有限公司共同投资建设，是桂林市藏品丰富、资源极多的自然科普场馆。基地每周开放 6 天，全年开放。

基地与桂林理工大学开展合作，在已有师资力量的基础上，吸纳在校大学生进行实践教学活动。基地最多可同时接待学生 400 人。

课程一：我是考古小专家（研学学段：小学、初中）

课程让学生了解化石是如何形成的，提炼归纳化石形成的基本条件；让学生参与挖掘和清修工作模拟，以此提高学生的观察能力和动手能力，体验古生物科研者的劳动付出。学生通过理解化石的研究价值，明白化石的重要性，激发保护化石、爱惜化石的情感，学习科学知识，培养科学兴趣，学会用科学的方法探索大自然。

课程二：矿物颜料的制作（研学学段：小学、初中、高中）

课程让学生了解矿物颜料的制作方法、好处，认识、辨别几种常见的矿物颜料，丰富学生的知识面。学生体验生产矿物颜料的过程，并使用矿物颜料绘画，提高耐心与细心，培养对美的创造力。学生在认识矿物颜料的过程中，感悟矿物颜料之美，传承中华优秀传统文化。

其他课程：亲手制作矿物药、小小宝石猎人、小小园林设计师、琥珀加工师、小小天气预报员等。

📍🔍**基地地址**：广西桂林市象山区相人山路 1 号桂林储运总公司 2 号库 4 区。

桂林市桂海晴岚
中小学生研学实践教育基地

桂林市桂海晴岚中小学生研学实践教育基地是广西第四批自治区级中小学生研学实践教育基地，也是桂林市研学旅行协会常务理事单位。基地以 AAAAA 级景区标准打造涵盖自然教育、观光休闲、亲子游乐、全龄教育、康养度假、现代农业、文化创新等多类别业态的自然文旅综合性项目。

基地内建成和运营项目有山水自然景观、休闲娱乐设施，包括 1600 亩草坪活动区、定制体验空中游览项目（热气球、直升机）、山水美学生活馆、观山阁餐厅和苍峿之野国际露营基地等。基地已投入使用多功能厅 2 个、餐厅食堂 2 间、研学教室 4 间等活动设施，接待场地有生态农场、连绵山峰、自然湖泊、草坪，可同时容纳 3000 余人进行研学活动。基地交通便利，研学资源和劳动教育资源丰富，建有运动拓展区、农具参观教学区、农耕体验区、农场建设区、职业体验区、动物科普区、餐饮保障区、医疗保障区。基地基础设施良好，科学布局、建有多功能性室内场地、主题性室外场地。基地配备有桂海晴岚研学基地服务中心、免费停车场、免费旅游厕所、办公室、会议室、医务室、警务室、创客教室、多功能厅等基础配套设施。每一个区域都配备了相应的教学设施设备和劳动工具等，设备性能完好且数量充足。

> 🔴 **课程：苍峿之野——户外体验（研学学段：小学）**
>
> 　　课程依托自然景区里的露营基地开展，通过搭建天幕、镁棒生火、制作爆米花、拼贴画、手工帐篷等活动，将真实环境中所见与课堂内容所学建立联系、相互印证，促进学生知识内化和思维发展，让学生了解所处的空间环境，了解自然环境与人类发展的关系，进而培养户外生存技巧及细心观察的意识。
>
> 　　其他课程：走进桂海，体验海滨雀稗草的美学魅力；职业体验；走进桂海，识蔬辨果；探寻桂海，体验农耕；荒野行动；走进桂海晴岚，探索户外未知的奥秘。

 基地地址：桂林市七星区航天路 22 号。

梧州市石表山休闲旅游风景区

广西梧州市石表山休闲旅游风景区生物资源丰富、类型多样，有原生态水域景观、沙滩景观、丹霞地貌景观、历史人文景观、田园村落景观等，丹山、碧水、沙滩、翠竹、村落完美融合，是集休闲、度假、览胜于一体的景区，也是广西第二批自治区级中小学生研学实践教育基地。

石表山景区总面积约 16 平方千米，由道家沙滩公园、石表山寨、石龙大峡谷、思罗河竹排漂流 4 个游览区和道家村古驿站组成。景区基础设施完善，设有河畔酒店和农家客栈、餐厅、会议室、拓展营地、特色有机蔬菜园、水上乐园、竹林烧烤、沙地露营等项目与配套设施。

景区最多可同时接待学生 1000 人。

> **课程：自然丹霞地貌地理研学**（研学学段：初中、高中）
>
> 学生近距离观察丹霞地貌的特征，并进行数据记录和归纳，链接地理课程知识进行教学导入，让学生在行中学、在学中研。
>
> 其他课程：六堡茶文化工艺研学、自然植物研学。

 基地地址：广西梧州市藤县象棋镇道家村。

北海市
广西合浦儒艮国家级自然保护区

广西合浦儒艮国家级自然保护区(以下简称"保护区")坐落于广西北海市合浦县沙田镇，是全国中小学生研学实践教育基地。保护区以海洋生物标本、海洋生物生活模拟场景、海洋生物模型等向公众展示和科普主要保护物种的形态特征、生活习性、栖息环境等知识，以"保护珍稀海洋生物"为主题，突出"关爱水生野生动物，保护海洋生态环境，维护海洋生物多样性"的理念。2022 年 8 月，保护区获评中国生态学学会生态科普教育基地。

保护区室内展馆展示面积 420 多平方米，分为序厅、儒艮厅、鲸豚厅、海草厅和生物多样性厅 5 个展厅，最多可同时接待学生 200 人。

课程一：保护中华白海豚，我是行动者（研学学段：小学、初中、高中）

课程结合基地海洋动物标本、模型等资源，选择有针对性的教育主题，以"参观＋讲解＋观影＋科普课堂＋现场互动＋户外体验＋讨论＋留言"等多种教育形式灵活组合，让学生认识中华白海豚，培养学生保护中华白海豚的自觉意识。

课程二：海洋生物的微观世界（研学学段：小学、初中、高中）

课程根据学生不同年龄段的特点，设置不同类型的参观路线和研学课程，为来到基地开展研学实践的学生提供更多认识和了解海洋生物的方法和途径。

其他课程：趣玩潮间带、珍稀海洋动物保护及搁浅救护、中华白海豚模型手工制作等。

📍 **基地地址**：广西北海市合浦县沙田镇经济开发区儒艮保护区管护站内。

北海涠洲岛旅游区管理委员会

北海涠洲岛旅游区管理委员会是广西首批自治区级中小学生研学实践教育基地，其充分依托涠洲岛自然风光、传统文化、革命历史等丰富的研学实践资源，将实践教学与旅游相结合，鼓励学生上岛实践、写生，让学生在研学旅行中拓展视野、丰富知识，加深与自然、文化的亲近感。针对学生研学需求，北海涠洲岛旅游区管理委员会兼顾科技创新、文化、艺术内容，不断加强旅游区研学设施建设，组织研发不同主题的研学旅行和研学课程，建成了涠洲岛火山国家地质公园博物馆、珊瑚科普馆、南珠文化展示体验馆、古汉船"定风号"台风体验馆、珊瑚礁保护与修复示范基地、国防教育馆等多个科普教育体验基地，满足学校组织和学生个人赴涠洲岛旅游区研学的多元化、个性化需求。

基地最多可同时接待学生 300 人。

课程一：探秘海岛，找寻历史（研学学段：小学、初中）

课程中，学生了解火山海岛地史演化、海岛文化、革命历史、民风民俗等。

课程二：红色研学游（研学学段：小学、初中、高中）

课程中，学生学习海岛红色文化，传承红色基因。

其他课程：海岛研学，探索涠洲岛奥秘。

基地地址：广西北海市海城区涠洲岛。

北海市海底世界旅游有限公司

　　北海市海底世界旅游有限公司管理的北海海底世界是以展示海洋生物为主，展示和救助各类陆生野生动物为辅，集观赏、旅游、青少年科普教育于一体的大型综合性海洋馆，也是国家AAAA级旅游景区、全国海洋科普教育基地、广西首批自治区级中小学生研学实践教育基地。现分为海底花园、海底失落城、亚马逊雨林、玛雅山岗、亚马逊科普区等游览景观。这里有百米长的海底隧道、重达一万五千公斤的鲸鱼骨骼和素有"美人鱼"之称的儒艮标本，可以零距离接触国内最大的魔鬼鱼、国内最大的噬人鲨，可以体验五光十色、神奇梦幻的水母世界，感受千姿百态、绚丽多彩的海底花园。

　　基地最多可同时接待学生 500 人。

课程一：企鹅知多少（研学学段：小学）

　　课程让学生了解企鹅的生态、种类、族群分布等基础信息和企鹅日常生活的方方面面，了解企鹅各种行为的意义及企鹅如何在自然界中繁衍生息，感受自然界中物种生存的巨大魅力，激发学生对保护自然环境以及动物的意识，培养正确对待自然环境和动物的三观意识。

课程二：美人鱼与海牛——感受标本生命魅力（研学学段：小学、初中）

　　课程让学生了解标本及其制作、运输、保存等基础信息；了解标本对人们有何意义、为何要制作、为何要留存；了解各标本原生物的生活习性、生态及相关知识。在表演大厅欣赏 130 分钟的"美人鱼表演"。

　　其他课程：海龟家族、梦幻水母。

 基地地址：广西北海市海城区茶亭路 27 号。

北海市海洋之窗生物科技展览有限公司

  北海市海洋之窗生物科技展览有限公司管理的北海海洋之窗（以下简称"海洋之窗"）是一座集数字科技、海洋生物展示、海底表演秀、趣味体验、海洋文化、光影艺术及科普教育于一体的新型海洋馆。海洋之窗是国家 AAAA 级旅游景区，有生物世界、数字海洋、海底表演秀、海洋课堂四大主题板块，分别由梦幻海洋、珊瑚海、南海龙宫、魔幻奇宫、海洋课堂、海丝小知识、郑和下西洋、珠还合浦、深海探秘、地理大发现、海洋剧场、梦境之城、锦鱼堂、璀璨椰林、水母迷宫、嗨嗨屋共 16 个展厅组成。海洋之窗是全国科普教育基地、广西首批自治区级中小学生研学实践教育基地。

  海洋之窗总面积 2.1 万平方米，建筑面积 18100 平方米，其中包含 3D 光影艺术展厅近 500 平方米、海洋剧场表演区 280 平方米、海洋课堂 300 平方米（可同时接待 100 人的学生团队）。基地可同时接待 600 名学生，拥有户外滨海景观、健康步行椰道、休闲娱乐区、临时演艺舞台区、户外消防演练场、开放式户外草坪等丰富的硬件设施设备。

  课程一：海水小百科（研学学段：小学、初中）

  课程以了解地球水资源分布、研究海水的性质及作用、人类如何探测海洋等为研学主线，带领学生丰富海洋知识、拓宽视野，提高学生的动手和团队协作能力。

  课程二：探秘海洋生物（研学学段：小学、初中）

  课程从探索海洋生物开始，通过研学指导师定点讲解和发放研学任务卡的方式，让学生近距离观察和了解海洋生物的特性，增长学生对海洋生物的见识，了解世界生物的多样性。

  其他课程：小导游·大学问、尼莫的海洋家园、海洋生物印记等。

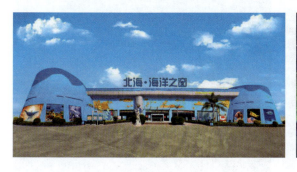

 基地地址：广西北海市银海区四川南路中段（四川路与新世纪大道交汇处）。

北海金海湾红树林生态旅游区

北海金海湾红树林生态旅游区（以下简称"金海湾"）是我国极富滨海湿地风情和渔家文化内涵的国家 AAAA 级景区，景区内外生长着一片 200 万平方米的"海上森林"——红树林，属滨海自然美地带，是人类与自然环境和谐共生的代表。金海湾作为我国极富滨海生态湿地风情和渔家文化内涵的知名景区，是北海市科普教育基地、北海市青少年校外素质教育基地、广西壮族自治区科普教育基地、香港青少年国情体验和创新创业基地、全国青少年户外体育活动营地、全国生态文化示范基地、国家级服务业标准化试点、广西壮族自治区服务业品牌、北海市社会科学普及基地、首批自治区生态环境科普基地、广西第四批自治区级中小学生研学实践教育基地。金海湾得益于生态环境保护、文化保护的成效，以其独特的红树林自然景观、滨海湿地景观和疍家民俗风情，成为人文与自然生态环境和谐共生的代表。

金海湾占地面积 5.44 平方千米，红树林木栈道全长 715 米，集中活动区域面积 387 平方米，研学教室面积 120 平方米。基地最多可同时接待学生 500 人。

> **课程：追寻习爷爷的足迹，践行海洋生态保护理念**（研学学段：小学、初中、高中）
>
> 课程包括走进红树林、海洋科普、手工体验、守望灯塔 4 个主要环节，共设计有 12 个课程内容。通过课程学习让学生在学习践行爱护海洋、保护地球的生态环保理念的同时，把优秀的非遗传统文化、爱国主义教育及热爱劳动的理念贯穿其中，让学生能够寓教于乐、寓教于游。
>
> 其他课程：海洋科普小课堂、海洋主题手工体验、走近红树林、生态环保篇、守望灯塔、"渔文化"手工体验、赶海体验、疍家民俗园参观、疍家民俗体验等。

📍 **基地地址**：广西北海市银海区大冠沙。

自然生态板块　　**313**

广西东兴七彩贝丘湾酒店有限公司
（七彩贝丘湾乡村旅游区）

　　广西东兴七彩贝丘湾酒店有限公司管理的七彩贝丘湾乡村旅游区是集自然生态教育、历史与民族文化、农耕及海洋文化、乡土国情教育、劳动教育于一体的综合性研学实践教育基地，也是广西首批自治区级中小学生研学实践教育基地。基地以海洋文化为核心，秉承"知行合一，快乐成长"的教育理念，通过各类综合实践课程，培养学生理论与实践相结合的能力，进一步促进学生的全面发展和健康成长，实现素质教育目标。

　　基地最多可同时接待学生 2000 人。

课程一：海洋小卫士（研学学段：小学、初中）

　　潮起潮落时，研学指导师带领学生了解红树林的生长原理、作用，寻找红树林下的生态系统，培养学生生态环保意识。

课程二：海洋拾贝、逐浪少年（研学学段：小学、初中）

　　走进贝丘遗址、渔耕文化馆及滩涂，学生认识人类与海洋生存发展历史变迁，了解时代和工具的进步，体验传统渔耕之美、劳作之乐。

　　其他课程：边防小战士、稻花香里说丰年、寻找活化石、鸭蛋养成记、风吹饼制作、小茶叶大文章等。

 基地地址：广西防城港市东兴市江平镇交东村七组 20 号。

广西防城金花茶国家级自然保护区研学实践教育基地

　　广西防城金花茶国家级自然保护区研学实践教育基地是广西第五批自治区级中小学生研学实践教育基地，其依托广西防城金花茶国家级自然保护区建立。保护区位于广西防城港市防城区境内，地处十万大山南麓蓝山支脉，属于桂西南山地生物多样性保护优先区域，也是世界金花茶植物的分布中心。保护区于 1986 年成立，1994 年晋升为国家级自然保护区，主要保护对象为珍稀物种金花茶及其赖以生存的北热带森林生态系统。

　　广西防城金花茶国家级自然保护区是国内唯一以保护金花茶资源及其生态系统为主要目标而建立的国家级自然保护区，位于金花茶自然分布中心的核心区域。同时，保护区也是一个不可多得的生物多样性的资源宝库，在植物学、森林学、生态学、环境科学、动物学等学科上有十分重要的科学研究价值。

　　广西防城金花茶国家级自然保护区研学实践教育基地可以开展研学的区域分为：

　　①金花茶保护区科研监测基地。此处建设了占地面积约 500 平方米的科普宣教馆，可同时接待 100 人开展研学活动。科普宣教馆主要由序厅、金花茶家族背景厅、金花茶核心厅、金花茶保护厅 4 个展厅组成。

　　②金花茶保护区上岳保护站。上岳保护站占地面积约 4.9 万平方米，可同时接待 300 人开展研学活动。上岳站分为站中心、基因库、松光洞 3 个区域。

> **课程一：家乡的生物名片——金花茶（研学学段：小学）**
>
> 　　学生通过参观自然保护区，认识品种多样、形态丰富的金花茶，探究金花茶的生长环境、繁殖养护条件和技术，从而增长知识，发现和感受大自然的神奇与美好。
>
> **课程二：创意花叶贴画（研学学段：小学）**
>
> 　　学生了解自然界不同花叶的形状结构、颜色，掌握花叶贴画的制作技巧，制作有创意的作品，感受动手操作的乐趣，启发学生发现美、创造美。
>
> 　　其他课程：探秘金花茶——我的观察日记、金花茶的家、泡一杯金花茶等。

 基地地址：广西防城港市防城区西湾环海大道墨鱼港金花茶保护区科研监测基地。

贵港市自然博物馆

贵港市自然博物馆位于贵港园博园内,是集地质、古生物、动植物标本收藏、研究、展示于一体的综合性自然科学博物馆,也是广西第三批自治区级中小学生研学实践教育基地。馆内藏品主要来源于社会收藏家黎家德先生和单华林先生的捐赠,以硅化木、阴沉木、砗磲、古生物化石和各类矿物标本为主。

贵港市自然博物馆建筑面积约 10000 平方米。陈列展览由室内展厅和室外展区两个部分组成,其中,室内展厅面积 1850 平方米,室外展区面积约 2000 平方米。博物馆共设有 5 个展厅,分别是"石头树——硅化木展""东方神木——阴沉木展""贝类之王——砗磲展""地球科学展——生命演化厅"和"地球科学展——大地瑰宝厅"。室外展区设有 2 个硅化木石林和 39 米单株硅化木特展,硅化木以室内展览为主、室外展区为辅,内外结合,全面展示硅化木的来源、分布和价值。

基地每次最多可接待 1000 名学生开展研学实践教育活动,日最大接待量为 2000 人;停车场一次可同时容纳 13 辆大巴。

课程一:硅化木的前世今生(研学学段:小学、初中、高中)

通过参观硅化木展,学生可以认识硅化木的特点及形成过程,再结合小组合作探究、小组答辩、绘制"身份卡"等实践活动,加深学生对阴沉木知识的印象,培养学生动手能力和合作精神,以及爱科学、爱家乡、勇于探索自然奥秘的科学精神。

课程二:走进砗磲世界(研学学段:小学、初中、高中)

通过参观砗磲展,学生可了解砗磲等贝类动物的类型及生长环境与特点等相关知识。课堂过程中开展"贝"字比一比、问答、绘画等实践活动,提高学生对贝类动物的认识,培养学生独立思考能力、合作精神和保护自然的意识。

课程三:探寻生命起源(研学学段:小学、初中、高中)

学生参观古生物化石展,学习化石、地壳发展历史和地球生命演化历程等相关知识,通过独立探究记录、问答分享、使用放大镜等实践活动,提高对物种起源和古生物化石的认识,培养善于思考和热爱自然的兴趣。

课程四:寻找大地瑰宝(研学学段:小学、初中、高中)

学生参观矿晶展,了解岩石和矿物的概念,简单辨识几种常见岩石矿物;通过使用直尺、显微镜等活动道具,让学生近距离观察矿晶,加深学生对矿物晶体的认识,从而培养学生善于思考和动手实践能力。同时,课程也能让学生体会自然资源与人类发展之间的关系,开阔学生地理视野。

 基地地址：广西贵港市港北区迎宾大道园博园北门。

贵港市九凌湖景区研学旅行基地

贵港市九凌湖景区研学旅行基地是广西第四批自治区级中小学生研学实践教育基地。基地以"天地课堂、万物为师"为理念，以"研有所思、学有所获、旅有所感、行有所成"为研学目标，开展农耕民俗体验、自然生态科普、传统国学文化、素质拓展训练等主题性研学活动，寓教于乐地培养学生观察、思考、动手和实践能力。基地内有万亩水域和特色农业资源，山清水秀洞奇，自然生态优良，设备设施齐全，安全措施规范，师资团队完善，适宜开展各类研学活动。

基地房建、水、电、通信、餐饮等基础设施配套齐全，安全运行，室内可单次接待 500 名以上学生开展研学实践教育活动。

课程一：自然生态与植物科普主题——探秘九凌植物乐园（研学学段：小学、初中、高中）

课程依托九凌湖景区优良的自然生态环境及丰富的园艺苗木资源，引导学生探究泉源湖区水生态环境、观察认知植物品类与生长规律、互动体验苗木培育等。

课程二：国药壮医文化主题——神农寻百草，九凌话养生（研学学段：小学、初中、高中）

课程依托九凌湖景区"国药壮医园"中药材种植基地，引导学生探索认知各种中药材的种植、炮制、功效，互动体验国药壮医与养生文化等。

其他课程：农耕文化与民俗艺术主题——快乐的诗书耕读农园、植物科普与农耕体验主题——我是农耕小能手、水生环境与水文科普主题——上善若水·九凌探秘、正念减压与拓展训练主题——相约九凌·我心自由飞翔等。

基地地址：广西贵港市覃塘区石卡镇九凌湖旅游风景区南岸。

国家虎种源保护繁育研究基地
（平南雄森动物大世界）

国家虎种源保护繁育研究基地（平南雄森动物大世界）（以下简称"雄森研学基地"）是以自然生态与动物保护、民族文化、非遗表演艺术、现代农业科技为核心，集生态养殖、民族文化、非遗艺术表演、现代休闲农业、野生动物保护研究于一体的综合性研学实践教育基地。基地秉承"立德树人"的教育理念，致力于培养德、智、体、美、劳全面发展的人才，做到"产、学、研、培"多元并举，推动研学实践教育事业发展。基地为广西第四批自治区级中小学生研学实践教育基地。

雄森研学基地总占地面积 90 万平方米，拥有多功能大会议厅，可同时接待 4000 人；多媒体会议室 3 间，可同时接待 2000 人；动物科普教育教室 2 间，每间可接待 300 人。基地配套设施齐全，有特色商店、超市、农家乐餐厅、俄罗斯特色餐厅、酒店、大马戏演艺中心等。基地可同时接待 600 名学生开展研学活动，基地内食堂可同时容纳 3000 人就餐。

课程一：走进中华生肖文化（研学学段：小学）

学生认识十二生肖文化，了解动物的身体特征、生活习性及其所蕴含的精神寓意，结合创意手工、趣味互动等活动近距离观察、接触动物，深入了解动物的相关知识。

课程二：齐天大圣（研学学段：初中）

学生观察猴子，探究猴子的社会行为及人类的起源，链接初中生物学"动物的运动和行为""生物和生物圈"课程，把理论知识具象化，促进学生理解生物学知识，并且让学生认识到人与自然和谐发展的意义，提高环境保护意识。

其他课程：动物考古学、田园小农民、动物的仿生科技等。

基地地址：广西贵港市平南县上渡街道平南工业园内。

广西平天山国家森林公园
研学实践教育基地

广西平天山国家森林公园是一个以优良的森林生态环境为基础，以大面积的高山草地、秀美清幽的溪谷为特色，以观光休闲、健身康体为主要功能的城郊型国家森林公园；依托公园建立的广西天平山国家森林公园研学实践教育基地是广西第五批自治区级中小学生研学实践教育基地。公园内有林海奇景、平天大峡谷、桫椤群落、高山茶园、石人石马、黄三立寨遗址等众多的自然景观和人文景观。

广西平天山国家森林公园山顶得天独厚的约 233 万平方米草甸是广西第一大高山草甸。公园内动植物资源丰富、种类繁多，有喜树、海南五针松等珍稀植物和 18 种国家二级保护的兰科植物，以及猕猴、苏门羚等国家二级保护动物，既是科考、野营、教学的重要场所，又是旅游度假、休闲娱乐的理想胜地。2019 年被评为自治区森林康养基地、森林人家、生态旅游示范区、生态文化核心示范区，同时成为梧州学院教学基地。

公园占地面积为 1676.2 万平方米，协调控制区域范围为 846 万平方米，研学场地面积约 10000 平方米（含休息区＋互动区＋观光区）、停车位 300 个、游客中心 3 个、篮球场 1 个、舞台 1 个、登山步道 2.7 千米、员工管理用房 10 间、露营基地 1 个（含营位 90 个），可同时容纳 500 名学生开展研学实践教育活动。基地最多可同时接待学生 2000 人，全年可接待 7 万人次以上。

课程一：高山草甸探奥秘（研学学段：小学、初中）

课程根据学生的认知规律和身心发展特点设计、组织和实施研学过程，贯彻"快乐学习"的指导思想，以增强学生的探索精神；学生通过实地观察的方式走进平天山国家森林公园，探究高山草甸的奥秘，培养热爱自然、保护自然的情感。

课程二：探索森林奥秘（研学学段：初中）

课程基于专题科普讲座，通过学习生态环境指标的检测和实地操作，运用植物多样性调查方法——样方法，培养学生科学研究的思维和方法；进行负氧离子检测操作等研学活动，提高动手操作能力和观察能力等。

其他课程：绿水青山里的小能手、茶香沁人心，实践促成长、漫步森林秘境，探索实践乐趣、旅游资源开发与保护、植物群落样方调查。

 基地地址： 广西贵港市港北区西郊。

玉林市
广西壮族自治区国有六万林场

广西六万大山森林公园是广西壮族自治区国有六万林场创建的自治区级森林公园。公园生态环境优良，野生珍稀动植物丰富，是玉林市重要的生态屏障。公园内人文资源丰富，建有党性教育体验馆、革命传统教育基地、知青文化展示馆、李宗仁展馆、八角文化馆等系列展馆，中小学生可接受党性教育、爱国主义教育。广西六万大山森林公园是国家 AAAA 级旅游景区、森林养生国家重点建设基地、广西首批自治区级中小学生研学实践教育基地。

广西六万大山森林公园规划总面积约 441 万平方米，森林覆盖率达 93%，最多可同时接待学生 500 人。

课程一：防溺水（研学学段：小学、初中）

课程模拟意外落水或水里玩乐中遇险的水底（触底）、水中（悬浮）和水面三个场景，教授学生在不同情况下的应对技巧（19 组技巧）。课程侧重"主动防溺水"，即主动了解（体验）人（自己）在水下这一特殊环境里的身体行为与岸上身体行为的关系，来解读对"防溺水"的认知。

课程二：四季香海八角主题教育（研学学段：小学、初中）

课程中，学生参观八角文化馆，感受八角林；体验闻香识物、粘豆画、研磨香料。

其他课程：我有一双小巧手、关爱身边的动植物、奇妙的绳结、爱国主义教育、党性教育课程、野外拓展训练课程、环保教育课程。

📍 **基地地址**：广西玉林市福绵区成均镇社岗村六夕塘。

广西大容山中小学生研学实践教育基地

广西大容山中小学生研学实践与劳动教育基地依托广西大容山建设。大容山素有旅游天堂之美称，在海拔 1100 米的莲花山一带形成了世界罕见的综合景观，被誉为"欧陆风光"。基地开发建设有研学教室、蜜蜂馆等研学设施，内有近 200 年历史的岭南徽派建筑——江家大院可供举行各种传统仪式，旨在培养青少年综合素质，拓展思维、开阔视野、提高实践技能、培养良好品格。目前基地已经开发有自然科普、气象科普、蜜蜂科普、美学手工、野外求生、露营教育、人文素养等研学课程。基地为广西第二批自治区级中小学生研学实践教育基地。

基地以大容山国家森林公园为主体，研学资源丰富，面积广阔，可同时承接约 1000 名学生开展研学活动。基地有两个餐厅，养生餐厅位于山脚大容山龙门景区内，莲花餐厅位于山顶大容山莲花景区，两个餐厅均能同时容纳约 500 人用餐。基地内也设有酒店和民宿，共计约 500 个床位。

课程一：乡村的劳动，当一名民宿管家（研学学段：初中、高中）

课程由研学指导师授课，教会学生接待宾客的商务礼仪和客房预订流程，引导学生对民宿进行床上用品更换、房间清洁、物品摆设等进行实践，以此增强学生的服务意识和劳动能力。

课程二：探秘森林，我是一名森林讲解员（研学学段：小学、初中、高中）

课程由基地讲解员进行授课，学生经过培训后担任森林讲解员，一路讲解森林中的动植物、气候等知识，带领大家探索森林秘境。课程旨在培养学生的口才语言技巧、态势语言技巧和发散思维，增强学生的即兴作文能力及口头表达能力。

课程三：寻找生命之源，我们的水世界（研学学段：小学、初中、高中）

课程由大容山山泉水厂专业研学指导师授课，学生参观并了解山泉水产生过程，动手对水进行净化过滤，了解水源净化原理，并测量水的 pH 值，学习酸碱度相关知识，培养节约用水的好习惯。

其他课程：走进蜜蜂世界，做一只勤劳的小蜜蜂；气象奇观；动植物的奥秘。

 基地地址：广西玉林市北流市民乐镇容山路 1 号。

容县都峤山中小学生研学实践教育基地

　　都峤山风景区以"锐而高甲于一都"而得名，是国家 AAAA 级旅游景区、国家级服务业标准化试点项目、自治区级旅游度假区、自治区级风景名胜区、自治区级地质公园、广西首批自治区级中小学生研学实践教育基地。景区风景资源类型丰富，森林植被茂密，生态环境良好，气候舒适宜人，有着以丹霞地貌发育典型的奇峰、怪石为代表的地景，著名诗人元吉、苏东坡、李纲，著名大旅行家徐霞客等更是慕名前来考察游览题咏。此地也是宋代风水大师赖布衣题咏"都峤山金斗赋"的风水宝地，还拥有石刻、碑牌、古建筑、古遗址、洞穴寺观等丰富的历史遗存。

　　基地研学资源丰富，专业配套设施完备，可以为学生提供研学旅行所需的"行、游、住、吃、购、娱"全方位服务。基地还拥有多功能研学教室 5 间、活动草坪 3 个（合计面积 15000 平方米）、餐厅 5 个（可同时容纳 800 人就餐）、住宿房间 107 间（可同时入住 200 人）。基地最多可同时接待学生 3000 人。

> **课程：小小地质学家（研学学段：小学、初中）**
>
> 　　本课程以都峤山丹霞地貌为核心，设置两大教学环节，以实践操作和实地观察都峤山丹霞地貌特点的教学方式，让学生全程保持积极性与学习热情，向学生讲述中国地质的魅力。

基地地址：广西玉林市容县石寨镇石寨村白鹤塘景区。

玉林园博园

玉林园博园建设主题为"五彩玉林·八桂画卷"，总体规划结构为"一带两岸四区"，划分为主展馆区、城市展园区、休闲滨湖区、园艺博览区4个园区。玉林园博园以"五彩、画卷"统领全局，浓缩广西各地的风景名胜和园林艺术，创造"田园如诗，园林如画，五彩斑斓"的美好意境，打造"主入口—主展馆—飞虹桥—城市展园—休闲滨湖区—园艺博览区—主展馆"的环玉东湖景观。主展馆建筑采用绿色、环保、生态的设计理念，屋顶铺设太阳能板，立面的镜面玻璃和室外LED屏幕结合营造五彩斑斓的效果，与主展馆对应的是高耸的五彩树，演绎着"五彩玉林"主题。玉林园博园为广西第三批自治区级中小学生研学实践教育基地。

玉林园博园总规划面积约93.5万平方米，共有14个展园。其中具有广西区内特色自然资源的文化园有滨海风情（北海园、钦州园、防城港园）、桂北（山水）风情（桂林园、柳州园、来宾园）。园内设有多媒体教室、普通教室、餐厅、党史文化长廊，其中多媒体教室1间（能容纳200人），普通教室3间（每间可容纳100人）。园区可同时接待2000名学生开展研学活动，食堂可同时容纳1500人就餐。

课程一：追寻城市足迹，体味乡土乡情（研学学段：小学、初中、高中）

课程在自然教学中重视观察与实践体验并运用科学的教学手段和教学方法，引导学生对家乡滨海文化、民族文化、山水风情进行探究性学习。

课程二：品味国学经典，传承圣贤文化（研学学段：小学、初中、高中）

课程以国学经典教育为基础，深入挖掘园博园内的国学文化资源，为学生了解中华优秀传统文化提供重要渠道和窗口，培养学生的文化自觉和文化自信。

其他课程：乡土乡情、国学文化。

 基地地址：广西玉林市玉州区二环东路大良村附近。

广西雅长兰科植物国家级自然保护区

　　广西雅长兰科植物国家级自然保护区内有兰科植物64属174种，是野生兰科植物多样性保护中不可多得的重要地区。其中莎叶兰、带叶兜兰和大香荚兰野生居群是目前全球最大的野生居群，是世界野生兰科植物的重要分布区及基因库。

　　保护区坚持"保护、研学、发展、和谐"的工作方针，秉承"立德树人"的教育理念，致力于优化课程设计、提升课程质量，推动研学实践教育事业发展。保护区是广西首批自治区级中小学生研学实践教育基地、广西科普教育基地，开设有网站、微信公众号、抖音等向公众进行宣传。保护区最多可同时接待学生60人。

> **课程一：在研学中感知兰花文化（研学学段：小学）**
>
> 　　课程讲解体验兰科植物的美与神奇，让学生学习关于兰花的诗词歌赋，学习兰科植物精神，增长见识，增强保护兰科植物、保护生态环境的意识并付诸行动。
>
> **课程二：地质科考研学，践行自然保护（研学学段：高中）**
>
> 　　课程通过讲解、问题自主探究、分组讨论等，引导学生探索自然万象的神奇景观，探寻动、植物生命和生存的奥秘，拓宽视野、认识自然，启发学生热爱自然、热爱科学、勇于探索的精神。
>
> 　　其他课程：探索大自然、保护生态家园、探秘兰科植物的世界、传承红色文化、传播生态文明等。

📍🔍 **基地地址**：广西百色市乐业县花坪镇振雅桥旁。

中国乐业——凤山世界地质公园

中国乐业——凤山世界地质公园由广西百色乐业大石围天坑群国家地质公园和广西凤山岩溶国家地质公园组成，拥有全球最大的乐业大石围天坑群、最集中分布的凤山洞穴大厅和天窗群、最大跨度的天生桥及典型洞穴沉积物、最完整的早期大熊猫小种的头骨化石、2.5 亿年的古生物化石遗迹和古环境变迁的古风化壳。

自 2002 年起，公园相继获得"国际岩溶与洞穴探险科考基地""广西青少年教育基地"等称号。2010 年 10 月 3 日，联合国教科文组织世界地质公园评审大会将广西乐业——凤山地质公园正式列入世界地质公园网络名录。公园现已发展成为集旅游、观光、科考、探险、教育于一体的著名景区，也是广西第二批自治区级中小学生研学实践教育基地。

公园总面积 930 平方千米，包括黄猄天坑、罗妹洞、三门海、江洲长廊等 8 大景区，以及中国乐业——凤山世界地质公园博物馆、凤山县国家地质公园博物馆、中国乐业——凤山世界地质公园科普馆，最多可同时接待学生 300 人。

> **课程：地球成长记，世界地质公园博物馆探秘（研学学段：小学、初中、高中）**
>
> 课程全面介绍乐业世界地质公园，以及地质遗迹景观特征、价值、形成演化历史和开发保护情况。
>
> 其他课程：溶洞奇缘，步步生莲；上天入地，变幻大石围。

基地地址：广西百色市乐业县 206 省道西 100 米大石围景区。

古龙山大峡谷研学实践教育基地

古龙山大峡谷研学实践教育基地是广西第二批自治区级中小学生研学实践教育基地。基地集峡谷、瀑布、溶洞、暗河、森林、遗迹、文物、民俗于一体，地形地貌独特，生物物种丰富，可开展地质学与植物学主题的研学活动。同时，基地所在的桂西南地区，是中国生物多样性 3 个植物特有现象中心之一，是中国优先保护的 17 个生物多样性关键地区之一。基地峡谷内拥有中国最大的原生态洞穴峡谷群景区，是喀斯特地形地貌的典范，是国内原生态峡谷的代表。

基地面积达 17 平方千米，基地拥有 20 余间营地房，按照 3～4 人 / 间的标准进行建设，配套的服务设施齐全，另建有 3000 平方米的露营场地，可以同时安放 150 个露营帐篷；拥有独立的食堂，可以同时满足约 100 人用餐。基地最多可同时接待学生 200 人。

> **课程一：跟着博士去科考——看得见的"洞穴考古"（研学学段：小学）**
>
> 课程通过实地参观洞穴，让学生考察洞穴生物的种类、形态、分布和环境适应性，分析洞穴生物进化的原因；引导学生思考生命的起源，探索古生物与现代生物的关系、洞穴考古研究对现代科学研究的重要意义。
>
> **课程二：心与自然对话——破解地质密码（研学学段：小学、初中）**
>
> 课程通过"视频教学＋现场教学"的方式，让学生了解峡谷的运动、形成过程和谷内生态多样性。
>
> 其他课程：民族文化课堂、岩石上的力量平衡、水文——喀斯特地区的河流、"植物活化石"——桫椤等。

基地地址：广西百色靖西市东南部湖润镇新灵村。

靖西市鹅泉景区中小学生研学实践教育基地

　　靖西市鹅泉景区中小学生研学实践教育基地是广西第四批自治区级中小学生研学实践教育基地，其主体鹅泉景区历史悠久，已有700多年的历史，自然资源丰富，生态环境优美，有古屯念安、灵泉映月、古老石桥、鸳鸯树、莲花水路、百亩花海、偶遇荷田等自然景观。基地文化底蕴深厚，民俗活动别具特色，如"三月三"对歌、提线木偶、鹅泉祭鱼等，拥有独特的少数民族语言、工艺、建筑、服饰、节庆、饮食、戏剧等传统文化，可进行拍摄、历史教学研究，以及农耕文化活动，让学生感壮乡情怀、品民淳厚俗。优美的自然风光加上深厚的文化内涵，是研学旅行的绝佳之地。

　　基地最多可同时接待学生500人。

> **课程：鹅泉传说感恩故事，传承中华孝道文化（研学学段：小学、初中）**
>
> 　　课程利用鹅泉杨媪养鹅育泉传说，讲述人与鹅的温情故事，引导学生写下感恩语录，记录成册，向学生传播关于孝道的中华优秀传统文化。
>
> 　　其他课程：寻访百亩荷池，探索神奇自然；书画教育，体验一笔鹅字书法神韵；千亩稻田农耕文化教育；植物贴画；花海探秘——稻花香里话丰年。

📍 **基地地址**：广西靖西市新靖镇鹅泉村鹅泉景区。

浩坤湖中小学生研学实践教育基地

浩坤湖中小学生研学实践教育基地位于享有"广西纳木错"之美称的凌云浩坤湖景区内。浩坤湖古称"东湖"，俗称"高山神湖"，是澄碧河水系堵洞而成的湖，湖面面积约20平方千米。景区内湖山秀美，岸线曲折，岛渚星罗，几十座山峰紧紧挟携着一湖碧水；湖中独峰耸立，小岛显露，岛屿交错，水天一色；两岸山奇崖秀，青山、绿水、蓝天、白云相互映衬，浑然天成，如梦幻仙境。

凌云浩坤湖景区是国家湿地公园、广西第四批自治区级中小学生研学实践教育基地、广西生态旅游示范区、凌云县艰苦奋斗教育基地、凌云县党建"双促"教育实践基地，曾被选为湖南卫视《2020年湖南中秋之夜》、中央电视台《2021年东西南北贺新春》节目分会场舞台取景地。

基地最多可同时接待学生500人。

课程一：重走艰辛路（研学学段：初中、高中）

课程引导学生从猪笼洞行走至棕榈洞，学习浩坤村村民不畏艰险、吃苦耐劳的精神；或从渔人码头乘船至猪笼洞，攀爬猪笼洞步行至棕榈洞，感受长征艰苦；参观浩坤村史馆体验艰苦历史，感受如今来之不易的美好生活。

课程二：缅怀红军（研学学段：初中、高中）

课程中，学生现场参观彩架纪念碑纪念馆和战斗遗址，听取研学指导师的讲解，探秘红军艰苦奋斗的岁月，珍惜今天来之不易的幸福生活。

其他课程：振兴乡村、走进美丽浩坤湖、忆苦思甜。

 基地地址：广西百色市凌云县伶站瑶族乡浩坤村内。

百色市大王岭研学实践教育基地

百色市大王岭研学实践教育基地把科学思想的传播置于首位，将科学知识、科学方法、科学思想和科学精神融入研学实践活动，用科学的兴趣，培育学生科学精神，激发探索科学奥秘的热情。大王岭是国家 AAAA 级旅游景区、广西第五批自治区级中小学生研学实践教育基地，并被列为纪念百色起义 80 周年红色旅行线路的重点考察景区之一。

基地的室内外研学实践教育场地和劳动教育场地安全开阔，教学配套设施完备，就餐区可同时容纳 300 人就餐。基地拥有设备精良的研学教室，具备接待 300 人以上学生在室内、外同时开展研学活动的能力。

课程：走进大自然，体验户外生存技能（研学学段：初中）

课程中，学生在研学指导师的带领下进入大王岭景区，学习户外生存的基础知识并进行生火、烧水等实践操作。

其他课程：创意摄影——寻找镜头里的小世界；体验"酸野"制作，感受特色小吃——制作百色酸野；传承家乡美食，十里黑粽飘香——百色壮族黑粽制作；体验玉米采摘，分享丰收喜悦——采收玉米。

 基地地址： 广西百色市右江区大楞乡龙和村。

贺州市

广西顺峰姑婆山旅游管理有限公司

广西顺峰姑婆山旅游管理有限公司以姑婆山国家森林公园为依托，以自然山水生态文化为核心，集旅游研学、人文活动运营为一体，为广西首批自治区级教育基地。

姑婆山风光秀丽，曾是《茶是故乡浓》《酒是故乡醇》《春蚕织梦》等影视作品的取景地。此外，姑婆山森林资源丰富，是桂东地区较大的物种基因库，是我国乃至世界上生物多样性保护与研究的热点地区之一。

基地总占地面积80平方千米，其中包含采茶体验基地约13333平方米、影视基地约8666平方米。基地设有多媒体教室、普通教室、研学教育专用学生公寓、食堂等研学场地，拥有多功能大会议室1间（可同时接待400人）、多媒体会议室2间（每间可同时接待20～30人）、普通教室2间（每间可接待20～30人）。此外，姑婆山研学基地还拥有户外DIY厨房、烧烤区、健康拓展训练区、见学游走步道、演艺大厅、拓展设备道具（同心击鼓、大跳绳、自行车等）、气排球场、户外消防演练场、开放式户外草坪等丰富的设施与设备。基地可同时接待500名学生开展研学活动，食堂可同时容纳500人就餐。

课程一：动物、植物百科科普（研学学段：小学、初中）

课程通过游学现场体验，带学生认识国家一级、二级保护动物及国家二级保护植物；通过现场探索、游中学、采摘等方式，带领学生走进动植物王国——姑婆山。

课程二：茶文化科普及制茶体验（研学学段：小学、初中）

学生在研学指导师的带领和指导下，通过动手实践的方式，认识藏在茶叶里的秘密，学习茶叶种植历史，通过现场采摘、炮制等方式，了解茶文化。

其他课程：客家酒传统文化科普及酿酒体验、动物（兔、猪、山羊、孔雀）的科普及喂养体验、地质灾害科普及灾害场地实景解说、自然资源（气象气候、负氧离子、瀑布等）的科普、户外拓展体验（体验在森林间穿梭）、野外生存体验（森林里露营）等。

基地地址：广西贺州市平桂区黄田镇姑婆山自然保护区。

都安三岛湾

　　都安三岛湾的研学内容主要有农耕文化、公共安全、红色文化、科技创新等四大主题课题16个课程，开创了都安瑶族自治县"学旅结合、文旅结合"新模式，同时也为都安素质教育提升和全域旅游发展注入了新的活力，有效带动三岛湾航空、地质公园地质学、密洛陀公园密洛陀文化、书画纸文化传承研学等研学旅游品牌发展，为都安研学旅游发展奠定坚实基础。都安三岛湾是广西第三批自治区级中小学生研学实践教育基地，也是广西第四批自治区级中小学生研学实践教育营地。

　　都安三岛湾因地制宜，深度挖掘地方特色民族文化，坚持把研学旅行与乡村振兴、学校课程特色、爱国主义教育结合起来，进一步推动"产、研、学、旅"一体高质量发展，把基地着力打造成都安研学旅行特色文旅品牌。

　　都安三岛湾最多可同时接待学生1500人。

　　课程：综合素质拓展（研学学段：小学、初中、高中）

　　课程转变传统教育方式，寓教于游，在拓展训练中，学生作为训练主体，充分发挥个体主观能动性，可获得良好活动体验，并培养积极向上的生活态度。

　　其他课程：自然生态科普、民俗文化体验。

 基地地址：广西河池市都安瑶族自治县地苏镇兴利村。

水晶宫中小学生研学实践教育基地

水晶宫中小学生研学实践教育基地（以下简称"水晶宫基地"）位于广西壮族自治区巴马瑶族自治县那社乡，依托巴马水晶宫建设，是广西第四批自治区级中小学生研学实践教育基地。巴马水晶宫发育自峰丛洼地、谷地岩溶地貌区，地形起伏较大，洞口位于岩溶峰簇的山坡上，高出现代侵蚀面约150米。2004年6月，隐藏于深山之中的水晶宫被几位村民偶然发现，后经由中国地质科学院岩溶研究所专家进行科学考察、论证、规划、设计，于2007年9月建成巴马水晶宫景区并正式对外开放。

水晶宫基地拥有国内最大的鹅管群，是国内洞穴中罕见的珍稀景观。水晶宫的钟乳石类有重力水沉积的鹅管、钟乳石、石笋、石柱、石带、石旗和各类石幔、石瀑布、石盾等；有非重力水晶沉积类的石毛发、卷曲石、石花等数十种，形态多彩多姿，雪白纯净，玲珑剔透，且还在生长之中，极具观赏价值和科学探究价值。

水晶宫基地全年开放，设有可容纳400人的研学教室，有适合中小学生参观体验的户外活动场所，可供1200人以上同时开展研学活动。水晶宫基地餐厅可容纳300人同时用餐，酒店可容纳200人入住，会议室可容纳100～300人上课，洞内可容纳800人参观。

> **课程一：勇闯地心行——水晶宫地质美学欣赏（研学学段：小学）**
>
> 本课程可以让学生了解钟乳石的形成原因，感受自然之美，爱护钟乳石资源，养成文明参观的行为习惯。
>
> **课程二：溶洞狂欢——水晶宫喀斯特地质科考（研学学段：初中）**
>
> 本课程让学生了解广西及巴马的地形地貌，认识独有的地质资源，开展地质科考探究。
>
> 其他课程：洞里乾坤——水晶宫钟乳石地理科考、模拟实验——喀斯特地貌沙盘制作、模拟实验——化学形成石钟乳、劳动课——今天我是讲解员。

📍🔍 **基地地址**：广西河池市巴马瑶族自治县那社乡。

罗城棉花天坑中小学研学实践教育基地

　　罗城棉花天坑中小学研学实践教育基地由"一坑、一村、一洞"（即棉花天坑景区、中国仫佬族特色村寨——棉花村深洞屯、长生洞景区）3个板块组成。其中，棉花天坑景区、长生洞景区均获评国家AAAA级旅游景区，深洞屯获评广西民族特色村寨。天坑拥有大自然打造的罕见溶洞奇观，同时拥有独特的喀斯特地貌。基地内森林覆盖率达70.28%以上，自然植被以原生森林植被为主，拥有数万亩的山野葡萄种植基地以及灌木丛等生物群落，还有中草药种植基地和丰富的动物资源。基地先后被评为广西生态环境宣传教育实践基地、广西中小学生劳动实践教育基地、广西第五批自治区级中小学生研学实践教育基地。

　　基地建有非遗展示馆、非遗广场、非遗文化展示展演舞台、非遗文化长廊、中医仫佬医药康养体验馆、游客接待中心、悬崖酒店、民宿酒店、悬崖咖啡馆、民族特色餐馆、美食街区长廊、仫佬特色产品展示馆、图书阅览区、文学创作室、汽车露营地、篮球场、气排球场、停车场等场所。此外，还经营仫佬族特有的民间传统体育活动"抢竹球"、攀岩、悬崖秋千、高空天梯、悬崖无边泳池、长生洞徒步探险、玻璃栈道、高空滑索、彩虹滑道、单轨滑车等多项特色项目。

　　基地最多可同时接待学生200人。

> **课程一：探秘地质文化**（研学学段：高中）
>
> 　　课程可以让学生掌握基本的外出安全知识，提高自我保护意识；了解天坑和溶洞是怎样形成的，培养学生热爱生命、热爱自然、热爱祖国大好河山的积极态度及热爱科学、乐于探究的精神。
>
> **课程二：穿越森林生态文化**（研学学段：初中）
>
> 　　在课程前期准备中，学生提前进行知识准备，挖掘书本知识，锻炼搜集信息的能力。在课程中，学生自行分组、就餐、参观等，培养团队协作能力。
>
> 　　其他课程：亲近仫佬族农耕文化、探秘仫佬族文化、走进仫佬族非遗文化、品味仫佬族饮食文化。

 基地地址：广西河池市罗城仫佬族自治县四把镇棉花村深洞屯。

蓬莱洲金钉子地质研学基地

蓬莱洲金钉子地质研学基地位于广西来宾市兴宾区城厢镇蓬莱洲时光岛。时光岛是红水河上的一座面积约 27 万平方米的岛屿，也是一个以自然岛屿风光为主，集历史文化、地质文化、休闲度假、研学旅行于一体的特色旅游景区。时光岛有清幽秀丽的风光和深厚的历史文化积淀，曾是来宾古八景之一，是南宋古象州州城所在，现存有宋代摩崖石刻、南宋古石阶和护岛石牛等古迹。基地是广西第二批自治区级中小学生研学实践教育基地。

基地最多可同时接待学生 350 人。

课程一：探索地球奥秘，发现生命起源（研学学段：小学、初中）

课程通过学习金钉子地质知识，让学生通过体验探究法，提升评价分析创造等高阶思维能力；通过讨论式互动，增强团队合作意识，提高人际沟通交往能力；通过旅行生活体验，培养文明旅游意识，养成文明旅游行为习惯。

课程二：一块石头，了解一个地球（研学学段：小学、初中）

课程从研究一块石头开始，让学生通过讨论式互动，增强团队合作意识，收获地质学知识；了解中国地质学家的卓越事迹，学习他们勇攀高峰的科研精神；感受时光岛、红水河独特的自然地理特征和人文景观，坚定民族文化自信。

基地地址：广西来宾市兴宾区城厢镇蓬莱洲。

金秀瑶族自治县古沙沟景区

金秀瑶族自治县古沙沟景区是国家AAAA级生态旅游景区，分为长六河漂流、天岚山览胜、岭祖古村落、岭祖大峡谷和巴勒山天然氧吧六大板块，有鸳鸯瀑布、红石峡、铜鼓峡、瑶寨风情吊脚楼、瑶族古村落等景点，同时融入上刀山、过火海、竹竿舞、舂糍粑、篝火晚会等瑶族特色民俗体验。

金秀瑶族自治县古沙沟景区着力在坚定理想信念、厚植爱国情怀、加强品德修养、增长知识见识、培养奋斗精神、提高综合素质上下功夫，在研学教育中提高中小学生的社会责任感和实践能力，促进学生德、智、体、美、劳全面发展。基地结合中小学生发展需求，大力研发育人效果突出的研学实践活动课程，精心设计研学旅行活动课程和实施方案，广泛开展丰富多彩的自然教育研学实践活动。基地是广西第三批自治区级中小学生研学实践教育基地。

基地最多可同时接待学生人数为100人。

课程一：小小峡谷探险家（研学学段：小学、初中、高中）

课程让学生通过参观岭祖大峡谷国家自然保护区，了解常见药用植物的外观、功效，认识各种可食用果蔬、野菜，拓展求生技能；通过实验观察，了解景区内地质形成原理和形成周期；沿途收集材料，尝试使用传统技艺制作美工艺术品。

课程二：绚丽瑶绣（研学学段：小学、初中、高中）

课程通过瑶绣技艺的体验学习，让学生认识瑶族服饰特点，学会瑶绣基本针法，加深对瑶族传统文化的了解，增强非遗文化的保护意识，促进中华优秀传统文化传承；培养学生良好的人文情感，让学生树立正确的人文思想，发扬积极优秀的人文精神。

其他课程：薯趣瑶乡、瑶乡竹韵、茶味瑶山、高山上的运动会等。

 基地地址：广西来宾市金秀瑶族自治县忠良乡三合村委卒甲桥头。

金秀大瑶山研学实践教育营地

金秀大瑶山研学实践教育营地（以下简称"营地"）位于广西金秀瑶族自治县大瑶山的盘王谷，秉承"立德树人"的教育理念，聚焦"五育"并举的教育指导方针，将丰富的研学资源有机结合起来，以培育学生核心素养为目标，学科融合教育，把"项目学习"特色实践作为营地的发展方向，以自治区级课题为引领，把教育教学回归本质，将研学与社会实践融合，顺应国家教育的"三新"（新课改、新教材、新高考）课改政策，开发特色的课程体系，形成一套特色管理模式和理念。营地为广西第四批自治区级中小学生研学实践教育营地。

营地占地面积19000多平方米，建筑面积29330平方米。营地有学生宿舍56间、标准间98间、主题餐厅1个、学生食堂1个、会议报告厅2个、接待中心1个、营地教室8间，以及运动场、高尔夫练习场、游泳池、攀岩场和非遗生活馆等配套设施和场地，可同时接待600名以上学生集中食宿。营地的多功能会议报告厅可容纳300人、会议报告厅可容纳250人，还设有综合教室3个、多功能教室5个，可开展不同研学课程的研学活动。

🔴 课程一：自然生态教育类（研学学段：初中、高中）

课程带领学生走进国家森林保护区银杉公园，让学生运用所学的生物、语文、历史、化学等学科知识，探索和研究金秀大瑶山的植物熊猫——银杉树，探究大瑶山湿地公园，了解大瑶山野生动物的保护工作，解密瑶药种植，探访瑶山自然生态博物馆。

🔴 课程二：民族传统人文、文化类（研学学段：小学、初中、高中）

课程让学生踏费孝通足迹，寻文化印迹，感悟"各美其美，美人之美，美美与共，天下大同"含义；追溯大瑶山岁月，传承民族文化，厚植家国情怀；博览瑶族文化——民族团结碑，体验瑶族非遗——绚丽多彩瑶绣，欣赏瑶族非遗表演——上刀山、过火海，探访瑶族博物馆——解密世界瑶都，感受六段古瑶寨——乡村振兴大变化，感受特色旅游名村——古占瑶寨、巴勒瑶寨。

其他课程：传统体育及新兴体育类、文明旅游教育类、劳动教育类、安全教育类、职业生涯教育类。

 基地地址：广西来宾市金秀瑶族自治县金秀镇解放路1号。

崇左市
广西弄岗国家级自然保护区

　　广西弄岗国家级自然保护区是全国中小学生研学实践教育基地，其秉承"基础在'行'，核心在'学'"的研学理念，以各学科教学内容为基础，通过集体旅行的方式让学生拓展视野、丰富知识，提高学生的实践能力和创新能力。基地结合自身产业特色，打造以优良的传统工艺文化体验课程加深学生对民族文化的了解，增强民族文化自信，这是研学旅行对中华优秀文化的传承和创新。

　　基地所在的发现·弄岗生态旅游景区的森林覆盖率达98.8%，景区内山弄密集、物种丰富，是典型的喀斯特峰丛地貌。

　　基地最多可同时接待学生300人。

课程一：自然夜观（研学学段：小学、初中）

　　课程让学生认识常见的昆虫和两栖爬行类动物；了解夜行性动物的生存环境和生活习性，以及它们与昼行性动物的区别。课程通过夜间观察活动，提高学生的专注力与观察力。

课程二：自然笔记（研学学段：小学、初中）

　　课程教会学生掌握自然笔记的基本创作技巧，通过自然观察并创作自然笔记，提高学生的自然观察和写作能力。

　　其他课程：探秘喀斯特、舌尖弄岗、红外线设备的安装使用等。

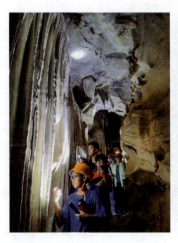

 基地地址：广西崇左市龙州县龙州镇独山路2号。

广西崇左白头叶猴国家级自然保护区

广西崇左白头叶猴国家级自然保护区（板利片区）生态旅游区（以下简称"营地"）是以白头叶猴科普教育为核心，集野生动植物保护、自然科普教育、生态体验、劳动实践教育于一体的综合性研学实践教育基地。营地秉承"科普育人"的教育理念，致力于培养德、智、体、美、劳全面发展的人才，让学生研有所得、学有所成，推动研学实践教育事业发展。

保护区的重点保护对象为世界濒危、国家一级保护动物——白头叶猴，它是广西崇左特有的物种，被公认为世界上最稀有的猴类之一。保护区被评为全国中小学生研学实践教育基地、中国生态学学会科普教育基地、广西第四批自治区级中小学生研学实践教育营地。

营地占地面积约 51546 平方米，总建筑面积 10840 平方米。营地第一期划分为三大功能区，分别为入口服务区、生态游览区和生态科普区及基础设施；第二期建设有国家动物博物馆白头叶猴分馆、研学餐厅、研学宿舍楼及其配套设施，以及园区生态水系、植被修复等工程项目。营地最多可同时接待学生 500 人。

> **课程一：白头叶猴观察方法**（研学学段：小学、初中、高中）
>
> 课程让学生学习基本的野生动物观察方法，学会正确使用望远镜，并在实地观察中记录白头叶猴的食性、社会行为等信息。
>
> **课程二：白头叶猴食源植物探索**（研学学段：小学、初中、高中）
>
> 课程让学生徒步森林，观察喀斯特石山地貌，寻找、认识、分辨白头叶猴的食源植物，根据季节选择不同植物进行观察。观察植物的种子形状，分析其传播机制，总结种子传播方式的优劣，预测传播距离等。
>
> **课程三：种下一棵树，幸福一群猴**（研学学段：小学、初中、高中）
>
> 课程中，学生种植、抚育白头叶猴食源植物，对植物进行松土、施肥、浇灌；探索人为种植白头叶猴食源植物、建立生态廊道等措施对白头叶猴的影响。
>
> **课程四：夜观小精灵**（研学学段：小学、初中、高中）
>
> 课程中，学生了解保护区内的夜行性动物；带上手电筒实地夜观探访；整理并记录观测内容。
>
> **课程五：劳动实践——糖文化体验**（研学学段：小学、初中、高中）
>
> 崇左是中国糖都，全国五分之一的糖产自崇左。学生在研学指导师带领下了解糖文化、砍甘蔗、榨甘蔗汁，学习古法红糖制作工艺，亲手熬制红糖。
>
> 其他课程：护林员的故事、红外相机的秘密、自然笔记探索、森林压花、夜行体验——夜观星空、劳动实践——稻作文化体验、劳动实践——豆文化体验等。

 基地地址：广西崇左市江州区 213 省道西 50 米处。

龙宫仙境研学基地

　　龙宫仙境研学基地是集观光、休闲、特色溶洞体验、研学旅行于一体的综合性基地。基地以冰雪为主题，结合声、光、电、制冷技术，把天然溶洞打造成冰雪溶洞。基地秉承寓教于乐的教学理念，让学生在玩乐中强身健体，提高团结友爱的合作意识，养成理论与实践相结合的思考与行为习惯。基地是广西第二批自治区级中小学生研学实践教育基地。

　　冰洞内常年保持 $-8 \sim -5$℃，各种形态的冰雕琳琅满目，还有冰滑道、飞雪等互动项目，呈现出罕见壮观的南国冰雪溶洞景观。游客无需到南北极，不需要等到冬天，在中越边关就能体验到北国的冰雪风光。

　　基地占地面积120万平方米，有可容纳500人以上的研学讲堂、能接待千人用餐的龙宫山庄餐厅，以及可容纳千人以上的活动场地。基地最多可同时接待学生500人。

> **课程一：体验南国冰雪奇观（研学学段：小学、初中、高中）**
>
> 学生了解冰雪的形成、南国冰雪溶洞的制冷科技技术、科技发展的重要性等。
>
> **课程二：我为家乡代言——壮乡美（研学学段：小学、初中、高中）**
>
> 课程介绍广西的山水地貌和民风民俗等，让学生厚植热爱家乡的情怀。
> 其他课程：我爱我的祖国、喀斯特洞穴与洞穴旅游、"中纹"之美——壮锦等。

📍基地地址：广西崇左市大新县那岭乡那岭社区伏旧屯。

广西大新明仕田园中小学研学实践教育基地（广西大新明仕田园研学实践教育营地）

广西大新明仕田园中小学研学实践教育基地（广西大新明仕田园研学实践教育营地）（以下简称"明仕田园"）是以山水田园文化为核心，集休闲农业、民族文化、运动健身为一体的综合性研学实践教育基地。明仕田园秉承"立德树人"的教育理念，致力于培养德、智、体、美、劳全面发展的人才，做到"产、学、研、培"多元并举，推动研学实践教育事业发展。

明仕田园风光秀丽，是《花千骨》《牛郎织女》《酒是故乡醇》等影视作品的取景地，《你是我一生的风景》《爱我就带我去旅游》等原创音乐作品均出自明仕田园。此外，为庆祝中华人民共和国成立 55 周年，国家邮政总局 2004 年 10 月 1 日发行特种邮票"祖国边陲风光"，其中明仕田园入选小全张种 12-7"桂南喀斯特地貌"邮票主图（80 分邮票）。同时，明仕田园还是广西第二批自治区级中小学生研学实践教育基地、广西第四批自治区级中小学生研学实践教育营地。

明仕田园总占地面积约 120 万平方米，其中包含农耕体验稻田基地、影视基地、民族文化教育基地、采摘园；并设多媒体教室、普通教室、研学教育专用学生公寓、食堂等区域，拥有多功能大会议室 1 间（可同时接待 400 人）、多媒体会议室 2 间（每间可同时接待 30 ～ 50 人）、普通教室 3 间（每间可接待 20 ～ 30 人）。此外，明仕田园还拥有户外 DIY 厨房、烧烤亭、3D 光影艺术设施、健康拓展环形绿道、演艺大舞台、拓展设备道具（同心击鼓、大跳绳、自行车等）、羽毛球场、气排球场、壮文化长廊、古法红糖作坊、户外消防演练场、开放式户外草坪等丰富的设施和场地。明仕田园可同时接待 500 名学生开展研学活动，食堂可同时容纳 1000 人就餐。

🔍 **课程一：山水田园文化——美丽乡村（研学学段：小学、初中）**

课程通过农事体验，让学生认识农具及其使用方法；通过趣味探索、村民家访、采摘种植等方式，带领学生走进最美乡村——明仕村。

🔍 **课程二：传承民族文化——守望精神家园（研学学段：小学、初中）**

学生在研学指导师的带领下，通过动手实践的方式，认识藏在木头里的秘密——榫卯结构、指尖上的古老技艺——天琴、针线间的精巧乾坤——壮锦。

其他课程：星火传承、蓝天绿地是课堂、璀璨探秘边关、我是壮乡小导游、小龙虾大作用等。

 基地地址： 广西崇左市大新县堪圩乡明仕村明仕山庄。

老木棉发现弄岗

老木棉发现弄岗是国家 AAAA 级旅游景区，也是广西第三批自治区级中小学生研学实践教育基地。基地主抓旅游品牌打造、研学活动开展、森林康养等。基地位于崇左市龙州县弄岗保护区响水保护站辖区内，森林覆盖率达 98.8%，保护区内山峦密集、物种丰富，是典型的喀斯特峰丛地貌。

基地秉承"基础在'行'，核心在'学'"的研学理念，根据各学科教学内容的需要，通过集体旅行的方式让学生拓宽视野、丰富知识，提高学生的实践能力和创新能力。基地结合自身产业特色，打造优良的传统工艺文化体验课程，加深学生对民族文化的了解，增强民族文化自信，体现研学旅行对中华优秀文化的传承和创新。

基地最多可同时接待学生 300 人。

课程一：初识秘境弄岗（研学学段：小学、初中）

课程让学生对弄岗保护区的地形地貌、动植物、生态、环境有一个基本认知。

课程二：舌尖上的弄岗（研学学段：小学、初中）

课程让学生学会自主动手制作美食，互帮互助完成美食制作，体会团队合作精神。

课程三：秘境弄岗探秘（研学学段：小学、初中）

课程让学生了解喀斯特的地理学知识，了解弄岗地区喀斯特生物分布特性及特有动植物。通过课程的实践教育，培养学生探索自然奥秘的兴趣和能力。

其他课程：夜间自然观察、自然笔记、鸟类观察、压花等。

 基地地址：广西崇左市龙州县响水镇四清村陇丈二组。

溪水弄岗研学实践教育基地

　　溪水弄岗研学实践教育基地位于龙州县逐卜乡弄岗村溪水弄岗四星级乡村旅游度假区，毗邻广西弄岗国家级自然保护区。基地坚持"生态引领、技术立足"的绿色种植理念，依托天然良好的生态环境优势，按照循环经济模式，打造智慧、生态、绿色、循环、可持续发展的农场种植基地；积极开发建设休闲农业，形成集生态休闲旅游、养生度假、农事体验、趣味采摘、摄影家园、景观游览、青少年研学基地于一体的田园综合体。基地拥有餐厅、会议室、学生宿舍、运动场、训练场、菜地、果园、鱼塘等设施及场地，是集传统民俗文化传承、生态多样性科普、微生物应用、劳动实践于一体的研学教育培训基地。

　　溪水弄岗研学实践教育基地设有柑橘、甘蔗、水稻、蔬菜、香蕉等种植区，设有鱼、牛、羊、蛙、蜜蜂等养殖区，有种植火龙果、番石榴、桃金娘、芭乐、释迦果、夏威夷果等多种果树的集展示参观、农事体验于一体的采摘园1个，有水肥菌一体化综合滴灌站1座。多功能综合楼内设有生态多样性科普馆，配投影仪的多功能会议室，以及农残检测室、微生物工作室、游客接待中心、产品陈列室、观景平台（亭）等，开辟有蓝背八色鸫、原鸡等鸟类观察点。基地可同时接待学生250人，可容纳250人就餐。

> **课程：科技加持、回归自然的生态农业（研学学段：小学、初中、高中）**
>
> 　　课程基于弄岗自然保护区的优良生态环境，带领学生了解生态农业的定义、循环农业的模式、滴灌农业的做法，以及通过农业生产中如无人机、采收机器人、除草机器人、云管理等尖端高新科技的运用，加深学生对农业的感性认识，促进学生了解农业、关心农业、热爱农业，关注未来农业的发展方向。
>
> 　　其他课程：一个砂糖橘的生长过程；发现弄岗的飞行精灵——鸟类观察；农业的好帮手——神奇的微生物；疯狂的野菜；鱼稻共生共乐；探秘古法榨糖；人类的朋友，农业的使者，甜蜜的事业——蜜蜂。

 基地地址：广西崇左市龙州县逐卜乡弄岗村。